T0147591

الضبط الاجتماعي

الضبط الاجتماعي

تأليف

الاستاذ الدكتور معن خليل العمر

٢٠٠٦

رقم الإيداع لدى دائرة المكتبة الوطنية

(2006/3/659)

303.33

العمر، معن خليل

الضبط الاجتماعي / معن خليل العمر. - عمان

دار الشروق ، 2006

(264) ص

ر.أ.: (2006/3/659).

المواصفات: الضبط الاجتماعي / علم الاجتماع /

● تم إعداد بيانات الفهرسة الأولية من قبل دائرة المكتبة الوطنية

(ردمك) ISBN 9957-00-258-9

(رقم الإجازة المتسلسل) 2006/3/759

● الضبط الاجتماعي.

● الأستاذ الدكتور معن خليل العمر.

● الطبعة العربية الأولى: الإصدار الأول ٢٠٠٦.

دار الشروق للنشر والتوزيع

هاتف : ٤٦١٨١٩٠ / ٤٦١٨١٩١ / ٤٦٢٤٣٢١   فاكس : ٤٦١٠٠٦٥

ص.ب : ٩٢٦٤٦٣ الرمز البريدي : ١١١١٠   عمان - الاردن

دار الشروق للنشر والتوزيع

رام الله - المنارة - شارع المنارة - مركز عقل التجاري هاتف ٢٩٦١٦١٤/٠٢

غزة: الرمال الجنوبي قرب جامعة الأزهر هاتف ٢٨٤٧٠٠٣/٠٧

الاخراج الداخلي وتصميم الغلاف وفرز الألوان و الأفلام:

دائرة الإنتاج / دار الشروق للنشر والتوزيع

هاتف: ٤٦١٨١٩٠/١ فاكس ٤٦١٠٠٦٥ ص.ب. ٩٢٦٤٦٣ عمان (١١١١٠) الأردن

Email : shorokjo@nol.com.jo

الإهداء

ليست العلة في الضوابط الاجتماعية،
بل في المغالين فيها، والمتهربين منها،
والمتاجرين بها والمرائين لها. لأنهم
يساهمون في الانحراف عنها

المؤلف

المحتويات

الفصل الأول

الفصل الثاني

الفصل الثالث

آليات الضبط الاجتماعي

المحتويات

المقدمة

من المواضيع الجوهرية التي يدرسها علم الاجتماع هي موضوع الضبط الاجتماعي الذي لا يمثل مشكلة اجتماعية ولا ظاهرة مجتمعية. ففي بداية القرن العشرين كانت الضوابط الاجتماعية صارمة وحازمة ومرعبة وقاسية عاكسة المرحلة التقاليدية والمحافظة والمتدينة التي عاشتها المجتمعات الانسانية في ذلك الوقت. لكن بعد الحربين الكونيتين - الاولى والثانية - تغيرت المجتمعات فامست اكثر انفتاحاً على افرازات الحرب من تحضر وتصنيع وشخصانية مستقلة واهتمام بالتنظيمات الثانوية اكثر من الاولية وبالقوانين الوضعية اكثر من العرفية واستحلال العلاقات الاجتماعية الشخصية، الظرفية والسطحية والمصلحية محل العلاقات القرابية. الدموية وبسبب ازدياد حجم سكان المدن المتأتي من الهجرة الى المدن الصناعية والحضرية ظهرت مشكلات اجتماعية عويصة التركيب مثل الاحداث والتفكك الاسري وارتفاع معدلات الطلاق وسواها . الامر الذي الجريمة المنظمة والادمان على المسكرات والمخدرات وجنوح ادى الى حصول وهناً في قوة الضوابط العرفية وانتعاشاً في تأثير الضوابط الرسمية فاتجهت الجزاءات من القطب القمعي والردعي الى القطب العلاجي والاصلاحي والتنسيقي بسبب ايمانها بامكانية إصلاح انحرافات وجنوحات الفرد. لا سيما وان عدد ونوع المشكلات الاجتماعية في المجتمعات الحديثة باتت متكاثرة مما ارهق واثقل كاهل الاجهزة الحكومية وكلفها المال الكثير وجعلها عاجزة في معاقبة كل منحرف عن قواعدها وقوانينها وبسبب تطور السياسات الاجتماعية الاصلاحية ظهرت ضوابط اجتماعية مرنة ترمي إلى ارقاء الانسان العصري الى المرحلة التمدن المتحضر الراقي بدلاً من بتره من المجتمع ووصمه بوصمات سلبية تمنعه من الاستمرار بالعيش الحر مثلما يعيش الانسان الوعي والطبيعي.

يضم هذا المؤلف ثلاثة فصول رئيسية، تناول الاول الخلفية التاريخية للضوابط الاجتماعية واهدافها ومفهومها، بينما اوضح الفصل الثاني انواع الضوابط الاجتماعية (الداخلية والخارجية) ومدياتها. أما الفصل الثالث فقد ذهب الى عرض اليات الضبط الاجتماعي (العرفية والرسمية) وما تؤول اليه في وظائف اجتماعية.

أخيراً أسأل الحق الذي منح كل الحق وجوده ان يسدد خطانا وأن يتوج بالنجاح مسعانا وان يوفقنا الى المعرفة التي هي غايتنا الاولى والاخيرة في كل ما نزاوله وبالله العون ومنه التوفيق.

الاستاذ الدكتور معن خليل العمر

1

محتويات الفصل الاول

لماذا وجدت الضوابط الاجتماعية؟

كل إنسان يضع لنفسه مبادئ ومعايير فردية تعبر عن حاجاته ورغائبه لكي تميزه عن الاخرين في سلوكه وتفكيره وتصوره وخياله وعلائقه ومنطقه. بذات الوقت يخضع لمعايير وقيم ومبادئ جمعية لتمكنه من العيش مع الافراد المحيطين به في المجتمع العام ومن أجل ان يكتسب صفات سلوكية وتفكيرية ومنطقية تعكس صفات مجتمعة.

وفي الآن ذاته يخضع لقواعد قانونية ولوائح ونظم مكتوبة لكي يعمل ضمن فريق عمل متنوع الاختصاص في تنظيم رسمي ينمي فيه خبرته المهنية ويحصل على مال يعيش منه.

ومن أجل ان يكمل متطلبات نواميس عيشه يكتسب - عن طريق تنشئته الاسرية - تعاليم دينية تضبط،وتنظم مشاعره وتفكيره الروحي المتصل بالخالق وبالكون وما يدور في فلكه.

جميع ذلك يفسر لنا لماذا هناك ضوابط فردية واجتماعية وتنظيمية وروحية، كذلك تقول لنا لماذا يخضع لها الفردطواعيه وليس بالقسر. بشيء من التفصيل: ان امتثال الافراد لضغوط الجماعة التي ينتمون اليها امرا واردا وقائم لانه لا يستطيع ان يعيش منعزلا عن الاخرين في كل وقت وفي كل مكان أو على طول الخط لانه اجتماعي الطبع، بل حتى بين المخلوقات غير البشرية يحصل مثل هذا الامتثال المتأتي من ضغوط القطيع الذي يعيش في وسطه. فهي إذن حالة طبيعية تكشف عن قوة تأثير الجماعة وضغوطها على افرادها واعضائها في تحقيق وحدتها وترابطها مع عناصرها.

بتعبير آخر، ان من متطلبات الحياة الجمعية الاجتماعية هو تأكيدها على >الامتثال< الذي يتطلب الالتزام بمعايير وقواعد تضعها الجماعة الاجتماعية من أجل وحدتها ووجود بقائها ووظيفتها واهدافها، وعادة ما تمثل هذه المعايير والقواعد ضغوطا على الرغائب الفردية لتؤسس قواسم مشتركة بين اعضاء الجماعة التي وضعتها.

إذن من أجل تحقيق تنظيم روابط الافراد يتطلب وضع معايير وقواعد ليتم الامتثال لها وهنا يحصل الضبط لان الامتثال يمثل أحد أوجه الضبط وما يصاحب هذا الامتثال هو مكافئة كل من يمتثل بمنحه مكانه اعتباريه عالية بين افراد الجماعة ومعاقبة كل من لا يمتثل بوضعه في مكانة اعتبارية واطئة.

بات واضحا الآن من ان بداية حياة الفرد في عالم الضوابط الاجتماعية كانت طواعية اندفعت في حاجته للعشرة والانتظام وتحقيق وجوده في العيش وتطمين طموحاته في الاداء والرقي.

خليق بنا الاشارة الى ما وجده لابير (١٩٥٤) حول خضوع الفرد لضغوط الجماعة التي ينتمي اليها المتأتي بدافع احتياجه لها أو التي يرمي الحصول عليها من خلال ذلك، من أجل الحفاظ على مكانته الاجتماعية فيها وخارجها. أي ان حرصه على البقاء في مكانته الاجتماعية التي هو فيها، او من أجل الارتقاء إلى مكانة أعلى وازاء ذلك يخضع لمؤثرات وضغوط جماعته وليس حبا فيها بل لاشباع حاجته الشخصية المتمثلة في الحفاظ على مكانته الاجتماعية. ثم اردف لابير وقال >ان ضغوط الجماعة تكون أكثر فاعلية على اعضائها اذا كان حجمها صغيرا وتتصف بعلاقات اجتماعية حميمة وودية لا تشوبها شائبة ولا يكدرها صراع أو خلاف او نزاع بين الافراد، بمعنى منسجمة فيما بينها وعندما يتوقع بقاءه فيها لفترة زمنية طويلة وليس لأجل قصير وعندما تتمتع جماعته باتصالات وعلاقات واسعة مع جماعات واصحاب مواقع متميزة داخل المجتمع، فان الفرد فيها يخضع لضغوطها وشروطها وقوتها وسلطتها ويستجيب لطلباتها ويمتثل لتعليماتها ويكتسب معاييرها ويتماثل معها لكي يشبع حاجته عن طريقها [Horton, 1980 P. 143] بمعنى آخر ان ا لجماعة تكون واسطة لاشباع حاجة الفرد (سواء كانت فيها او من خلالها) وهذا يعني انه يمتثل لضوابطها الاجتماعية، وبناء على ذلك فاننا نستطيع ان نستنتج مما قدمه لابير لنا من ان الضوابط الاجتماعية لا يتم الخضوع لها بشكل تلقائي دائما، بل بوجود حاجة لا يستطيع الفرد اشباعها الا من خلال التزامه بضوابط الجماعة الذي لا يتم الا من خلال ممارسة الجماعة ضغوطها. وغالبا ما تكون هذه الضغوط على شكل:

١-   عدد قليل من اعضاء الجماعة.

٢- يتصفون بعلاقات ودية وحميمة.

٣- لها علاقات وارتباطات واسعة مع جماعات اخرى.

هذه الصفات تعمل على استجابة المنتمي لها لتعليماتها وشروطها ومؤثراتها وبالذات اذا كان يرمي البقاد فيها لفترة طويلة من الزمن، ديدنته اشباع حاجته الاجتماعية بالبقاء في مكانته الاجتماعية والحصول على اعتبار اجتماعي متميز.

ايتي من هذا الطرح هو القول بان الخضوع للضوابط الاجتماعية والالتزام بعناصرها لا يحصل تلقائيا او انسيابيا، بل هناك مصالح متبادلة بين الفرد والجماعة اذا خضع الفرد لضغوطها ومن ثم تتبادل المصالح بينها، واذا لم يخضع الفرد لضغوط جماعته انقطع التبادل (اي تبادل المصالح) بينهما.

انظر شكل رقم -١-

حاجة الفرد الشخصية	الانتماء الى جماعة ذات مواصفات معينة	وسيلتها
١- الحفاظ على مكانته الاجتماعية و ارقائها. ٢- البقاء مع الجماعة لفترة طويلة من الزمن.	١- عدد قليل من الاعضاء. ٢- تشوبها علاقات ودية حميمة. ٣- لها علاقات واسعة مع جماعات اخرى.	خضوعه لضغوطها و شروطها و مؤثراتها.

جدول رقم ١- يوضح جاذبية الجماعة في اشباع حاجات الفرد. ان سياق الحديث يلزمني ان لا أغفل دراسات قدمت من قبل استاذة في علم النفس الاجتماعي انصبت على تقديم موضوع الضبط الاجتماعي من خلال ضغوط الجماعة على اعضائها امثال مظفر شريف (تركي الاصل ومستوطن في امريكا) من خلال اجراء تجارب مختبرية على عدة

جماعات تم اخضاعها لتجاربه. فقد وجد شريف ان عضو الجماعة غالبا ما يسير مع خط الجماعة في رأيها واتجاهها وتفكيرها ولا يريد ان يخالفها اذ سأل اعضاء جماعته التجريبية عن تقديراتهم مواقفهم منه، بعدها اخبرهم بما تقتضيه معايير الجماعة نحو هذا الموضوع، بعدها سألهم مرة ثانية عن نفس الموضوع الذي تم مسألتهم عنه فوجد ان اجابتهم في المرة الثانية تختلف عن المرة الاولى لانهم تأثروا بمعايير الجماعة وما تؤول اليه فعدلوا من تقييمهم وملاحظاتهم الاولى لكي تكون منسجمة مع معايير الجماعة ولا تختلف عنها وهذا يعني أن اعضاء الجماعة خاضعين لضغوط معايير الجماعة ولا تختلف عنها وهذا يعني أن اعضاء الجماعة خاضعين لضغوط معايير الجماعة ولا يريدوا الخروج عنها وهذا ضبط اجتماعي يمارس عبر انتماء الفرد لجماعة معينة.

ثم اتى أش(١٩٥١) ويتد نهام (١٩٦١) واخرون الذين قدموا لنا تجربة مشابهة لما قام بها مظفر شريف اذ لا حظوا ان اعضاء الجماعة يقوموا بتعديل وتبديل ارائهم وتقيماتهم ومواقفهم طبقا لمعايير جماعتهم اكثر من معارضتها لانهم لايريدوا ان ينحرفوا عن معايير جماعتهم لان ذلك يسبب رفض الجماعة لتقيمهم او ملاحظتهم وارائهم [Horton, 1980, P. 144]

ترينا هذه التجارب ان للفرد رأي وقناعة لكن اذا كان منتميا الى جماعة اجتماعية فانه يتأثر بتأثيرات جمعية عبر تبادل الاراء والمناقشات واقتناع الامر الذي تجعله يعدل ويغيير في رأيه وموقفه لكي يتساوق وينسجم مع اراء الجماعة ككل حتى لا يعارضهم ويخرج عن اجماعهم. وغالبا ما نلاحظ ان المنتمي الى عضوية جماعة معينة يكون تماثله قويا بحذر ويقضه ومتردد في بعض الاحيان وذلك لان غير متماثل معها بشكل كامل ولم يخضع لضغوطها بشكل مستمر وتام الا انه مع مرور الزمن ومع تفاعله مع أحداثها ومناشطها يقل حذره وتردده في تماثله مع معايير جماعته ويزداد خضوعه لمعاييرها في نفس الوقت.

اما الاعضاء القداما فإنهم يكونوا أكثر تماثلا وولاء وخضوعا لمعايير جماعتهم من المنتمي الجديد وذلك بسبب خضوعهم الكبير لمؤثرات وضغوط جماعتهم. في هذا الباب يفيدنا كل من دتس وكيلي(١٩٥٦) اذ وجدا أن الاعضاء القداما في عضويتهم داخل الجماعة يكونوا الأكثر حرصا وتشددا في تماثلهم مع معايير الجماعة. اي يكون تماثلهم موسعا (اي شديد التدقيق في التوافه والتفاصيل) اما الاعضاء الذين يرفضون ويعترضون على اقرارات واراء الجماعة فإنهم يكونوا من الافراد غير المتماثلين لقواعد واحكام

وقرارات الجماعة. اي انهم لم يذعنوا لضغوط الجماعة وبالتالي لا يخضعوا الى الالتزام بالضوابط الاجتماعية. اما المتشددين فيكون تماثلهم لمعايير الجماعة موسوسا اي مدققا على التوافه والتفاصيل التي تحصل داخل الجماعة من امور ومستحدثات.

وقبل أن ننصرف عن هذا الموضوع، لا نجد مشاحه من القول بان المجتمعات البدائية نجحت في ضبط سلوك افرادها بواسطة نواميسها واعرافها التي ورثتها من أجيالها السالفة فباتت وسائل ضبطية ملتزم بها دون حاجتهم الضرورية التي قوانين رسمية أو عقوبات ردعية.

لكن مع تزايد الحجم السكاني وتنوع الثقافات تطورت الحكومات الرسمية والقوانين والعقوبات. وعندما يكون الفرد وسط حشد كبير من الناس فان يشعر بضياعه بين الاعداد الهائلة من الناس وهنا تمسي الضوابط العرفية غير ملائمة وغير عملية. بينما تبرز الضوابط الرسمية كحاجة ضرورية لحماية الفرد والمجتمع في الآن. هاك مثالا على العشيرة المتكونة من مجموعة افراد مترابطين دمويا - قرابيا يشتركون سوية في اكلهم وطعامهم وتكون حالة عملية والاشخاص يستطيعوا أخذ أي شيء يحتاجونه ويرغبون في ما يحصلون عليه.

بينما تكون ضغوط الجماعة العرفية معتمدة وموثوق بها من قبل افراد الجماعة وبالذات عندما تمنع التواني أو الكسل أو التراخي وعندما تحجم وتضغط طمع أو شراهة بعض الافراد اذا حاولوا ذلك.

لكن في قرية يكون حجم سكانها متألف من بضعة فئات من الافراد فانه من العسير ان لم يكن من المستحيل مراقبة ومحاسبة كل فرد عرفيا على تصرفه اذا خالف أعرافها أو مطالبته بالتصرف الواحد المشترك لانه لا يكون عمليا عند التطبيق. فمثلا ضبط جشع وطمع كل فرد أو معاقبة كل فرد يتراخى في عمله فان هذا شيء يكون غير عملي ولا يمكن تطبيقه بشكل سليم.

انما بعض الانساق التي تضع واجبات ومسئوليات العمل وتحديد المكافئات لكل من يلتزم بها تمسي مهمة ضرورية وبالذات في التجمعات السكانية الكبيرة الحجم وذات الثقافة المعقدة وهذا يتطلب أن تكون هناك ضوابط رسمية تلزم الافراد بالقيام باعمال وتجنب

19

الاخرى مثل القوانين والتعليمات والاجراءات الرسمية. وعندما لا يريد الفرد ان يتبع ويلتزم بهذه الاجراءات والتعليمات فان روابط الجماعة تجبره على ذلك.

وفي الجماعات الكبيرة الحجم، يكون الفرد فيها جاهلا أو غير عارفا بمصدر ضغوط الجماعة العرفية، وإن بعض الثقافات الفرعية التي تتصارع مع ثقافة الأغلبية (في الجماعات الكبيرة ذات الثقافة المعقدة) تعمل هذه الثقافة الفرعية على بلورة ضوابط لازمة ومجبرة على الالتزام بها من قبل أفرادها.

بذات الوقت هناك أفرادا يرفضون الخضوع والالتزام بتعليمات المجتمع العامة وقد يجد الإسناد والدعم والتعزيز الوجداني من باقي الأشخاص ممن يفكرون ويتصرفون مثله (أي لا يخضعون ولا يلتزمون بالتعليمات العامة للمجتمع) مثل جماعة الهيبيز والبيتلز (جماعات شبابية ظهرت في المجتمع البريطاني والأمريكي إبان العقد السادس في القرن العشرين متمردة على المجتمع وعلى أسلوب عيشه) والثقافة الفرعية للواطين والتجمعات الطلابية التي تعيش قرب الجامعات الكبيرة كذلك المشاركين في هذه الثقافات الفرعية ممن يعتقدوا أو يتصوروا بأنهم قد تحرروا من قيود المجتمع.

لكن مهماتهم تصوره وتخيله، فإن الفرد يبقى هدفا لوسائل الضبط الاجتماعي لجعله متمثلا لها وملتزما بها وعدم الخروج عنها وعند تزمته بموقفه المعارض لها (لضغوط الجماعة) فإنها تقوم بتجريحه وإهانته اجتماعيا.

إذن الإجماع الاجتماعي يستخدم (أحيانا) القوة بصيغتها القانونية والعقابية الرسمية لكل من يخالفها وعادة ما تكون ملزمة ومجبرة لكي تحقق ولو الحد الأدنى من متطلبات التماثل لها. لكن استخدام هذه القوة القانونية الرسمية لا تنجح دائما في هدفها الإلزامي وبالذات في المجتمعات المتقدمة صناعيا.

ومن الملفت للانتباه والاستغراب في الآن، أن الجماعات المعارضة في المجتمع الأمريكي الغير متماثلة مع قوانينه وتعاليمه معجبة ببعض الحكام الطغات في الأنظمة الشمولية (الديكتاتورية) في العالم أمثال كاسترو وماوسي تونك الذين مارسوا في بلدانهم أقسى وأبشع العقوبات الجزائية على كل من يخرج عن تعليماتهم وأوامرهم.

لكننا لا نستغرب ولا نعجب من إعجاب بعض المتعلمين والمثقفين العرب، بدكتاتورية صدام حسين في العراق والنظر إليه على أنه فارس الأمة وقائدها الفذ، لأنهم (أي هؤلاء البعض) لم يعيشوا طغيانه وجبروته وظلمه بذات الوقت لم يعيشوا في ظل أنظمة مفتوحة وديمقراطية تؤمن بإنسانية الإنسان وقيمته وكرامته. لذلك لا نستغرب ولا نستفهم عن إعجابهم بهذا المخلوق المتوحش لأنهم جبلوا على الخضوع والأذعان والانصياع الصارم والظالم.

عموما لا أحد يرغب بالانحراف إذا انتشر في مجتمعه ولا يوجد أيضا مجتمع يسمح بإطلاق الحريات الشخصية بصورتها المطلقة وأن يتصرف كل فرد كما يحلو له دون الأخذ بعين الاعتبار الضوابط الاجتماعية وفي الآن ذاته فإن جميع المجتمعات لها حدود تسمح وحدود تمنع فيها تصرفات أفرادها. وإن جميع المجتمعات تعاقب المنحرفين عن معاييرها التي غالبا ما تبدأ من عدم القبول بشكل مبدئي ومرورا بالسخرية والتهكم وبالحبس والتعذيب وتنتهي بالقتل وعادة ما تنطوي العقوبة على معنى إيجابي وليس تبريري أو دفاعي.

أيضا نجد أحيانا منحرفين يتقبلوا العقوبة التي توقع عليهم ولا يبالون بتأثيرها السلبي وأحيانا أخرى يعترضوا عليها وبمعاقبتهم. وهذا ما حصل لجماعة الهيبيز واليسار بين المتطرفين في العقد السادس من القرن العشرين في المجتمع الأمريكي، علما بأن معاقبتهم تمثل عملا مجديا يخدم الصالح العام لكن قساوة العقوبة لا تكن واحدة في كل المجتمعات الانسانية بل تتباين حسب تسامح المجتمع من الانحراف ومن درجته، فالمجتمع الأمريكي على السبيل المثال لا الحصر أكثر المجتمعات تسامحا من الانحراف (Horton 1980.p.252) لكننا نستطيع القول بأن التسامح من الانحراف يعتمد على درجة تهديده للقيم الأخلاقية القويمة إذ كلما هددها من قريب، قل تسامحه منه، وكلما هددها من بعيد زاد تسامحه منه إنما الشيء المفرغ منه هو أن موقف المجتمع يترجم على شكل معاداته ووصمه بوصمات سلبية لكي لا يتحول إلى درجة الاضطهاد والإيذاء.

النظام الاجتماعي وعلاقته بالضوابط

لا غرابة من تناول موضوع النظام الاجتماعي social order في كتاب يحمل الضوابط الاجتماعية لأن الأخير يمثل عموده الفقري الذي لا يستطيع الاستغناء عنه إذ يحتاج آلياته من أجل تحقيق وجوده وأداء وظيفته البنائية وأن توضيح مكونات النظام يجعلنا على بينة وإطلاع عما تتضمنه الضوابط الاجتماعية وعلاقاتها بالنظام وأهميته فيه.
بشيء من الدقة يتضمن النظام الاجتماعي مكونات معنوية - ثقافية تمثل المبادئ الأخلاقية والقيم الثقافية والمعايير الوجدانية والمعتقدات التراثية والعلاقات القرابية (الدموية والنسبية) وجميعها تعمل على ضبط الأفراد الذين يعيشون تحت سيادته لكي تضبطهم في تماثلهم مع أهداف النظام وممارسة تعاليمه الشفوية ونقلها إلى الأجيال القادمه لأنهم اكتسبوها من الأجيال السالفة وهذا يشير إلى أن إمكانية تبديلها بآخر وبسرعة فهو أمر محال، إنما يتغير ببطيء وإن عملية تغيره تحتاج إلى قوى خارجية (أكثر من الداخلية) في تغيره لأن الأفراد عندما يكتسبوا قيمة معينة أو أخلاقية خاصة تلون حياتهم الخاصة والعامة فيه ويجبلوا عليه فإنهم لا يميلوا إلى تركها بسهولة ويسر وبسرعة. لذلك يكون النظام الاجتماعي في هذا الضرب تقليديا- محافظا في أغلب الأحيان. على نقيض النظام السياسي الذي يميل للتغير والتبدل لإشباع حاجات ومتطلبات روح العصر ومصالح القائمين عليه.
أي أن مكونات النظام السياسي تؤكد على المصالح الفئوية (الفئة الحاكمة) وليس العامة بحثا عن مكاسب مستقبلية لتعزيز وجوده وبقائه في الحكم لأطول فترة زمنية ممكنة. وهنا يمكن القول بأنه يستغل النظام الاجتماعي (في أغلب الأحيان) لدعم شرعيته وتبرير أخطائه والهروب من قصوره في مواجهة التحديات الخارجية والداخلية.
وإزاء هاتين الصورتين يظهر ولع علماء الاجتماع بحالتين فيهما الأول : يذهب إلى دراسة ومعرفة مدى رضى وقبول الأفراد لمكونات النظام الاجتماعي؟ وكيف يحافظ هذا النظام على وجوده في البناء الاجتماعي؟ (أي معرفة بنائية - وظيفية).
والولع الثاني يدلف إلى معرفةمدى عدم رضى وقبول الأفراد لمكونات النظام السياسي؟ وما هي الوسائل التي يتبعها النظام السياسي في سياسته مع المجتمع؟ ومن هم

القائمين عليه؟ وكيف يستطيعوا تفعيله والمحافظة عليه أيضا؟ (أي معرفة صراعية).
هذه الأولاع عند علماء الاجتماع تجاه النظامين تجعلهم يكونوا معرفة العمود الفقري لبناء المجتمع أولا ومعرفة معززات ومقويات هذا العمود ثانيا.
حرى بنا أن نوضح في هذا المقام حقيقة النظام الاجتماعي في قدرته على تطعيم النظام السياسي بمعاييره ومكوناته حتى لو كان رموز النظام السياسي يحملون عقيدة سياسية مستوردة من خارج مجتمعهم (وهذا ما وجدناه عند رموز الحزب الشيوعي في البلدان العربية الذين كانوا يحملون مبادئ لم تنبع من حياة المجتمع العربي وأحداثها التاريخية لكنهم بقوا حاملين قيمهم التقليدية العربية في العلاقات القرابية والرؤية المحلية والعقلية المحدودة إنما كانوا يقولون ويطلقون شعارات شيوعية أمميه لفظا وقولا، بينما كانت تفاعلاتهم مطبوعة بطابع البيئة العربية وهذا يعني أن آثار النظام الاجتماعي العربية كان طاغيا على رموز النظام السياسي في تفكيرهم المحلي (أي الطبع غلب التطبع).
ولما كانت العقيدة السياسية تأخذ جزء من مكوناتها من معتقدات ومعايير وقيم المجتمع، فإن ذلك يعني أن النظام السياسي يتلون بأطياف النظام الاجتماعي وليس العكس لأن جذور النظام الاجتماعي منغرسة في ثقافة المجتمع الموروثة عبر الأجيال وإذا برزت مصالح الرموز الاجتماعية باحثة عن مصالحها الخاصة والذاتية فإن المجتمع يلفضها وينتقدها ولا يقرها.
الملفت للانتباه هو أن كل من يتماثل مع مكونات النظام الاجتماعي يعد محافظا تقاليديا لانه يجد الدفئ والتضامن وذاته في علاقاته التي بناها وعاش فيها والتي لا يريد تغيرها، لكن هذا لا يمنعه من أن تكون لديه علاقات خاصة ومؤقتة وطارئة ، إنما، الغالب في نسيج علاقاته هو العلاقات المتبادلة والارتباط القوي مع أسرته وأقاربه.
لأن التماسك والتضامن هو جوهر النظام الاجتماعي وغيابه يعني تفككه ووهنه.
بيد أنه على الرغم من كل ذلك الاهتمام والتركيز على وحدة وتكامل النظام الاجتماعي فإنه لا يخلو مجتمعا من الانحرافات السلوكية والاختراقات القانونية والعرفية، بل موجودة فيه وتتكاثر كلما تطور المجتمع وتغير بذات الوقت مهما كانت نسبة ومساحة هذه الانحرافات في المجتمع فإنها لا تقوض النظام الاجتماعي بل تصدعه وتوهن ضوابطه الاجتاعية.

الضبط الاجتماعي

وإزاء هذا التصديع، فإن النظام الاجتماعي لا يقف ساكتا أمامها بل يذهب إلى المحافظة على مكوناته وتفعيل ضوابطه من أجل جعل أفراده مستمرين في الامتثال إلى معاييره و المحافظة على وجوده ونشاطه في البناء الاجتماعي.

ومن أجل استجلاء أكثر عن موضوع النظام الاجتماعي علينا أن نتوقع وقوع وحدوث صراعات ليس هذا فحسب بل نتوقع أيضا نموها وتكاثرها باستمرار طالما المجتمع مستمرا بالتغير بنفس الوقت علينا أن نتوقع وقوع الأفراد بأخطاء تجاه معايير مجتمعهم ويخالفوا قيمة ومبادئه وتراثه ومعتقداته بشكل متعمد. علاوة على استشراف درجات معينة من الأحداث غير المتنبئ بها وغير المتوقع حدوثها داخل المجتمع مسببا مشكلات للمجتمع وتهدد وجود النظام الاجتماعي وتربك تعزيزه بيد أن مهمة رجال الأمن والقانون والتنشئة والدين تنطوي على عدم السماح باتساع مساحة الانحرافات السلوكية والفكرية لكي لا يحصل تمزق في نسيج المجتمع وتقع تكسرات في قواعده ومعاييره ومبادئه.

وهنا تنجلي مهمة علماء الاجتماع إزاء هذه الحالة في معرفة أسباب الانحراف وكيف تقف قواعد ومعايير المجتمع موقف المتصدي لمنع وردع هذه الانحرافات المعيارية والاختراقات القانونية لأنها تضعف قوتها وتوهن فاعليتها قد تصل إلى حالة إزاحتها عن موقعها.

وعطفا على ما تقدم فإننا نستطيع القول بأن علماء الاجتماع يبرز اهتمامهم في هذه الحالة بكشف أسباب الصراعات القيمية والمعيارية التي تحصل داخل النظام وكيف يدافع الأخير عن نفسه ووجوده لكي لا يحصل تكسرا في علاقات الأنماط والانساق داخل البناء الاجتماعي (stover, 1980,p,p367-370).

الخلفية التاريخية للضبط الاجتماعي

مع بداية بزوغ علم الاجتماع كحقل معرفي - فكري، كانت فكرة الضبط الاجتماعي تمثل مفهوما محوريا في تحليل التنظيم الاجتماعي وتطور المجتمع الصناعي. نقول كانت فكرة الضبط تستخدم كمفتاح تحليلي عند علماء الاجتماع في تحليلهم لأنشطة وفعاليات التنظيمات الاجتماعية الرسمية والعرفية، وبالآن معا استخدمت في تفسير كيفية تطور

المجتمع الزراعي إلى الحضري ومن ثم إلى الصناعي من خلال تغير وسائله الضبطية من العرفية إلى الوضعية أو من الشفوية إلى المكتوبة أو من الموروثة إلى المكتسبة.

بشيء من التأصيل، لا مندوحة من القول بأن مصطلح الضبط الاجتماعي تعامل في ذلك الوقت مع الوجه العام للمجتمع أو الرؤية الشاملة أو المنظار الاجتماعي الأوسع، وألا يعد وإزاء هذه الرؤية الشاملة والبعيدة يكون هذا المصطلح قد قدم خدمة قاعدية مثمرة لفهم النظام الاجتماعي في تنسيق سلوكيات الأفراد.

هذا من جانب ومن آخر، أمس هذا المصطلح المحوري يمثل حلقة وصل رابطة بين التحليل الاجتماعي للقيم الإنسانية والاتجاه الفلسفي المستخدم من قبل رواد علم الاجتماع في بداية القرن العشرين الذي كان مركز اهتمامهم منصبا في ذلك الوقت على موضوع التقدم الاجتماعي واختزال التفسير اللاعقلاني للسلوك الاجتماعي.

عندئذ اتخذ مفهوم الضبط الاجتماعي اتجاها مفسرا لقدرة المجتمع من تنظيم مناشطة استنادا إلى المبادئ والقيم المرغوب بها.

وبما أن متطلبات التحليل الاجتماعي تنصب على كشف القوى الاجتماعية المؤثرة في توجيه السلوك الفرد نحو الوصول إلى الأهداف التنظيمية حسب معاييره وقيمه. أنظر مرتسم رقم ٢ موضحا بداية استخدام مصطلح الضبط الاجتماعي في علم الاجتماع.

ولكي نجول طردا مع خلفية موضوع الضبط الاجتماعي ندلف إلى أدبيات علم

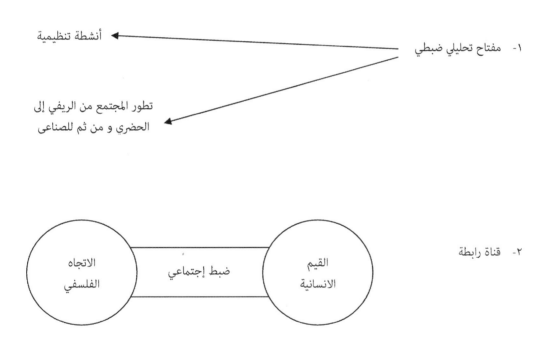

١- مفتاح تحليلي ضبطي

أنشطة تنظيمية

تطور المجتمع من الريفي إلى الحضري و من ثم للصناعى

٢- قناة رابطة

الاتجاه الفلسفي — ضبط إجتماعي — القيم الانسانية

الاجتماع الكلاسيكي القديم لنتعرف أكثر وأعمق عن بدايته، فقد كانت بعد أعمال أوكست كونت وأدبيات الفلسفة اليونانية وبالذات فلسفة أفلاطون وأرسطو، نجدهم قد ذكروه في مضامين فلسفتهم وليس على شكل موضوع مستقل كما هو الحال في أدبيات علم الاجتماع في الوقت الراهن.

وعندما تأتي إلى بدايات نشوء علم الاجتماع في الولايات المتحدة الأمريكي نجد لستر وورد قد حرد هذا المفهوم في نظريته المعنوية ب (التعاون) و (التدائب synergy) وكذلك فرانكلن هنري جيدنز في نظريته المسماة بالشعور النوعي للضغوط والضوابط الاجتماعية. وكذلك عند البيون سمول في دراسته عن المصالح التي عدها عملية يفرزها التضامن الاجتماعي وأميل دور كهايم في مؤلفه عن تقسيم العمل في المجتمع، موضحا فيه وظيفة تقسيم العمل في بلورة التضامن الاجتماعي.

هذا على صعيد تناول مفهوم الضبط الاجتماعي، ثمة حقيقة نود طرحها في هذا السياق، مفادها: أن وسائل أو طرق تنفيذ التكامل الاجتماعي للأفراد تكون مختلفة باختلاف مصالحهم ودوافعهم ومواقفهم بخاصة، تجاه الجماعات الثقافية المتباينة التي تمثل العصب الرئيسي في نسق الضبط. وإنه من البديهي القول بأن جميع المجتمعات تتصف بالتنوع الجماعاتي والفئوي، إذ هناك جماعة كبيرة سائدة ومسيطرة تعيش معها جماعات فرعية لها ثقافتها الخاصة بها (كالأقليات العرقية والدينية والطائفية) ولها طرق شعبية وعادات وأعراف وعقائد وأنماط سلوكية مختلفة عن الجماعة الكبيرة السائدة، وأحيانا تتصارع معها وتدخل في مشكلات سلوكية وفكرية ومعتقدية. وغالبا ما تترجم خلافاتهم على شكل أمثلة وأقوال ساخرة ridicule ونكات متهكمة sarcasm أو مواقف خانعة واتجاهات متذللة أو أراء تعكس تعجرف وحماقة الجماعة المتسيدة وسواها.

لا غرو من القول بأنه إذا كانت الجماعة المتسيدة تشعر بأن سلوك ومعتقدات الجماعات الفرعية تشكل خطرا على رفاهيتها وسعادتها وتسيدها على النظام القائم فإن العنف سيكون جوابا على كل من يهدد سعادتها ونظامها وتسلطها سواء كان عن طريق القانون أو الإرهاب أو التعصب والتميز الموقفي والسلوكي والتفاعلي. لكن مع ذلك فإن الجماعة المتسلطة

تحاول أن تقلل من حدة الاضطرابات أو التشنجات التي تحصل بينها وبين الجماعات الأقلية التي تعيش معها داخل البلد الواحد بإطلاق النكات والدعابة والفكاهة على تصرفاتهم وتفكيرهم في أوقات فراغهم ولهوهم وراحتهم وتسليتهم، وهذا الأسلوب على الرغم من سخريته وتهكمه إلا أنه يقلل من حدة الصراع وعنفه.

الاستعمالات الأولى لمصطلح الضبط الاجتماعي

من أوائل العلماء البارزين ممن كتبوا في موضوع الضبط الاجتماعي هو روس الذي كان متأثرا بشكل كبير بكتابات جبرائيل تارد (عالم نفس اجتماعي فرنسي قديم) الذي لم يؤكد على موضوع الضبط الاجتماعي إلا أنه قدم عرضا تحليليا واسعا للعمليات المركبة التي تتطلب وتستدعي تشكيلات اجتماعية قائمة على التفاعل والاقناع الجماهيري. إذ كان تارد مولعا بآليات تتطلب تفعيل تأثير القيادة وشرعيتها وذلك بسبب دورها الهام في تنظيم التغير الاجتماعي إلا أن روس أوضح فكرة الضبط الاجتماعي (التي كانت مستخدمة في أدبيات علم الاجتماع في بداية نشوئه على أنها تمثل مفتاحا لفتح العديد من الأبواب وكانت أيضا تمثل جسرا موصلا بين المؤسسات الاجتماعية في شرح كيف يستطيع الأفراد أن يعيشوا متقاربين بعضهم من البعض واشتراكهم في أهداف واحدة إن لم تكن متشابهة مما تجلعهم على درجة معينة من الانسجام والؤوام مكونين بذلك تشكيلات جماعاتيه ومنظماتية واتحادية من هذا المنطلق دلف روس إلى تناول موضوع الظروف الاجتماعية ومالها من قوة وتأثير على جعل الافراد متناسقين ومنسجمين في تجمعاتهم على الرغم من درايته الكاملة بوجود آليات قسرية والزامية تستخدمها المؤسسات الصناعية في المجتمع الصناعي، بيد أن اهتمامه وولعه كان منصبا على وسيلة (الاقناع) التي تبرز في عملية التفاعل الاجتماعي المتقابلة - وجها لوجه وما تؤول إليه من مقاربات فيما بينهم.
أي أنه يعترف بأثر وفاعليته الضوابط القسرية والإلزامية الرسمية إلا أنه بجانب ذلك قال هناك ضوابط عرفية تسبق القسرية تتأتى من اقتناع الأفراد بوضع ضوابط تضبط سلوكهم وتجمعهم على شكل جماعات ومنظمات وهي اقوى تأثيرا من الضوابط الالزامية لأنها صادرة من خلال تفاعلهم المباشر الذي يحصل بينهم.
ثم مع بداية ظهور علم الاجتماع في الولايات المتحدة الامريكية برز معه اسمان لامعان

في تناولهما لموضوع الضبط الاجتماعي وهما:

جارلس هرتون كولي، ووليام اسحاق توماس. كان الأول (كولي) أفضل وادق في تناوله لهذا الموضوع من روس (Morris,
Janowitz 1980, p 67) لأنه غاص في أعماق الفرد فدخل إلى نفسه عندما يتفاعل مع الآخر وكيف تنضبط عبر عملية
التفاعل التقابلي - وجها لوجه - مع الآخر والآخرين. نقول لم ينطلق كولي من معايير ومبادئ وقيم الجماعة الاجتماعية بل
مع النفس الفردية وكيف تتأثر بتفاعلها مع الآخر لكي تضع قيود ومعايير لضبطها.

مفهوم الضبط الاجتماعي

تكمن صعوبة تحديد مضمون ومعنى الضبط الاجتماعي في لغة المجتمع ومرحلته التطورية. لأن ما يتم قصده في اللغة
الإنجليزية غير ما يعنى في اللغات الأوروبية الأخرى (الفرنسية، الألمانية والروسية) ففي اللغة الإنجليزية تعني النفوذ أو
القوة أو التسلط أو السلطة أو المقدرة الفذة. على نقيض معناها في اللغات الأوروبية التي تشير إلى الإشراف والمراقبة
والتقصي والمتابعة.

أما في الولايات المتحدة الأمريكية التي تستخدم اللغة الإنجليزية فقد اختلف علماء الاجتماع فيها في التعبير عنه إذ ذهب
روس وجارلس هرتون كولي إلى استخدام المعنى الأوروبي (غير البريطاني) بينما باقي علماء الاجتماع في الأميركان فقد عنوا به
النفوذ والتسلط والقيود .

هذا من جانب ومن جانب آخر، فإن المجتمعات المتخلفة تكون فيها القيم والتقاليد والفلكور والمعمرين ورجال الدين
والمحافظين ممثلين للضبط الاجتماعي أكثر من القانون ورجال الشرطة والحكام والقضاة.

بينما في المجتمعات المتطورة تكنولوجيا هناك القانون ورجاله ممثلين للضبط الاجتماعي الرسمي ولا يكون هناك مجالا في
التأثير والضبط لرجال الدين والمعمرين ودعاة التقاليد الاجتماعية.

حري بنا أن نشير في هذا المقام إلى أنه في حالة حصول أزمات ومشاكل اجتماعية في

المجتمع المعاصر يتم استدعاء رجال الشرطة والجيش والأمن لضبط الاهتياج الجماهيري والسلوك العنفي والإرهاب والتضاهرات الصاخبة وهذا يعني أن هذا النوع من الأزمات لا يستدعي الاعتماد على رجال الدين والمعمرين لحلها ومعالجتها.

عطفا على ما تقدم فإننا فعلا نواجه مشكلة تكمن في تقديم تعريف أو تحديد لمضمون مصطلح الضبط الاجتماعي يرضي طلبة علم الاجتماع والمهتمين به والباحثين فيه.

بذات الوقت على الرغم من هذه الصعوبات والاختلافات في التحديد والتوضيح فإن هناك سؤالا أزليا وخالدا يطرح نفسه على طاولة الأسئلة مفاده من يمارس الضبط الاجتماعي؟ ومتى يحصل؟ وكيف يتم ذلك؟

فالقادة وحكام المجتمع ونخبته يستخدموا عادات وتقاليد المجتمع وطرقه الشعبية بالإضافة إلى القوانين المرعية في حكمهم على الناس.

بيد أنه من الملاحظ أن الناس يهتموا بالسلطة المعنوية والاعتبارية اكثر من استخدام القوة. وبناء على ذلك فإنهم يخشون العقوبات المعنوية - الاعتبارية - الأدبية- الأخلاقية الصادرة عن المجتمع أكثر من العقوبة المادية أو الجسدية الصادرة من القانون الوضعي

لهذا السبب ولأسباب أخرى فإن الحكام والنخبة يميلوا إلى استخدام العادات والتقاليد في ممارسة سلطتهم لكي يؤثروا على الناس ويضبطوا سلوكهم وميولهم وتخويفهم عند مخالفتها وبهذا الأسلوب يكتسبوا قوة مؤثرة في ضبط سلوك الناس.

بات واضحا الآن أن قوة وسلطة النخبة الحاكمة لم تأتي من شعبيتها أو اعتبارها الاجتماعي بل من تخويف الناس من مخالفة عاداتهم وتقاليدهم التي تستخدمها النخبة الحاكمة كوسيلة لضبط اتباعهم إذن هناك تسلط ذكي وماكر يستخدمه الحكام والنخبة في ضبط اتباعهم وهو استخدام ضوابط عرفية يخشى الاتباع الخروج عنها خوفا من فقدان مكانتهم الاجتماعية او اعتبارهم الاجتماعي الأمر الذي يشجع الحكام والنخبة من استغلالها في اخضاع الاتباع لسلطتهم المتعسفة والمزاجية.

من أجل تثمير هذا الموضوع نشير إلى دراسة روس ١٩٥١ في موضوع الضبط

الاجتماعي التي أبرز فيها أهميته في ميدان علم النفس الاجتماعي تم نشرها على شكل مقالات في المجلة الأمريكية لعلم الاجتماع ما بين ١٨٩٦-١٨٩٨ ثم جمعها ونسقها وعملها على شكل كتاب يحمل عنوان الضبط الاجتماعي تم نشره عام ١٩٠١ وقد جاءت دراسته مترجمة لنظرية المحاكاة لجبرائيل تارد (عالم اجتماع فرنسي قديم).

ليس هذا فحسب بل ظهر روس في مؤلفة هذا متأثرا بنظرية الغرائز موضحا فيه أن العامل البايولوجي وحده غير كاف لتنظيم المجتمع البشري وقد ميزا أيضا بين نوعين من الضوابط . إذ قال بأنه هناك قيود تقيد الأشخاص وعادة ما تظهر على شكل رأي عام وقانون ودين والنوع الثاني يمثل مظاهر الرغبة العامة.

بذات الوقت حدد روس أشكالا معينة للضبط الاجتماعي أو آلياته المتمثلة في القانون والمعتقد والرأي العام والمقترحات والتعليم والعادات والدين والأفكار الشخصية والمراسيم والفن والتنور والوهم والتطور الاجتماعي والمبادئ الأخلاقية. وقال عنها أنها تمثل محرك أو مولد الضبط الاجتماعي.

خليق بنا أن نشير إلى أن روس كان منشغلا بدراسة الأوجه الاجتماعية للضبط خلال مرحلة ما قبل الحرب العالمية الأولى كان هناك وليام ماكدوكل (عالم نفس اجتماعي أمريكي قديم ١٨٧١-١٩٣٨ وجارلس ايلود ١٨٧٣-١٩٤٦ يسألان عن جدوى القيم الاجتماعية وما هو دورها في المسؤولية الاجتماعية إزاء الرفاهية الاجتماعية ؟ اذ لاحظا أنه كلما زادت المسؤولية الشخصية تجاه الرفاهية الاجتماعية عند الفرد. قلت حاجته للضبط . أي إذا انشغل الفرد في بحثه عن الرفاهية الاجتماعية فإن خضوعه لوسائل الضبط الاجتماعي تقل . وإذا كان غير منشغلا ببحثه عن سعادته ورفاهيته مركزا على الأمور والمسائل العقلية من أجل إرقاء وعيه الاجتماعي فإنه يميل إلى الالتزام بالضوابط الاجتماعية.

وفي هذا المقام يمكن أن نطرح سؤالا مفاده ما هو موقع المبادئ الأخلاقية في الضوابط الاجتماعية؟ الجواب يكون أنه يمثل محور الضبط فالفضيلة والميول الاثيارية في حب الغير ومفاضلتها على حب الذات والأنانية هي التي تغلب على وعي وتفكير الفرد مما تجعله مطاوعا لمواجهات الضوابط الاجتماعية التي ذكرها روس.

بيد أن ايلود ومكدوكل أكدا على أهمية الغرائز وأثرها على الشعور والذكاء والمحاكاة والتعاطف. في حين يرى روس ان الضبط الاجتماعي شيء ملازم للمجتمع ولا بد منه وأن المجتمع لا يستطيع الاستغناء عنه بسبب الطبيعة الأنانية التي يتصف بها الفرد فجعلت من الضوابط الاجتماعية حالة ضرورية في ضبط سلوكه.

بتعبير آخر إن أنانية ونرجسية الفرد الغريزية تتطلب وجود ضوابط اجتماعية تحجمها وتلجمها لكي لا تحقق طبيعتها الغريزية على حساب غرائز الآخرين فيحصل صراع واقتتال وفناء.

لذا فإنه من الضروري وجود ضوابط مجتمعية تكون بمثابة كوابح تكبح أو لجام يلجم بشراسة وقوة وشراهة غريزة الأنانية التي يتصف بها الكائن البشري قبل تنشئته الاجتماعية التي تحاول تطبيع سلوكه الفردي لتحوله إلى سلوك اجتماعي.

ومن نافلة القول في هذا السياق تناول ما جاء به جارلس هرتون كولي ١٨٦٤-١٩٢٩ الذي رأى الضبط الاجتماعي ما هو سوى احد أوجه العلائق المتبادلة بين الفرد والمجتمع .. أي كل منهما يضبط الآخر من اجل حماية وجوده وبقائه في النسيج الاجتماعي.

كولي في رؤيته هذه شرح كيف يمس الفرد عضوا في المجتمع من خلال انتمائه إلى جماعات وتنظيمات اجتماعية رسمية وعرفيه تقوم بضبط سلوكه، وهنا يمكن القول بأن هذه الجماعات والتنظيمات تضحى وكالات تساعد الضبط الاجتماعي على أداء عمليته الضبطية .

الملفت للانتباه هو أن رؤية كولي المركزة تعبر عن تصوير الشعور الجمعي الناتج عن شعور الجماعة التي ينتمي إليها الفرد في سلوكه منمية عنده صوت واحد يمثل صوت جماعته التي ينتمي إليها علما بأن هذا الضبط لم تخطط له الجماعة، بل تشكل بشكل لا شعوري أو بدون عمد. ومن هنا يتبلور الضبط الاجتماعي داخل المجتمع. أي ان الفرد يتعايش ويتفاعل مع المجتمع من خلال انتمائه إلى جماعات ومنظمات رسمية وغير رسمية. وقد أوضح هذه الرؤية المركزة في نظريته الشهيرة (النظرة إلى الذات في المرآة الاجتماعية) فالفرد ينظر إلى تصرفاته ومظهره من خلال رؤية الآخرين المحيطين به في أعينهم وتصوره حول

حكمهم على مظهره وشعوره الذاتي وعلى ذوقه وتصرفه لكي يعرف هل أنه يمثل صورة جميلة وزاهية في أعين وأحكام الآخرين المحيطين به يتباها بها. أم قبيحة تبلور عنده الشعور بالخجل والاضطراب، فينسحب من جماعته التي يتفاعل معها. هذه التصورات الفردية التي يقوم بتصويرها عن رؤى وأحكام أفراد جماعته عنه (سلبية أو إيجابية) تمثل آلية ضبطية جمعية لسلوك الفرد في نظر كولي.

لا جناح من تحديد موقفنا من هذه الرؤية التي تقول بأن الإنسان أناني في طبعه ولا يمكن عيشه في المجتمع وهو بهذا الطبع الغرائزي . إننا نتفق مع هذه الرؤية لأن المجتمع لا يسمح للفرد في ممارسة غرائزه الذاتية - الفردية بل يعمل على تطبيعه بطبائع اجتماعية من خلال ضبط سلوكه الأناني وجعله متشربا بمنظمات وقواعد يضعها هو (المجتمع) ولكي تتم عملية التشرب أو التعجن الاجتماعي يقوم بربط الفرد بجماعات اجتماعية وقيمها الضبطية تقوم بتحديد وتحجيم وتقنين وتلجيم جموح أنانيته في تعامله مع الآخرين وعدم السماح له بفرض أنانيته وفرديته وذاته النرجسية على الآخرين . أقول تؤقلمه اجتماعيا.

لذلك نجد الفرد الذي يخضع لهذه الضوابط ويلتزم بها يكون سويا وسعيدا لدرجة ما، لانه يجد صورة جميلة له مطبوعة في حكم ورؤية وتقييم أصدقائه وزملائه المحيطين به.

في الجانب الآخر يكون تعيسا وشقيا ومتعبا نفسيا وقلقا فكريا ومضطرب سلوكيا عندما لا يكون منضبطا بضوابط مجتمعه، فيجد له صورة سيئة أو معتمة أو قبيحة في حكم الآخرين المحيطين به وهذا ما يزيد من تعاسته وقلقه واضطرابه.

مع ذلك فإن هناك من يجد صورته الجميلة والحيوية في حكم الآخرين المحيطين به من زملاء وأصدقاء منحرفين ومجرمين وأقران السوء فيجد نفسه (ذاته) سويا في نظرهم وحكمهم، إنما منحرفا ومجرما في حكم المجتمع العام ورجال القانون.

نستنتج مما تقدم أن حكم الآخرين - كمرآه اجتماعية - ليس دائما تكون واحدة إنما حسب نوع الآخرين المحيطين بالفرد. بيد أن الثابت في هذا السياق هو أن حكم الآخرين - سواء كان صادر آمن أسوياء أو منحرفين أو مجرمين أو رجال القانون - يمثل ضابطا لسلوك الفرد المرتبط بهم.

واتكاءا على هذا الاستنتاج نستطيع القول بأن الفرد الذي يبحث عن إرقاء وعيه الاجتماعي وتثمير ذكائه غالبا ما يكون محترما لضوابط مجتمعه وملتزما بها. والفرد الذي يبحث عن وسائل ترفيهية مسلية ومنطلقة غايته الإرضاء الذاتي والأرواء النرجسي يكون مبتعدا عن ضوابط مجتمعه ومتنصلا منها.

من أوائل علماء الاجتماع الاميركان القداما ممن كتبوا في موضوع الضبط الاجتماعي هو وليام كراهام سمنر ١٨٤٠-١٩١٠ م ظهر ذلك في كتابه الشهير (الطرق الشعبية) (folkways 1906) شارحا فيه مفهوم الثقافة كما هي لا كما أن تكون عليه وصف فيه العادات الشعبية والمؤسسات الاجتماعية على أنها حقائق وقوانين اجتماعية في ضبط الفرد داخل جماعته الخاصة ومجتمعه العام محددا بذلك ثلاثة مفاهيم أساسية نابعة من مفهومه للضبط الاجتماعي وهي:

١- وحدة الجماعة المتمثلة في شعورها الجمعي we- group

٢- داخل الجماعة in- group

٣- خارج الجماعة out- group

ثم طرح مصطلح التوفيقية syncretism أي التوفيق بين المعتقدات الدينية المتعارضة.

موضحا أن العرف الاجتماعية Mores يقوم بتبرير لا يعد مقبولا وصحيحا في نظر المجتمع، لذلك يتطلب من الفرد احترامه والالتزام به لأن تطور الشعوب - في نظره- قد حصل من خلال تطور وسائلهم الفلكلورية وأعرافهم الاجتماعية لأنها تمثل قوى اجتماعية ضابطة لسلوكهم وعدم السماح لهم بالتصرف الغرائزي - الفردي الذي بدوره يساعدهم على التكيف نحو الأفضل وتطوير قوانينهم وطقوسهم . وأن التوفيق بين المعتقدات والأعراف المتعارضة تعمل على غربلتها وتحقيق الاختيار التلقائي للصالح منها والغاء الطالح فيها. فالأعراف والعادات الاجتماعية الضارة والغير نافعة سوف تختفي من حياة المجتمع.

ثم دلف سمنر إلى مدار تشريح الجماعة الاجتماعية حسب العناصر القوية فيها.

تقوم بتحديد ما هو مفضل ومقبول ومستحسن للجماعة، فقال في هذا الخصوص إنه في داخل كل جماعة اجتماعية هناك فئة قوية ومتسددة ومتسلطة، تقوم الفئة المتدنية بتقليدها.

بشكل أكثر دقة، شرح سمنر الجماعة إلى خمسة فئات استنادا إلى متغيرات الذكاء والسجية واكتساب النفوذ والقوة وهي:

١- فئة صغيرة جدا تضم الأذكياء يتموقعون في قمة الهرم الاجتماعي للجماعة.

٢- فئة اكبر من الأولى نسبيا تضم الأذكياء واللامعين يتم استخدامهم في الأنشطة العملية وهذا يعني أنهم يملكون فائدة عملية في تنفيذ وتطبيق أوامر الفئة المتسيدة القابعة في القمة.

٣- العوام أو الأغلبية من أفراد الجماعة ممن يحترمون الأعراف ويلتزمون بها.

٤- فئة صغيرة من الاتباع العاطلين عن العمل والمعتمدين في عيشهم على فئات الجماعة التي يعيشون فيها.

٥- فئة خارجة عن الاعراف الاجتماعية ومنحرفة عن ضوابطها العرفية. أي من المنحرفين والجانحين والمجرمين Roucek , 1988, (p87)).

خليق بنا أن نشير في هذا السياق إلى أن سمنر يعتبر الإصلاح الاجتماعي لا يكون ناجعا بل عقيما عندما يكون متزمتا وصارما في الأعراف والآداب العامة، بل عليه ان يعدل ويبدل الأعراف الاجتماعية لتلك التي لا فائدة لها أو تلك التي تعيق تمدن الناس وتحضرهم.

أما الدين فهو في نظر سمنر عبارة عن مجموعة تعاليم ومبادئ وجدانية وحسية تنظم شؤون الأفراد في حياتهم العامة.

لكن الملاحظ على الأعراف الاجتماعية والطرق الشعبية التي لها عمقا تاريخيا في حياة المجتمع يأخذ بها الأفراد في حساباتهم الفكرية والسلوكية . أي أبناء المجتمع التقاليدي ممن لهم عمقا تاريخيا موغلا في الثقافة الاجتماعية عندما يتصرفوا ويفكروا ويتفاعلوا مع الآخرين ويأخذوا بعين الاعتبار أو في حساباتهم أعرافهم الاجتماعية وعاداتهم الشعبية.

بيد أن هذه الأعراف والعادات ليست خالدة وسرمدية بل تتبدل وتتغير مع ظهور مستجدات حديثة ومؤثرات وظروف جديدة عندها يتطلب تغير في تعريف أو تحديد مضمونها استنادا إلى ما هو مستجد، وهذا يعني أن الضوابط الاجتماعية تتغير أيضا، لانه عندما تتغير العادات والأعراف تتغير الرغائب الشخصية ومواقف وميول الفرد تباعا.

ومن نافلة القول في هذا المقام هو الإشارة إلى حالة تحصل يكون فيها أفراد الجماعة غير ملتزمين بأعراف وعادات جماعتهم فيخترقوها (وهذا يعد عقابا صارما صادرا عن الأفراد تجاه معايير جماعتهم معبرين عن موقفهم السلبي منها واتجاههم الرافض لها) هذه الحالة تتبلور عندما تفرض الجماعة مصلحتها بشكل تعسفي على مصالح الأفراد التي يريد ان يطوروا أنفسهم وأهدافهم لا سيما وان رغائبهم متمثلة في الرغبة بالأمان والتميز والاستجابة على حد تعبير توماس إلا أن هذه الرغائب لا تفعل فعلها بدرجة واحدة ومستوى واحد بل حسب الوضعية الاجتماعية التي يعيش فيها الفرد فتؤثر بذلك على درجة ضبطه بها.

قبل أن نختم حديثنا في هذا الباب علينا أن لا ننسى ما أكد عليه هربرت سبنسر على أهمية الطقوس الشعائرية ذات الاحتفالات الرسمية والدينية nialsCeremo وقوتها المحكمة بشكل آلي - ميكانيكي في استخدامها لوسائل الضبط الاجتماعي بذات الوقت استخدامها كآلية للضبط الاجتماعي. إذ أشار سبنسر إلى أن الأنواع الأولى من الحكومات - في التاريخ البشري - كانت تتمتع بضوابط صارمة ومحكمة من خلال احتفالاتها الراقصة وحفلاتها التنكرية ورقصاتها الرياضية التي كانت تقوم بها القبائل البدائية.

أن التزام الناس في المجتمعات التقاليدية بطرقهم الشعبية (نوع اللباس وطرز الحياة القديمة في المأكل والمشرب والبناء) تنطوي على قدسية اجتماعية وأحكام أخلاقية وإجماع شعبي وأفعال معينة تؤدي بأسلوب متخصص ومحدد مثل : آداب المعاشرة وقواعد التشريفات (الاتكيت) والواجبات الروتينية الخالية من الحيوية المتحمسة وشعائر التقرب للآلهة والمحرمات Taboos في المجتمعات المختلفة.

من أجل استجلاء اكثر عن مفهوم الضبط الاجتماعي نطرح الرؤية القائلة بأنه يمثل مهمازا اجتماعيا (أي محفزا ومحركا للحياة الاجتماعية) تلك الرؤية منطلقة من زاوية الانحراف الاجتماعي التي تقول بأنه ما هو سوى صورة منعكسة على المرآة الاجتماعية أي أن الانحراف يمثل الصورة بينما المجتمع يمثل المرآة، وإن الضبط الاجتماعي يمثل استجابات تحركها تهديدات داخلية مثل الانحرافات والاختراقات القانونية، وإزاء ذلك تتحرك آليات

الضبط مثل الشرطة والمحاكم والمعايير العرفية وسخط الناس وسواها، لتحديد موقفها الرادع والمانع المعاقب لها، منه ما هو رسمي ومنه ما هو عرفي وليس بالضرورة أن يكون ناجحا في منعه وعقابه، إذ قد يفشل في استجابته للتهديات المتجهة نحوه فلا تكن وسائله رادعة ومانعة في الحد من الجنوح والجريمة. بذات الوقت يكافئ المجتمع الأفراد الذين يحترمون الضوابط الاجتماعية ويلتزمون بها من خلال منحه لهم اعتبارا اجتماعيا متميزا لمكافئته له على ذلك وبشكل غير مباشر.

تمثل هذه المكافئة صورة إيجابية يستفاد منها الآخرون ويحذون حذوه لكي لا تتسع مساحة الانحراف بين الأفراد بل تشجعهم على الالتزام على ما جبلوا عليه في تنشئتهم الاجتماعية في المؤسسات الأسرية والتربوية والاقتصادية والدينية لأنها تعزز وتدعم السلوك المناسب والمعياري (أي السلوك الملتزم بمعايير مجتمعة).

إن مهماز (محفز) الالتزام بنواظم وضوابط الضبط الاجتماعي هو محبة واحترام الناس للذين يتقيدون بها ويحترمونها. لذا تكون مساحة نسيج علائقهم الاجتماعية واسعة، على نقيض الأفراد الذين ينحرفون عن ضوابط مجتمعهم. وهنا يختلف نوع المهماز (المحفز) عندهم من محبة واحترام الناس إلى الاستحواذ على أموال الغير بطرق غير مشروعة إنما المتغير الذي يساعد على عدم الاهتمام باحترام الناس وتقديرهم هو سرعة التحضر والتصنيع والتفاف الناس حول القيم المادية، الأمر الذي يجعلهم يركضون ورائها ويقطعوا أواصلهم وعلائقتهم مع المحيطين بهم وبأقربائهم وهذا يكون بمثابة مهماز يدفعهم إلى التكسب المادي إنما على حساب الروابط الاجتاعية الحميمة. بحيث يكونوا عرضة للانحراف عن معايير المجتمع يستجيبوا لها دون تردد أو حياء لأنهم ابتعدوا عن ضوابط المجتمع العرفية، بل في الواقع إنها غير فعالة ومؤثرة في مجتمع تسوده التمزقات الاجتماعية داخل الأسرة والجيرة والمجتمع المحلي والأصدقاء تتفوق فيه الذاتية على النحو المجتمعية، بتعبير آخر، إن النوازع الاجتماعية الداخلية والمنظمات الباطنية لا تكون مستقرة في شخصية الفرد الحضري والصناعي، نقول الضمير الجمعي يكون مفقودا في شخصية الحضري.

لكن هناك قواعد قانونية رسمية يتعلمها الفرد من الأسرة والمدرسة والأجهزة الاعلامية تمنعه من الوقوع في مخالفات قانونية تهديد المجتمع في حياته العملية. لكن إذا خالف هذه القواعد القانونية يعد عندئذ منحرفا في نظر القانون والمجتمع.

نستشف مما تقدم أن مفهوم الضبط الاجتماعي ليس واحدا في كل الأزمنة والأمكنة، بل يختلف باختلاف نوع المجتمع ومرحلة تطوره والفترة والزمنية التي تحكم على هذه القاعدة بأنها ضابطة.

لكن بشكل عام نستطيع أن نقول بأن هناك ضبط اجتماعي مدعوم من قبل قوى قانونية مشروعة وآخرى غير مدعومة من قبل قوى شرعية - قانونية. نقصد بالقوى القانونية - الشرعية فى معاقبة تصدر من الشرطة والنظام القضائي والسجون والمكاتب الأمنية وسواها، وعادة ما تكون هذه القوى ومؤسساته واستمرار وجودها فيه، بذات الوقت تستطيع التصدي للجرائم والانحرافات المستجدة التي تفرزها تغيرات العصر.

وهناك نوعا آخر من الضوابط الاجتماعية تدعى بالعرفية تمارس بشكل تلقائي ومن قبل مواطنين خاصين ممن لديهم حقوق قانونية ومخولين باستخدام القوة لكونهم يمثلوا مواقع اجتماعية متميزة ومرموقة داخل المجتمع المحلي يكن لهم أفراد المجتمع احترما واعتبارا عاليا. أقول لهم سطوة معنوية على افراد مجتمعهم.

لكن كيف نعرف أن الضبط الاجتماعي العرفي يستطيع أن يوقف شخصا معينا من انحراف سلكي أو عدم الالتزام بتوقعات معيارية دون استخدام القوة الجسدية أو القتل أو السجن؟ الجواب هو : لا يوجد لدينا جهاز يمنع فردا وغدا أو نذلا من انحرافه عن معايير المجتمع، بل هناك روادع باطنية خلقية إيمانية اكتسبها من أسرته أو مدرسته أو مجتمعه المحلي تقوم بمنعه من الانحراف أو الدفاع عنه بل تمنعه منذ البداية لا تخضع لإبتراز ورشوة مالية كما يحصل مع الضوابط الرسمية أي أنها أنقى الضوابط وأقواها.

الحاجة المجتمعية للضوابط الاجتماعية

لا يتم وضع ضوابط اجتماعية (عرفية أو رسمية) دون وجود حاجة اجتماعية يفتقر إليها أفراد المجتمع ويحتاجونها في تنظيم حياتهم اليومية وعلائقهم الاجتماعية وحقوقهم الثقافية والتزاماتهم الدورية (الدور الاجتماعي لكل مكانة موقعية) وطموحاتهم الشخصية وتعابيرهم السلوكية، وبدونها (أي بدون الضوابط) تصبح حياتهم فوضوية وعشوائية ويمسي فيها القوى يقهر الضعيف ويلتهم حقوقه ويطمس طموحاته ويلغي تعابيره وتتقطع علائقه.

فهي إذن (الضوابط) نتاج حاجي تنظيمي وليس حاجي كمالي تعكس اعتماد الأفراد بعضهم على بعض من وخلال اعتمادهم هذا يستطيعوا أن يرضوا ويشبعوا حاجاتهم ورغباتهم ويحرروا أو يطلقوا توتراتهم وقلقهم الذاتي ضمن حدود المقبول اجتماعيا- بذات الوقت يكسبوا تعاون الآخرين.

وإزاء هذه الحقيقة الاجتماعية استطاع أميل دور كهايم تفسير سبب انتحار العزاب الذين لا يتمتعون بالتزامات زواجية أو أسرية أو حتى مجتمعية وبعيدين عن تأثير الضوابط الاجتماعية ويعيشون شبه منعزلين عن الروابط الاجتماعية (broom, 1968 p20).

ويضيف روبرت فاكيفر إلى هذا الطرح فيقول إن كل شيء في الوجود يخضع للقانون الذي يوائم تكوينه الخاص ويحكم الأشياء في نطاق معين التي تعمل على دعم المجتمع وتنظيم مناشط حياته اليومية حسب معايير يسنها لخدمته هو ولحماية الفرد في نفس الوقت وغالبا ما تكون مرنة في ضوابطها وليست صلبة أو قاطعة ومطلقة- كما هو الحال في القوانين الطبيعية.

وذلك لأن الفرد يخضع لمؤثرات متباينة، منها ما هي بسيطة وأولية، ومنها ما هي قاسية وصعبة. لذلك تتكون أو تتبلور القوانين الاجتماعية حسب الوضعـــيات الاجتماعية منـها ما هي تجارية وإدارية وأسرية وعسكرية وشرعية، وبذا تكون عرضــة للتـــغير والتطـــور طـــبقا لمراحل تطور المجتمع ولا تبقى خالدة وسرمدية إلى الأبد دون تعديل أو تغير فضلا عن أن حاجات ورغبات الأفراد لا تبقـــى واحدة بل تتنوع وتتبدل وتتغـــير كـــذلك وهذا يتـطلب من القوانين أن تتـــطور وتتبدل تباعا لـــكي تحترم ويلتزم بها من قبل الأفراد (ماكيفر ١٩٦٣، جا ص ٢٧).

إذن هي قواعد لتنظيم المجتمع لكي تكون مسايرة مع تطور الأحداث والحاجات الاجتماعية فكلما كانت نابعة من هذه الضرورات (الحاجات والرغبات الاجتماعية والأحداث المجتمعية المتطورة) وليست مفروضة من قبل زمرة حاكمة أو فرد حاكم (رئيس دولة) أو أنها منحدرة من التاريخ الاجتماعي الماضي وخدمت المجتمع فيما مضى ولم تعد صالحة للمرحلة الراهنة، كتب لها النجاح والبقاء والاحترام والالتزام والعكس هو الصحيح. لأنها لم تمثل قانون السيد على العبد أو الرئيس على المرأوس أو القائد على

الاتباع، وإذا حصل ذلك، فإنها تزول حال زوال الشخص الذي سنها أو فرضها على الناس.

زبدة القول، كلما كانت القوانين تخدم الشرائح الاجتماعية الواسعة من المجتمع وليست الضيقة أو المنتفعة أو المتحكمة، إحترمها الناس والتزم بها. وكلما كانت في صالح شريحة أو فئة اجتماعية معينة على حساب مصالح الشرائح العامة، كتب لها الزوال حال زوال صادريها أو فارضيها. (وهذا ما وجدناه في المجتمع العراقي الحديث منذ عام ١٩٥٨ ولغاية الآن ٢٠٠٥ إذ ظهرت قواعد وقوانين عديدة ومتنوعة ومتضاربة لا تخدم إلا صادريها وفارضيها وعند زوالهم زالت معهم فلم تكن تخدم المجتمع العراقي).

وقد يثار سؤال مفاده : ليست كل أفراد المجتمع قاطبة يلتزمون بالقواعد والمعايير الاجتماعية بدرجة واحدة. هذه الملاحظة صحيحة واقعية لأن مصالح الناس ليست واحدة وغالبا ما تكون قواعد ومعايير المجتمع مقننة وضابطة لسلوك الناس، ومع اختلاف مصالحهم وتنشئتهم الأسرية والمدرسية والصداقية فإن درجة التزامهم بها لا يكون واحدا. نقول كلما طغت المصلحة الذاتية على العامة في وضع الضوابط الاجتماعية، كثر الانحراف عنها والمروق عليها وتنامي التحدي لها والاضراب عليها وعدم الاعتراف بها.

الملفت للانتباه هو أن جميع قواعد ومعايير المجتمع يمكن الخروج عنها وعدم الالتزام بها ولا تستثني منها أية قاعدة أو معيار. لذلك وضع المجتمع جزاءات أو عقوبات على كل سلوك ينحرف عنها وهذا إجراء خاص يقوم بحمايتها ومقاومة كل ميل أو محاولة التمرد عليها وهذه حالة تجتمع بها أو تلتقي عندها جميع المجتمعات البشرية من البدائية لغاية المعلوماتية ولا يستثنى منها أحدا.

والجزاءات التي يضعها المجتمع تكون على نوعين هما الجزاءات الإيجابية التي تكون على شكل مديح أو شكر أو اعتبار اجتماعي عالي كمكافئة على التزامه بها أو منحه امتيازات جديدة عليه تكريما له على أو تشجيعا على التزامه بالمعايير الاجتماعية. أو جزءات سلبية عقابية تكون على شكل نقد وتقريض أو قدح أو وصم اجتماعي أو سجن وأحيانا قتل كعقوبة على عدم التزامه واحترامه للقواعد والمعايير السائدة في المجتمع أو حرمانه من بعض حقوقه أو حجب بعض الامتيازات عنه كعقوبة له على انحرافه عن القواعد والمعايير السائدة في المجتمع.

وبملاقاة هذه الحقيقة وعلى هدى ما سبق نقول أن الأفراد الذين يحترمون ويلتزمون بالقواعد والمعايير المرعية لا تكون بدافع الخوف من عقاب الشرطة والقانون بل بدافع الحصول على احترام الناس والتنظيمات الاجتماعية الرسمية العرفية لهم عندما لا يخرجون عنها بل لإرقاء علاقاتهم الاجتماعية وجعلها أكثر تحضرا وتمدنا في إحترام النزعة الإنسانية والروح الاجتماعية والتفكير بالصالح العام لا بالمصلحة الفردية. لذلك نجد الصحف والمجلات وعدسات الكامرات التلفازية تسجل وتصور وتنشر صور الأفراد المارقين والمنحرفين والمجرمين (كنماذج بشرية منحرفة تستحق التشهير بها وإدانتها لكي تنبه الآخري من الأسوياء وحتى من المنحرفين بما ستؤول إليه انحرافات المنحرفين من إيذاءات وتهديدات اجتماعية وفردية).
آيتنا من هذه الطرح هو القول بأن الجزاء لا يمكن عدة وسيلة لتفسير السلوك الإنساني بقدر ما هو أداة لتقوية الإثارة لتوحيد سلوك الأفراد وبغيابها تتقطع شبكة العلاقات الاجتماعية وتتفكك التنظيمات الرسمية العرفية وتتفاقم نزعات المعارضة والتمرد والمروق على ضوابط المجتمع.
بقي أن نشير إلى الحصاد الاجتماعي الذي يحصده الخارج عن الضوابط الاجتماعية، المتمثل في :

١. الغرامات المالية كشرط لاستمرار الاحتفاظ بالعضوية التنظيمية
٢. التعويض عن الأضرار
٣. فقدان أو خسران العضوية في التنظيم (الفصل)
٤. فقدان العمل (بالطرد)
٥. الامتعاض الاجتماعي.
٦. الاحتقار الاجتماعي
٧. النبذ الاجتماعي
٨. السخرية عن طريق الاستهزاء
٩. الضحك الساخر
١٠. السجن .
١١. الاعدام.

أهداف الضوابط الاجتماعية

بعد أن حددنا مفهوم الضوابط علينا الآن تحديد أهدافها لكي نطلع على مراميها وهي:

١. العمل على تحقيق الامتثال لمعايير وقيم الجماعة الاجتماعية لكي يشعروا أفرادها بشعور جمعي واحد يجمع بينهم كقاسم مشترك أعظم.

٢. المحافظة على درجة عالية من التضامن الاجتماعي بين أفراد الجماعة الاجتماعية من أجل دوام بقائها ومتانتها.

٣. دعم وتعزيز أصحاب المواقع العليا ممن يملكون سلطة ونفوذا اجتماعيا. أي الصفوة الحاكمة. وهذا يدعنا للقول بأن أفراد السلطة الحاكمة يستخدموا وسائل الضبط الاجتماعي (العرفية والقانونية) لدعم مشروعية حكمهم الفئوي داخل مجتمعهم (roucek, 1980 p4).

٤. احترام الحق العام والخاص والنظام الاجتماعي.

٥. إرقاء السلوك الاجتماعي لدرجة عالية من الالتزام بالقرارات الجمعية.

٦. منع التجاوزات والخروقات الفردية ومعاقبة مقترفيها.

٧. تحقيق الأمن الاجتماعي.

٨. توزيع الفرص على الأفراد بشكل عادل.

٩. إقامة العدالة بين الناس.

طبيعة الضبط الاجتماعي

لما كان الناس يعيشوا على شكل جماعات (أسرة، زمر صداقية، فرق رياضية،جماعات حرفية ومهنية، جماعات طلابية، احزاب سياسية عمال وموظفين) فانهم يكونوا بأمس الحاجة إلى ضوابط عرفية أو رسمية (مكتوبة) يتفقوا عليها لكي تقوم بتنظيم تجمعهم وذلك من خلال تماثلهم لها، على الرغم من وجود رغبة عند الإنسان في الاستقلال الذاتي والعيش حياة خاصة به.

إلا أنه في ذات الوقت لديه حاجة اجتماعية تدفعه للانضمام إلى جماعة من الأفراد تمثل أهدافه وطموحه ورغائبه وعواطفه ومن أجل إشباع هذه الحاجة الاجتماعية، عليه أن يتنازل عن بعض من حاجاته الذاتية لصالح الحاجة الاجتماعية، عندئذ يتطلب منه أن يتماثل

ما تم الاتفاق عليه من ضوابط تربط علائقه وعشرته ومودته. علما بأن هذه الضوابط ليست وليدة الساعة، بل قسما منها يكون متوارثا من أجيال سابقة والبعض الأخر تفرضه متطلبات الحياة الاجتماعية المتجددة.

نفهم مما سلف أن السلوك الجمعي والنظام الاجتماعي ضروريان للحياة المجتمعية ، وذلك لأن الفرد لا يستطيع أن يعيش بشكل منعزل عن الآخرين ومتفردا بحياته الاجتماعية.

مع ذلك فإن هذا لا يعني أن بعض الافراد لا يهملوا التماثل مع معايير مجتمعهم، بل هناك من لا يتماثل معها لعدة أسباب .. منها طلبا في تحقيق بعض أوجه ذاته أو نرجسيته، أو لعدم تشبعه بمعايير مجتمعه، او تكون تنشئته الاسرية ناقصة او منحرفة، او انه لا يعير أهمية لما يتوقعه الآخرين المحيطين به منه.

لهذه الأسباب جميعها لا يتم التماثل بشكل مستمر ومع كل المعايير عند الناس. وهذا يشير إلى أن التماثل لمعايير جماعته يعطي أهمية بارزة لتوقعات أفراد أسرته وأصدقائه وزملائه وللمؤسسات الرسمية والنقابية.

ثمة حقيقة مفادها أن تماثل الأفراد لا يحصل بشكل تلقائي او عفوي بل بعد ولادتهم يتعلموا من أبويهم، اذ يدربوهم على سلوكيات مرغوب فيها من مجتمعهم ومقبولة منهم لكي يجعلوهم قادرين على التعامل والتفاعل والتعايش مع الآخرين في وسطهم الاجتماعي.

بذات الوقت يعلموهم السلوكيات غير المرغوب فيها من قبل مجتمعهم، وعند ممارستها يحصلوا على عقاب يأخذ أشكالا متنوعة مثل:السخرية أو الاستهزاء أو النفور أو النبذ (القطيعة) أو الزعل وسواها.

هذه هي بداية تعلم أسس الضوابط العرفية عند الفرد ومن ثم يتدرج في تعلم ضوابط أخرى من أنواع ثانية مثل الضوابط المدرسية والصداقية والمهنية والمحلية والجيرية.

ومن هنا يأتي توقع الأفراد لتماثل الجميع مع ضوابط مجتمعهم متضامنين ومتماسكين، وكل فرد يخرج عنها يعدوه منحرفا ومارقا يعاقبوه على ذلك على شكل النظرة الدونية أو الكلام الجارح أو الوصمة السلبية أو السخرية منه أو النفور منه أو مقاطعته.

إذا من خلال تنشئتهم على التماثل مع معايير المجتمع الضابطة تأتي توقعاتهم نحوها بشكل طبيعي وهذا لا يثير الغرابة في شأنه، بل الغرابة تتأتى من عدم تماثلهم معها، لان كل انسان بعد ولادته يخضع لتربية أسرية (تنشئة اجتماعية) يتعلم فيها ما هو مسموح وما غير محبب وما هو مكروه. أي أن الأسرة تعلم أبنائها معايير مجتمعها فإذا كانت جادة في مسئوليتها نحوهم أمسوا أبنائها متماثلين مع معاييرها وضوابطها وإذا كانت متساهلة في مسئوليتها التنشيئية أضحى أبنائها ضعفاء في تماثلهم، عندئذ تكون درجة تماثل الفرد معتمدة على درجة جدية والتزام الأبوين في رعرعة أبنائهم وإلزامهم بها.

بعد ذلك تأتي تنشئة الأبناء في احترام المعايير والالتزام بها من قبل جماعة الأصدقاء في الحي والمدرسة ودور العبادة والمقهى والنادي. جميعها تشجع الأفراد على الالتزام بالمعايير والتماثل معها.

لكن هذا لا يحدث هكذا دائما ، بل أحيانا - يحصل تضارب هذه الجماعات في طريقة تنشئتها، إذ تتعارض جماعة أصدقاء الحي مع جماعة المدرسة أو الاسرة ساعتئذ يفشل بعض الأفراد في تماثلهم مع بعض المعايير العامة.

بجانب هذه الجماعات هناك القانون الرسمي (المكتوب) الذي يؤكد على التماثل مع معايير المجتمع المرعية لا سيما وأنها تلتزم وتجبر جميع الأفراد بالالتزام بها والتماثل معها، وكل من لا يستجيب لها أو يكسرها يعاقب من قبل مؤسساتها مثل دوائر الشرطة والمحاكم والإصلاحيات والسجون وغالبا ما تتراوح عقوباتها ما بين الغرامة المالية مرورا بالحبس وانتهاء بالموت. علما بأن آليات الضبط الاجتماعي تكون متنوعة ومتعددة معتمدة على نوع الجماعة والمجتمع ودرجة تطوره وتقدمه. إذ تكون قوانين الجماعة الأولية والمجتمع البدائي الصغير من النوع غير المكتوب أي من النوع العرفي، وأن الخارجين عنها يواجهوا عقوبات عرفية مثل الكلام الجارح أو النظرة الدونية أو الوصمة القبيحة أو السخرية منهم أو الاستهزاء بهم وأحيانا النبذ الاجتماعي الذين هو أقسى العقوبات الاجتماعية علما بأن هذه الآليات الضبطية - العرفية - (السخرية والاستهزاء والنبذ الاجتماعي) لها تأثير وفاعلية على الناس اكثر مما تتمتع بها عقوبات الشرطة والمحاكم والسجن في المجتمعات البدائية التقاليدية والمحافظة بيد أن الحالة لا تكون كذلك في المجتمعات الحضرية والصناعية

والمعلوماتية التي تكون فيها المجهولية بين الناس عالية وسائدة ومتصفة بالتنوع العرقي - الرسمي، والطائفي والثقافي والطبقي كبيرا الأمر الذي يجعل من القوانين الرسمية التي تصدر من دوائر الشرطة والمحاكم والسجون اكثر تأثيرا وفاعلية من المعايير العرفية.

ليس هذا فحسب، بل أن آليات الضبط الاجتماعي تكون متباينة ومختلفة وذلك بسبب اعتمادها على نوع المعايير التي تم مخالفتها واختراقها وتجاوزها . فإذا كانت المعايير المخترقة أو المتجاوزة من النوع الشعبي في المجتمع الحضري والصناعي والمعلوماتي فإن تبعياتها السلبية تكون صغيرة وقليلة وجزئية وبالذات في الجماعات غير الرسمية (مثل الأسرة والأصدقاء والزملاء) وتكون العقوبات لا تتجاوز الهمس أو الضحك الساخر أو الاستهزاء. أي ازدراء بسيط لكن إذا تم اختراق الآداب العامة الخاصة بجماعة معينة مثل إساءة استعمالها أو عدم احترامها، فإن العقوبة الرسمية تأخذ مكانها في معاقبة عدم المحترمين لها مثل إذا تعرى احد الأفراد في أحد الأماكن العامة او سخر من ممارسات دينية أو مذهبية أو عرقية (Landi, 1980, pp.345-350).

أسئلة الفصل

س١: هل ترى وجود الضوابط في المجتمع نقمة عليه أن أم نعمة؟ وعلى من تجد ذلك؟.

س٢: هل الالتزام بالضوابط يكون تلقائيا - انسيابيا أم الزاميا؟

كيف ؟ وضح ذلك.

س٣: ما علاقة الضوابط بالنظام الاجتماعي ؟ حدد ذلك.

س٤: متى وأين تستعمل الضوابط الاجتماعية؟

س٥: ما هو موقع المبادئ الأخلاقية في مدار الضوابط الاجتماعية؟

س٦: قارن بين كولي وسمنر وروس في طروحاتهم للضبط الاجتماعي؟

س٧: لماذا لا يلتزم كل الأفراد بالضوابط الاجتماعية بدرجة واحدة؟

س٨: أيهما ابرز هدف من أهداف الضبط الاجتماعي - في نظرك - في فاعليته في ضبط السلوك الإنساني؟

2

محتويات الفصل الثاني

أنواع الضوابط الاجتماعية

إذ أراد المجتمع أن يستمر في وجوده الاجتماعي، عليه أن يمتلك شروطاً وضوابطاً خاصة به لضبط وتوجيه أفراده نحو الالتزام بقواعده ومعاييره وقيمه التي وضعها وحددها كآليات ضبطية لتربطهم بأهدافه ونواميسه من أجل جعلهم متماثلين في سلوكهم وتفكيرهم حسبها.
هذه الطلبات التي يروم المجتمع تحقيقها لا تتم إلا من خلال وجود آليات ضبطية مجتمعية .. بشكل عام نستطيع أن نصنفها إلى نوعين رئيسين وهما :

١- الضوابط الداخلية Internalized controls

التي تتكون من خلال تدوين المعايير في ضمير الفرد ومشاعره ووجدانه عبر التنشئة الاسرية والدينية والمدرسية والشللية. غايتها جعل الأفراد حاملين دوافع ذاتية تساعدهم على التصرف الاجتماعي وكأنهم شخصاً واحداً. أي يكون متوحد السلوك أو مشابه لسلوك الجمع العام السائد في المجتمع.
يحدث الانضباط الداخلي عندما يقبل الأفراد معايير الجماعة أو المجتمع على أنها تمثل جزء من ضمائرهم (ذواتهم) الاجتماعية ويعدوها جزءً من هويتهم الذاتية تغرسها عملية التنشئة الأسرية في بداية مرحلتها لتجعله أحد أوجه ذات الفرد لدرجة أنه عندما يكّون بمفرده بعيداً عن أعين الناس ولا يوجد شخص يراقبه يتصرف حسبها وملتزما بها. لكن مع ذلك فإن هذا التصرف المنضبط داخلياً بضوابط غرستها التنشئة الأسرية لتوجيه تصرف أبنائها ينحرف أحياناً عنها ويبتعد عن توقعاتها بسبب أو بغير سبب وهذا يعني أن أفراد الجماعة أو المجتمع لا يتصرفوا تصرفاً واحداً ومتكاملاً وكأنهم شخصاً واحداً يتصرفون تلقائياً وعفوياً يمثل تصرفاً واحداً للتعبير عن معنى واحد، بل هناك فروقات فردية وتباينات (لا الاختلافات) بينهما. أي الامتثال والانضباط عند أفراد المجتمع يكون بالدرجة لا

بالنوع. نقول يتصرفون بدرجات متفاوتة في انضباطهم لقواعد ومعايير وقيم الأسرة أو الجماعة أو المجتمع.
علماً بأن هذا الامتثال والانضباط المنسجم يبرز من دخيلة الفرد وليس بسبب الخوف من عقوبة خارجية، وإذا حصل انحراف عن هذه المعايير والقيم التي تم غرسها في لا شعوره عن طريق التنشئة الأسرية فإن ذلك يرجع إلى خضوعه لضغوط خارجية استجاب لها فجعلته منحرفاً عن ضوابطه الداخلية.
نقول أن التماثل والانضباط الداخلي يحصل لا شعورياً وليس بسبب الخوف من تلبسه بسلوك انحرافي وانكشافه امام الناس بأنه قد انحرف عما جبلّ عليه وجبلّ عليه الاخرون وينفضح أمره أمام الناس، بتعبير آخر، يكون الانضباط الداخلي عفوياً لا إرادياً لا يستطيع التحكم فيه في أغلب الأحيان، لكن هذا قد يتأثر بمؤثرات خارجية اقوى من ضوابطه الداخلية فيستجيب لها عندئذ ينحرف عنها.
بغيتي هنا أن أوضح فاعلية الانضباط الداخلي النابع من المعايير والقيم الاجتماعية عند الأفراد بحيث يمنعهم من التفكير أو الإقدام على سرقة أموال الغير لأنهم حاملون قواعد أخلاقية ومعايير دينية وقيم اجتماعية تحرم ذلك وتعده عملاً خاطئاً . وهذا يعني أنهم لم يسرقوا لا بسبب خوفهم من معاقبتهم وسجنهم بل بسبب معتقدهم المعياري والأخلاقي المستكن في ضميرهم الذي يعده عملاً خاطئاً ومداناً من قبل المجتمع.
مآلي من هذا التحليل هو الوصول إلى القول بأن الضمير الداخلي للفرد هو الذي منعه من التفكير أو الاقدام على سرقة مال الغير. فالآلية الضبطية كامنة في لا شعوره في ضميره المستتر . أقول أن هذا الضابط الداخلي هو الأكثر تأثيرا في تصرف الأفراد، ومن هنا نستطيع ان نستنتج بأنه إذا أوضحت المعايير والقيم الاجتماعية مستكنة في ضمير الفرد الأمر الذي يجعل احتمال جنوحه يكون ضعيفاً . وإذا أمس ضمير الفرد يخضع للضغوط الخارجية بشكل أقوى من تحصنه بمعايير وقيم المجتمع عندئذ يكون احتمال جنوحه قوياً وعالياً. على أن نضع في حساباتنا أن كل فرد لديه دوافع تميل للجنوح والانحراف عما هو مألوف ومنضبط اجتماعياً إلا أن الضوابط الاجتماعية عادة ما تمنعها من ذلك. فقد يكذب الفرد على أبيه أو معلمه أو صديقه أو يسرق الكتب والمجلات والسلع من المخازن، وقد يغش

الموظف في أخذ إجازة يومية من عمله أو إجازة مرضية وهو غير مريض مثل هذه الانحرافات يعيبها المجتمع ويوصمها بالوصم الانحرافي استناداً إلى قواعده ومعاييره الاجتماعية السائدة ويغدو الضمير المتطبع بطبائع المعايير والقيم الاجتماعية شاعراً بالذنب والندم ومدركاً بأنه شخصاً غير محترماً في أعين الناس المحيطين به وعليه يتوجب التخلي عن هذا السلوك غير المقبول اجتماعياً.

ليس هذا فحسب بل حتى العصابة الإجرامية التي تقوم بتزويد معاييرها الضبطية المنحرفة عند جميع أعضائها تصاحبها أساليب عقابية لكل من لا يخضع لها آخذة أشكالا متنوعة مثل السخرية ومروراً بالفصل والطرد وانتهاء بالتصفية الجسدية. معنى ذلك أن الأسرة ليست وحدها تقوم بتعليم معايير مجتمعها بل حتى العصابات الإجرامية تقوم بتلقين وتعليم أعضائها بأساليبها الإجرامية وتعاقب كل عضو فيها إذا لم يمتثل لها.

من غير المستبعد أن يسأل القارئ كيف يتشرب الفرد في باطنيته آليات الضبط وتستقر فيها وتفعل فعلها كمنبه له ورقيب عليه لكي يلتزم بها ولا يخرج عنها؟

للإجابة على هذا السؤال نبدأ في حالة تقبل الفرد لمفاهيم وأفكار ورموز ومعاني الجماعة التي ينتمي إليها ويعيش في وسطها مثل (الأسرة والأصدقاء والأقارب والجيرة) ويلتزم بها ويسير بموجبها في حياته اليومية عند تعامله ومع غيرهم. ومع التكرار - وعلى مر الزمن- تمسي جزء من سلوكيته اللاارادية - تلقائية. بتعبير آخر تصبح جزءاً من شخصيته الاجتماعية.

بيد أن هذا التقبل للمفاهيم والأفكار والرموز والمعاني لا يحصل إلا من خلال أحد أساليب التنشئة الاجتماعية التي تأخذ بها الأسرة والمدرسة والأصدقاء والزملاء والأقارب عن طريق الثواب والعقاب أو التعلم المكتسب وما يشاهده في أحكام ورؤى من تحبيذ ونبذ واستلطاف واستهجان أفراد أسرته وأصدقائه وزملائه، التي تكون بمثابة مرآة اجتماعية يجد صورته وعادة ما تكون هذه الصورة بمثابة منهجاً له ورقيباً عليه عند تعامله مع الآخرين وفي تصرفه السلوكي. لذا يبدأ بملاحظة تصرفاته وطريقة تفكيره يراقبها من خلال تصوراته

ووعيه لما يشاهده من مواقف أفراد جماعته التي يتعامل معها وهنا يمسي متوجساً وحذراً ويقضاً حتى لو لم يكن واقعاً تحت مراقبة أعين الآخرين. أقول ينتبه إلى تصرفاته حتى لو كان وحيداً وبعيداً عن أعين أفراد جماعته.

خير مثال على ذلك هو ما نلاحظه على المسلم الذي يعيش في مجتمع غربي عندما يدخل إلى أحد مطاعمها ليأكل، إذ أول ما ينتبه إليه هو السؤال عن نوع اللحم المطبوخ في الأكل هل هو لحم خنزير أم غير ذلك؟ وهو بعيد عن المجتمع الإسلامي وأهله وأصدقائه لكنه يبقى منتبهاً وحذراً من تناول ما يحرمه الدين الإسلامي من أكل لحم الخنزير، وهذا يعني أن الضوابط العرفية التي زرعت في لا شعوره عن طريق أسرته ومدرسته ومجتمعه تبقى متيقضة كرقيب داخلي تنبهه من عدم الخروج عنها والمروق عليها وهو بعيد عن أسرته ومدرسته ومجتمعه. لأن تنشئته الدينية في الطفولة تترسب في لاشعوره وتبقى تعيش معه طيلة حياته أينما ذهب وأينما عاش حتى لو ابتعد مكانياً - جغرافياً- عن مجتمعه الأصلي، يبقى قريبا منهم نفسيا ولا شعورياً معهم.

مثال آخر يوضع فاعلية الضوابط الباطنية التي تمنع الفرد في الخروج عنها حتى لو كان بعيداً عن أعين الرقيب الاجتماعي مثل مدير شركة أو مؤسسة ولديه موظفة جميلة وتتمتع بجاذبية جمالية عالية، قد تسول له نفسه للتحرش بها والاعتداء على شرفها (في مجتمع محافظ أو تقاليدي) لكن ضوابطه الباطنية تحاول منعه من الإقدام على هذا التصرف أو التعدي الجنسي تجاهها عندما يختلي بها في مكتبة مستغلاً منصبه المهني تجاه موظفة تشغل منصب مهني أقل منه موقعاً أو التي تعمل في شركته أو دائرته.

نقول أن استغلال النفوذ والموقع وارد وقائم إلا أن الضوابط الباطنية المتمثلة بالحرام والعيب والفضيحة والإشاعات والقيل والقال (لغط الناس) هي التي توقف مثل هذا الاستغلال النفوذي والموقعي وبخاصة إذا كانت منغرسة أو مزروعة في اللاشعور تم تنشئتها تنشئة سليمة، إلا أنها تمارس ضبطها وتوجيهها وتحكمها حتى لو كان الفرد بعيداً عن شواهد ومراقبي الضوابط الرسمية أو حتى إذا كان مختلياً بنفسه.

لكن إذا كانت غير ذلك فإن الاستغلال والابتزاز يحصلان عندما يغيب الرقيب الاجتماعي في ظل الاختلاء والعزلة الاجتماعية. وهذا يؤكد كلامنا عن كل فرد منا تكون

لديه بوادر انحرافية جانحة لكن إذا كانت الضوابط الباطنية متنشئة تنشئة جيدة ومترعرعة اجتماعياً فإنها تمنع مثل هذه الرغبات الجانحة عنده المتمثلة بالكذب أو السرقة أو الاستغلال أو الغش أو التزوير أو التدليس أو المروق.

فالضوابط الباطنية إذن تمثل الحصانة الخلقية والدينية والأدبية والاجتماعية. حالة ثالثة تعكس فاعلية الضوابط الباطنية وهي حالة المسلم الذي يواجه أزمة نفسية أو اجتماعية أو مالية حادة وقاسية لا يستطيع معالجتها والتغلب عليها الأمر الذي يدفعه ذلك من التفكير بالانتحار لكي يتخلص منها. بيد أن ضوابطه الباطنية التي غرست في دخيلة نفسه أثناء عملية التنشئة الأسرية والدينية والمدرسية تنبهه بأن قتل النفس حرام دينياً ويعاقب الـلـه عليها. هذا الضابط الباطني يوقض وينبه تفكيره المتأزم من عدم الإقدام على هذا التحريم الديني فيوقفه من التفكير به والإقدام عليه.

هذه هي وظيفة الكوابح أو الضوابط الباطنية، بتعبير آخر تقوم الكوابح أو الضوابط الباطنية بإيقاف التطرف الذاتي في التفكير والخيال أو الجنوح عن سلوكيات تمنعها وتحرمها الضوابط العرفية التي تم غرسها ورعرعتها في ذاتية الفرد أو في شخصيته.

بعد أن أوضحت عملية التشرب المعياري في دخيلة الفرد انتقل إلى شرح مفهوم آخر قريب المعنى منه ويفعل فعله في ضبط وسيطرة وتحكم وسلوك الفرد ويحدد حاجاته وهواياته رغائبه وهو مفهوم ومصطلح التذويد هذا المصطلح يعني جعل الشيء مندمجاً نفسياً في منطقة اللاشعور نقول جعله ذاتياً.

ومن باب التذكير ننوه من أن التذويد (أو التشرب الباطني) لا يعني الخوف من آثار الوقوع في هاوية الانحراف أو الانزلاق في تصرفات وأفعال منحرفة مستجيبة للضوابط الخارجية التي يعتمدها المجتمع.

المتذود يعني أن الفرد الذي خضع للتشرب الباطني لا ينزلق في أعمال انحرافه بسبب خوفه من الوقوع في أيدي رجال القانون أو الخوف في الجزاء العقابي، بل بسبب تنشئته العرفية السليمة التي أخذت مكانها في منطقة اللاشعور فأمست ضابطاً باطنياً منبهاً وكابحاً عند الإقدام على تصرف يخالف عليه العرف أو القانون عندئذ نسمي هذا الفرد متذوداً لأن

الضوابط العرفية باتت جزء من شخصيته تقوم بتوجيهه وتنبيهه عندما يتصرف في حياته اليومية مع الآخرين ومع إيقاعات الحياة الاجتماعية. إنما هذا لا يعني أنه خائف من رجال الشرطة أو العقوبة الجزائية بل من كلام الناس ووصمهم ونقدهم عندئذ يقوم لا شعوره بتنبيهه لكي يلتزم بالمعايير الاجتماعية وعدم الخروج عنها. جدير بذكره في هذا المقام هو أن اللاشعور يكون متضمناً التذويد. أي المعايير والقيم الاجتماعية المغروسة فيه منذ بداية تنشئته أسرياً ودينياً ومدرسياً، التي بدورها تيسر وتسهل مسؤولية الشرطة في تطبيق القانون ومراقبة ومتابعة الخارجين عنه لأنه (أي التذويد) يقلل من حالات ومعدلات الخروقات القانونية والانحرافات المعيارية والقيمية التي قد يقع فيها الأفراد الغير متذودين. أي الذين لا يملكون الضوابط المعيارية أو غير المتشربين بها في لا شعورهم.

ثمة حقيقة نود طرحها في هذا السياق مفادها أن جميع الأفراد وبدون استثناء تواجههم حالات انحرافية ويمارسوا البسيط منها إلا أنهم لا يستمروا في ممارستها وذلك راجع إلى ما تذودوا به في تنشئتهم من معايير أدبية ودينية وخلقية التي تعمل على إيقاف الرغائب الجانحة عنها. أي أن هناك بوادر انحرافية عند جميع الناس لكن معظمهم يرفض الاستمرار في التفكير بها وتنفيذها، وإذا حصل ذلك فإنه يكون من باب المصادفة أو الحالة العرضية أو الاضطرار القاهر، وهذه هي إيجابية التذويد.

خذ مثالاً على ذلك، قد يكذب الابن على والديه أو التلميذ على معلمه أو الصديق على صديقه لكي يبرر عملاً ما أو قد يسرق كتاباً أو حقيبة من مخزن تجاري أو يقدم طلباً إلى مديره في العمل طالباً منه إجازة مرضية أو اضطرابية لكي يستجم في سفره جميلة أو قد يتهم موظفاً يعمل معه على خطأ ما لكي يبرر كسلة أو خطأه فيضع اللوم عليه. لكن تكرار هذه الحالة تثير عنده الشعور بالإثم والذنب ويخشى تكوين صورة سيئة عند الآخرين عليه فيقال عنه بأنه كذاب ومحتال وهذا يشوه صورته الاجتماعية عند الآخرين. وإزاء هذا الشعور المخيف يتوقف عن ممارسة السلوك المنحرف حتى لو كان من الدرجة البسيطة. إن هذا الإقلاع والتوقف لا يحصل اعتباطاً أو عفوية بل يتنبه من الضوابط العرفية المتشربة في لا شعوره.

بتعبير آخر، إن التذويد قام بفعله أمام السلوك المنحرف لا يقافه تأويلنا لهذه الحالة هو أن التشرب الباطني يلعب دوراً حيوياً في إيقاف أو تعطيل بعض البوادر الانحرافية التي تصدر من الفرد في حالة الكذب أو الغش أو تبرير الأخطاء، وخوفاً على صورته الاجتماعية في أعين الناس وعدم وصمة بوصمة سيئة عندئذ يقلع عن الاستمرار في ممارستها لكي يبقى محافظاً على سمعته واعتباره الاجتماعي في أعين الناس. وهذه هي أهم وظيفة يقوم بها التذويد. أي تكون بمثابة مصفاة سلوكية (إن جاز التعبير) أو فلتر يرشح السلوك ليجعله سوياً ومنضبطاً حسب معايير المجتمع.

وعندما تتم عملية التذويد، فإن الفرد يبدأ في تماثله مع المعايير الاجتماعية فمثلاً المعيار المهني في المجتمعات الرأسمالية يؤكد على العمل الجاد والإخلاص في العمل وعدم التفريط أو الإهمال أو التسيب كضرورة مهنية في عملية الإنتاج وكأخلاقية رأسمالية مرتبطة بالمادة ومن أجل أن يعيش الفرد في هذا النوع من المجتمعات عليه أن يتماثل مع معايير المهنة المنطوية على الإخلاص بالعمل والالتزام به وعدم التراخي فيه. في الواقع هذه المعايير لا يتعلمها من مهنته فقط بل من أسرته التي تنيط إليه أو توكل له أعمالاً منزلية في التنظيف والتنظيم ومحاسبته على أدائها بدقة وحرص، وهنا يكون العمل المنتج ذا قيمة عالية من أخلاقية المجتمع.

الملفت للانتباه في هذا السياق أن مثل هذا المعيار المهني الأخلاقي ضعف في مجتمعنا العربي إذ نجد العامل أو الموظف أو المسؤول في التنظيمات الرسمية العربية لا يلتزم بالسلوك الجاد والمنضبط والحريص والمنتج لأنه غير متعود على ذلك في أسرته، بل معتمداً على الآخر في تنظيف وتنظيم شؤون منزله (شغالة أو أمه أو أخته) وحتى التنظيمات الرسمية ذاتها لا تتابع ولا تحاسب المتسيب والمهمل وغير الجاد لأن معاييرها غير جادة وضعيفة الإنتاج وذا نوعية رديئة أو ناقصاً. كل ذلك يؤدي إلى عدم تذويد العامل أو الموظف أو المسؤول العربي على المعايير الجادة والملتزمة والمنتجة وهذا ما نشاهده في ضعف معيار الإخلاص بالعمل واحترام الوقت الإنتاجي ومعيار المتابعة الذاتية، على الرغم من وجود معايير دينية تحث على العمل الجاد.

واتكاء على ذلك، فإذا لم تتذود أخلاقية العمل المنتج وعدم وجود أو توفر رقيب داخلي لها من أجل تعزيزها، فإذا الفرد في هذه الحالة يكون غير منتجاً ولا يحب العمل المنتج، بل التسويف والإهمال والتسيب في العمل والرداءة في الإنتاج.

ومن أجل تحميص ما تقدم عن مفهوم التذويد نقول عنه بأنه ينطوي على عملية تعويد وإيلاف الفرد (من قبل أبويه ومعلميه وأصدقائه ورجال الدين) عبر تعليمه ما هو محرم ومحلل وما هو ممنوع ومسموح وما هو مقبول اجتماعياً وما هو مرفوض وما هو معاب وما هو مستحب، مثل هذه التعليمات الاجتماعية تبدأ عملية التذويد بدايتها من الأسرة والمدرسة والأصدقاء والمسجد بيد أنها لا تقف عند هذا الحد بل تحتاج إلى تعزيز وتشجيع من أفراد الأسرة والأصدقاء والمعلمين ورجال الدين وسواهم من رموز المجتمع المحلي والأقارب لكي ينموها ويرعرعوها في ضمير الفرد.

لكن إذا حصلت متغيرات حائلة ومعيقة مثل مصاحبة زمرة صداقية فاسدة أو عابثه أو منحرفة أو مشاغبة أو انجذابه إلى مغريات انحرافية وتقليده لسلوكياتها الفاسدة أو المنحرفة واستمراره فيها فإن عملية التذويد لا تكن فاعلة في منعه من ذلك. معنى ذلك، إن التذويد وحده غير كافٍ ما لم تصاحبه منعشات اجتماعية تصدر من الاسرة والمدرسة والاجهزة الإعلامية والاصدقاء لكي يجد ويشاهد صورته المتذوده في حكمهم ورؤاهم، تقول بأنه إنسان ملتزم منضبط ويحترم مشاعر وحدود الأخرين.

خذ مثالاً على ذلك في مجتمعنا العربي يكون الفرد فيه منشئ في ذاته الباطنية تحرماً لمشاهدة أفلام خلاعية ومتعرية أو جنسية فضلاً عن كونها محرمه دينياً ومرفوضة خلقياً، لكن بعد مجئ القنوات الفضائية ووجود قنوات تعرض افلاماً جنسية وخلاعية، جنح العديد من الشباب العربي (وبخاصة الذكور منهم) بمشاهدة هذه القنوات خلسة وبعيداً عن أعين ورقابة الابوين وهذا يعني ان التذويد في هذا الموضوع ما زال قوياً في منعه مشاهدة الأفلام الجنسية والخلاعية لانهم يشاهدونها خلسة وبعيداً عن الرقيب الخارجي (الابوين أوالمعلمين) بل أصدقاء السوء لعلمه بانها محرمة وممنوعة اجتماعياً ودينياً لكي يشاهد شيء محرماً عليه مشاهدته زائداً دافعه الغريزي الذي لم يشبع بعد .. مع ذلك فإن مشاهدتها

بقيت غير علنية ولا يفّصح بها أمام افراد اسرته وهذا يشير إلى أن الضغط الداخلي العرفي المتذود ما زال فاعلاً وقوياً إلا أنه مخترقاً.

إن سياق الحديث يلزمني أن لا أغفل تحديد الأفراد الذين يضعف عندهم التذويد هم من الذين تتغلب عليهم:

١- المصلحة الذاتية .

٢- ضعف الإمكانيات المادية والكفاءة المقدرية.

٣- نزعة حسد الآخرين والغيره منهم في كل ما يفتقرون إليه ويتمتع به الآخرون أو الناجحين في أعمالهم ومع أسرهم ويتمتعون بشعبية واسعة وشخصية شفافة يحسده الآخرين عليها.

٤- طموح آفاق

٥- نزعة عدوانية مخّربة

٦- أنانية ونرجسية.

٧- ضعف النازع الديني .

٨- مصاحبة أصدقاء السوء والمنحرفين

٩- تنشئة أسرية مغلوطة ومنحرفة.

مثل هذه الصفات لا تجعل من فاعلية (الرقيب الداخلي) أو الضوابط الباطنية قوة مؤثرة في توجيه وقيادة سلوك هذا الفرد لكنه لا يبقى بعيداً بشكل مستمر وعلى طول الخط بل بعد أن يحقق مآربه الأولية أو نزعاته الأنانية مع الآخرين المحيطين به يرجع بسرعة إلى الرقيب الداخلي ويتكلم باسمه وبأسم الضوابط والمعايير الأخلاقية والدينية والقرابية والصداقية (المثالية) متستراً ورائها بعد أن اخترقها ونفّذ عدوانيته هذه الحالة تمثل قلقاً واضطراباً نفسياً تتراوح بين الهروب من هيمنه وتوجيه معايير واعراف الرقيب الداخلي (الضوابط الباطنية) والرجوع إليه للتستر وراءه والادعاء بحرمته واصالته وضرورته أي أنه لا يكن صادقاً في الحديث عن الرقيب الداخلي وضرورته لكنه يكون صادقاً في تنفيذ عدوانيته المترجمة على شكل حسد ونفاق وايذاء ولغط وكشف اسرار الناس والمبالغة في نقد وتقريض وقدح الآخرين

مستغلاً كل المناسبات والجلسات الاجتماعية للتفتيش عن أنويته القلقة والمضطربة.

أما صورته الاجتماعية بين الناس فتكون سيئة وسلبية الامر الذي يدفعهم إلى تجنب الاحتكاك به والتعامل معه خشية ايذائه لهم.

ندلف بعد ذلك إلى تقديم حالات تعكس ضعف الضوابط الباطنية (الرقيب الداخلي) وهي ما يلي:

١- **حالة عدم تأكيد المجتمع على معيار الأمانة والاستقامة في محاسبة الذات عندما يكون الفرد بعيداً عن الرقيب الخارجي .**

مثل مراقبة المدّرس أو الأستاذ للطلبة أثناء الاختبارات المدرسية أو الجامعية وعندما يغفل الأستاذ من مراقبة الطلبة أو يترك القاعة الامتحانية فإن بعض الطلبة يغشوا في الامتحان لكن عندما يركز ويشدد في مراقبته فإنهم يتوقفوا عن الغش، ويعد هؤلاء الطلبة الغشاشين أن عملهم يمثل شطارة منهم أو فهلوه لأنهم استطاعوا أن يتحايلوا على الأستاذ ويقدموا له إجابات صحيحة ولا يحاسبهم ضميرهم على هذا التحايل على الأستاذ ولا يمنعه الرقيب الداخلي والضوابط الباطنية من ذلك وهذا انحراف أولي يدفعه إلى الإقدام على انحراف أكبر طالما لا يحاسبه المجتمع عليه ولا ينظر إليه نظرة احتقارية أو ازدرائية او يوصمه بالغش.

لكن الرقيب الداخلي يتنبه ويتنشط إذا كان الرقيب الخارجي صارماً وحازماً وجاداً في احتقار وازدراء كل من يخترق ويتجاوز موجهات الرقيب الداخلي.

٢- **هناك حالة أخرى تشير إلى ضعف الرقيب الداخلي عند الموظفين الذين يعملون** في الشركات ودوائر الدولة عندما يغيب المدير المسؤول عن إدارة عملة من معظم الواجبات المهنية بسبب غياب الرقيب الخارجي وهذا يعني أن الرقيب الداخلي لا يعمل بشكل فعّال وتلقائياً وعفوياً بل يحتاج إلى تعزيز وتعضيد ليكمل وينجز عمله والا فلا جدوى له.

ومن أجل استجلاء اكثر عما تقدم، نعرج إلى موضوع يمثل أهمية التماثل الاجتماعي الذي تقوم به التنشئة الاسرية والشللية والمدرسية والدينية في حياة الفرد من أجل ربطه ربطاً ميكانيكياً لا عضوياً بالمجتمع المحلي (الحي والجيرة) والعام (الوطني والقومي) نقصد بالميكانيكي : الارتباط المحبك الذي عندما تتحرك آله واحدة في الجهاز تتحرك معها جميع

الآلات فيه وكل آله تقوم بوظيفتها بشكل مكّمل للاخرى. والحالة مشابهة في المجتمع إذ عندما يتحرك رئيس العصابة أو رئيس القبيلة أو الحي، يتحرك معه كافة أفراد الجماعة أي يستجيبوا له مرة واحدة وبوقت واحد من اجل تحقيق تضامناً داخلياً تجاه أي تهديد يهدد أمن الجماعة واستقرارها. أما آليات هذا التماثل : فهي المعايير الاجتماعية المتمثلة بالايثار والتضحية والتعاون في خدمة الجماعة والتفاعل مع أفرادها وتمتين علائقه الاجتماعية معها عن طريق الاتصالات المستمرة والتجاور السكني والتزاور الأسري والمصاهرة والزواج واستخدام أسماء خاصة بها تعكس ارتباطه المصيري بها وعدم تسمية أبناءه بأسماء لا تفضله أو تحمله جماعة ثانية غير جماعته وحتى ارتداء ملابسه يكون ملتزماً بزي جماعته لتميزه عن الجماعات الأخرى وتؤكد بذات الوقت اعتزازه بزيها، وحتى عليه أن يأكل الأكل المفضل عندها ويفضله على الأطباق التي لا تتناولها أو تتناولها جماعات ثانية.

تمثل هذه المعايير محكات ضبطية عرفية داخلية تزرع في شخصيته الفرد بعد ولادته من خلال تعليمه لغة ولهجة جماعته وأكله طعامها المفضل ولبس لباسها الخاص بها وتفضيله نوعاً خاصاً من الأصدقاء التي تحدده له وعادةً ما يكونوا من داخل جماعته وليس من خارجها في علاقاته داخل الحي والمدرسة والعمل والسوق وحتى ارتياده المحلات العامة والتسوق تتدخل فيه الجماعة فتحدد له المحلات المفضلة عندها التي تعكس مفاضلتها وارتياحها. وعند امتثاله لهذه المعايير السلوكية والاجتماعية فإن مكانته الاجتماعية تكون عالية فيها وهذا هو الانضباط الجيد في نظرتها لأفرادها. وعند عدم امتثاله لأحدها أو لأغلبها فإنها (الجماعة) تعده خارجاً عن ضوابطها الاجتماعية العرفية فلا تميزه بمنحه مكانه اجتماعية مرموقة أو محترمة فيها، بل النظر إليه على أنه منحرف عن ضوابطها العرفية فتوصمه وصمات سلبية وتتعامل معه تعاملاً بارداً وضعيفاً لا يعكس تقدير هاله.

لملاقاة هذا الاستطراد نتناول موضوع صورة الآخر في الذات العربية التي تتشكل من قبل الأحداث الاجتماعية والتاريخية التي عاشتها الملل العربية، ورسمت ملامحها السلبية والايجابية في الذاكرة الاجتماعية والسياسية والفكرية فكّونت انطباعاً متضمناً اشكالاً ونماذجة متباينة .. منها الاجنبي والغريب والمتنافس والخصم والعدو .. وسواه.

بشيء من الدقة، يمكن تحديد مفهوم (الأخر) من زاوية ثقافإجتماعية بسبب خضوعه

لمعايير وقيم مجتمعه عند تفاعله مع فواعل (افراد) من غير ملته ومجتمعه الكبير. أي لا يأخذ تفاعله المسار الحر بل المقيّد بمعايير محلية (جهوية، قبلية، طائفية، عرقية، وطنية، قومية) اكتسبها عبر نهوج تنشئته (أسرية ومدرسية وثقافية وإعلامية وتجارية) بدءاً بالتفاعل الاجتماعي الداخلي مع أفراد أسرته مروراً بتفاعله مع أبناء ملته وانتهاءً بأبناء قومه، لقنته روح التعاون معهم والتماثل مع معاييرهم القيمية واحترام تاريخهم والاعتزاز به لكي تعلمه رموز مجتمعه الثقافية والادبية والذاتية (اي بلّرة الشعور بنحن).

هذه الخطوة التطبيعية - التنشيئية تبلّر عنده روح الانتماء (المحلي، الجهوي، الطائفي ، القومي) الذي يمثل الرباط الأبرز في النسيج الاجتماعي للعصبية المللية (عصبية النحن) فتولد عنده - بشكل لا شعوري - نظرة مسبقة ذات شعور خاص حول كل من لا ينتمي إلى ثقافته وملته(جماعة الهم) لينظر إليه على أنه (خارجي) وهذا أقوى ضابط اجتماعي عرفي مللي. يتنافى - هذا الضابط - مع تواتر ايقاعات التفاعل الاجتماعي اليومي عبر الاحداث الزمنية المتزامنة.

هذا الضابط العرفي يكون مصطبغ أو ملون بلون قبلي - لا بعدي - لا يرى إلى من هو خارج عن الملة (جماعة النحن) بشكل طبيعي أو كما هو عليه، بل يلونه باللون الذي صبغته ثقافة العربي الاجتماعية (الذي يمثل جماعة الهم).

وطالما أن اللون الطبيعي للآخر يختلف عن اللون الطبيعي للملل العربية، فإن ذلك يدفع العربي إلى اعتباره خارجاً عن ملته بسبب اختلافه عنه ثقافياً واجتماعياً ودينياً وعرقياً، إنما درجة صبغة اللون المرئية تختلف من آخر إلى آخر.

أي أن اللون يكون واحداً لكنه يختلف بالدرجة لا بالنوع. يمكن أن نسميه ب(الوصم التعصبي) سواء أكان مللياً أو قومياً . هذا الوصم يعكس الصورة التي رسمتها ريشة الثقافة الاجتماعية وأحكام وتقييمات أبناء الملة فارضة وضع مسافات تفسثقافية بين العربي والآخر وعدم تعريفه على خصوصيات ملته وأسرارها وحيثياتها وطموحها وأهدافها، فضلاً عن وصمة بوصمة خاصة تعكس موقعه منها (نعد القبيلة أو الطائفة أو العرق أو المجتمع المحلي الجهوي ملة اجتماعية ومجموعها تكّون مجتمعاً قومياً. تحديدنا هذا يستند على تحديد الشهر ستاني للملة التي قال فيها (لما كان نوع الإنسان محتاجاً إلى اجتماع مع الآخر من بني

جنسه وذلك الاجتماع يجب ان يكون على شكل يحصل به التمانع والتعاون حتى يحفظ بالتمانع ما هو أهله ويحصل بالتعاون ما ليس له . فصورة الاجتماع على هذه الهيئة هي الملة والطريق الخاص بوصله إلى هذه الهيئة هو المنهاج والشرعة والسنة والاتفاق على تلك السنة هي الجماعة (الشهر تاني ، ١٩٧٥، ص ٣٨٣٩).

لا جناح من الإشارة في هذا السياق إلى موقف الآخر من العربي ومن ثقافته الاجتماعية، إذ له اثر فاعل في تشكيل صورته على صفحة الذات العربية التي غالباً ما تكونها الأحداث الاجتماعية السابقة ونظرة ثقافة الآخر الاجتماعية من العربي، حيث ليس كل الثقافات غير العربية لها نفس الموقف في الثقافة العربية ومن العربي، بل تتباين بتباين المجتمعات وثقافاتها فمنها ما تكّون موقفاً استعلائياً وأخرى استغلالياً وبعضها مخاتلاً وقسم آخر متعارضاً ومنها ما هو منسجماً ومتعاوناً وهكذا . في الواقع هذه المواقف تتحول إلى ضابط اجتماعي خارجي يتحكم في تفاعل العربي مع الآخر وفي حالات عديدة ينتقل هذا الضابط من الخارجي إلى الداخلي - الباطني ليستقر في دخيلة العربي .

بدقة أكثر : تتكون صورة الآخر عند العربي من خلال موقف الآخر من العربي وثقافته الاجتماعية (ضابط أولي) الذي بدوره يشكّل الخبرة الثقافية والاجتماعية لتخزن في مستودع ثقافة الملة العربية، تسترجع عند تفاعل العربي مع الآخر أو عند تفاعل الآخر مع العربي. عندئذٍ تتنبه الذات العربي لما طبعته نهج التطبيع فيها (الأسرية والقبلية والمدرسية والوطنية والقومية) (ضابط ثانوي) وتفاعل هذين الضابطين يكون مدعوماً ومعززاً من قبل أحكام وتعميمات الآخرين المحيطين به من ملته (ضابط ثانوي آخر) وفي ظل الضوابط الثلاثة المترابطة في عملية التفاعل الاجتماعي بين العربي وغيره تتشكل صورة (الآخر) في ذات العربي فتكون جزءاً من الخبرة الاجتماعية تستقر في خزين ذاكرته يستدعيها عندما يواجه فاعلاً يمثل الآخر (من خارج جماعة النحن).

بعد هذه الإطلالة العامة نعرج إلى طرح وشرح نماذج (الآخر) عند العربي وهي ما يلي:

أ - الآخر البعيد

١- العدو

٢- الأجنبي الهدّام

٣- الأجنبي النموذج والحذر منه

٤- الأجنبي النموذج الأمثل

ب- الآخر القريب

ج- الآخر الهامشي (المثقف العربي)

نقصد بالآخر البعيد المختلف عن العربي عرقياً وثقافياً ودينياً ونفسياً لكن هذا البعد تختلف مسافته بين العربي والآخر محددةً نموذج غير العربي من العربي وهي كالآتي:

أ-١ العدو

هذا النموذج الضابط يعكس الشعوبية كحركة مضادة للإسلام والأمة العربية التي كانت مناهضة للأمة العربية إثر ظهور الإسلام وقيام دولته العربية حيث تولت الدولة العربية حمل رسالة الإسلام وعملت على تحرير البلاد العربية من النفوذ البيزنطي والفارسي وتقدمت خارج الأرض العربية تبشر بالإسلام وتسعى لهداية الناس فاصطدمت بشعوب كبيرة وقامت في وجهها حركات مقاومة عنيفة كانت قوتها تتناسب طرداً مع قوة تلك الشعوب ودرجة وعيها فكانت على أشدها في البلاد الإيرانية والشعوبية أنواع منها الشعوبية الدينية) مثل حركة الغلو وحركة الزندقة والشعوبية العنصرية التي استهدفت الطعن على العرب وتشويه حضارتهم وهدم سلطانهم وتفضيل الشعوب الأخرى عليهم (السامرائي ١٩٨٤ ص٥٧) وقد استعملت الشعوبية أسلحة مختلفة في محاربتها اعتمدت الشتيمة المباشرة والانتقاص السافر واستعملت التشويه والتزوير والتحريف وعملت على تشويهها وطمس معالمها وأخذت هذه الصورة السوداء وكبرتها وادعت بان ليس للأمة العربية إلا هذه الصورة (السامرائي / ١٩٧٢، ص٧).

يتضح من هذا المثال التاريخي أن موقف البيزنطيين والفرس المعادي للعرب يمثل ضابط يحدد موقف الآخر من العربي وثقافته الاجتماعية آثار نهوج التطبيع الديني والقومي عنده فحرك تأييد ومناصرة كل العرب المتطبيعين بالتنشئة الإسلامية والعربية فتبلّر صورة الآخر

المعادي (البيزنطي والفارسي) التي لا تساعد على بناء صيغة تفاعلية ممتدة بينهما بل منكمشة توصمه بأنه عدو لها وليس أجنبياً فحسب يختلف عن العربي في ثقافته ودينه وعرقه، إنما في موقفه منه. وهذا ضابط وضعه العربي له من خلال موقف الآخر منه،

أ-٢ الأجنبي الهدام

ترينا هذه الصورة الشخص العربي التزامه وتماثله بضوابط مجتمعه العرفيه الرافضة لفرض فنون وآداب وفلسفة وطرز عيش غير عربية عليه.

الضابط الأول هنا يتمثل في فرض العناصر الثقافية الأجنبية سواء كان ذلك بأسلوب الدعاية أو الحاجة أو التأثير المباشر والقسري إذ أن ذلك يثير ويهيج ذاتية العربي المتطلعة بطبائع التنشئة الأسرية والمعزز من قبل أحكام وتقيمات الآخرين المحيطين به في رفض الفرض. الأمر الذي يدفعه لاتخاذ موقف سلبي منه فيعد كل شيء صادر من مصدر غير عربي ومفروض عليه سواء كان ذلك عن طريق القسر أو الإقحام أو التشويق أو الترويح الملح، فإنه يعتبره غزواً (حتى وأن تقبلته بعض الشرائح الاجتماعية المتمدنة - العربية) آت من الآخر البعيد عنه ثقافياً ودينياً وعرقياً صادر من أجنبي الذي بدوره يجعل العربي متفاعلاً مع مصادر ورموز ثقافة الآخر بانكماش وليس بامتداد بسبب أسلوبه المهيمن (القسري أو الترويجي) دليلي على ذلك قول غازي القصيبي (مثقف سعودي) فيما يلي (إن الغزو الثقافي لم يعد يأخذ صورة مبشري كنيسة تقنع (المحليين الهمج) باعتناق (الديانة المتحضرة) ولم يتخذ شكل كتاب مليء بالدرس يؤلفه لئيم في جامعة غربية ولم يعد أيضاً يتخذ شكل مؤامرة استعمارية تستهدف تشكيك شعب ما في تاريخه وأخلاقه وديانته إن أخطر ما في الغزو الثقافي المعاصر أنه أصبح ذا دفع ذاتي تلقائي يتم دون أي مجهود من الجهات الغازية ويتم دون أن يدرك ضحية الغزو أنه معرض لأي خطر فيقبل في حماسة بلهاء أو بله متحمس لا على قبول الغزو فحسب بل على اعتناقه واحتضانه . هنا مكمن الخطر الأكبر . الغزو الثقافي المعاصر يتخذ شكل برنامج تلفزيوني تصدره (هوليود) اليوم فيصبح جنون العالم كله بعد أيام (القصيبي ١٩٩١ ج٨) ويضيف عزيز الحاج إلى ما تقدم فيقول : (أن الأمة العربية هي في المركز الأول لاستراتيجية الغزو والتسلل والعدوان الثقافي بسبب البترول والموقع الاستراتيجي لإدامة التجزئة وتثبيتها ولمنع نهوض الأمة ووحدة أراضيها

ومن أجل استمرار النهب الاستعماري وبأمل تحويل المنطقة إلى مستعمرة حلوب دائمة ومحاولة سلخ العرب من عروبتهم وطمس قوميتهم وفرض الغربة والشعور باقتلاع الأصول والجذور عليهم.(الحاج ١٩٨٣ ص١١١٢).

ثم يضيف عبد العزيز شرف فيقول إن الغزو الثقافي يمثل ضرراً وظيفياً غير مرغوب فيه. أي تأثير ظواهر اجتماعية على أداء نظم ثقافية لعلمها الطبيعي أو تعلم على تكيفها أو إدخال تعديلات معينة عليها. إذ يريد الغزو الثقافي ابتلاع الفكر القومي ويتسرب عبر وسائل الاتصالات الجماهيرية ويجري بعضها دون وعي بأثره الهدام وبعواقبه على البناء الثقافي للفكر القومي والهوية الثقافية (شرف ١٩٨٤ ص ١٧٨).

نستنتج مما تقدم أن العربي بلور ضابطاً اجتماعياً ليتحصن به من المؤثرات الخارجية التي تحاول تثليم هويته القومية أو اختراق معاييره الاجتماعية وقد لا يكون بالضرورة هذا الضابط متوارثاً بل تتطلبه الحاجة الموقفية عبر مسيرة التغير ولا تطرح من قبل رئيس دول عربية، بل تواجهها درجة تمسك العربي بضوابط تنشئته بلغته ودينه وعاداته.

أ- ٣/ الأجنبي النموذج والحذر منه

يوضح هذا النموذج حالة إذا سبق للأجنبي أن سيطر على العربي واستغله سياسياً واقتصادياً واجتماعياً وأعاق نموه وتطوره ومزّق نسيجه الاجتماعي وحاول طمس هويته الثقافية، فضلاً عن اختلافه عرقياً وثقافياً ودينياً فإن سيطرته واستغلاله تمثل (ضابطاً أولياً) ينبه ذاكرة العربي الذي بدوره يحفز ذاته الاجتماعية التي صنعتها عمليات التطبيع الاجتماعي (ضابطاً ثانوياً) فتعزز أحكام وأراء الآخرين المحيطين به من ملته (ضابطاً ثانوياً آخر).

لكن لهذا النموذج صورتان هما الصورة الاعجابية والثانية الحذرة منه أي أن العربي معجب بقوة وتقدم وتفوق الأجنبي حضارياً وثقافياً ويقتدي به على صعيد العلوم والآداب والتقنية وطرز الملبس والمأكل والتشبه به - في بعض الأحيان - بذات الوقت يحذر منه ولا يريد أن يبتلعه ثقافياً أو يطمس هويته الثقافية او يستغله سياسياً واقتصادياً.

بغيتي هنا توضيح صورة الآخر ذات الوجهين عند العربي تمثل الأولى الاعجابي -

الاقتدائي والثانية، الحذرة منه والشكاكة فيه.
أنها صورة ذات ازدواج متناقض غير منسجم. تعكس هذه الحالة ذاتية العربي التواقة للاقتداء بالاخر والحذرة منه، بذات الوقت الامر الذي لا يسمح لذاته بالتفاعل معه بامتداد حر بل باكماش وتوجس. أقول أنه يريد أن يتفاعل مع الأجنبي بتواصل مستمر بعيداً عن المؤثرات التاريخية لكن ذاته الاجتماعية المطبوعة بطبائع ملته الثقافية تعمل على انكماش تفاعله فتنسحب رغبته في التفاعل الممتدة. دليلي على ذلك ما جاء به عبد الـلـه عبد الدائم في هذا الخصوص الازدواجية التي قوامها الصراع بين الرغبة في اقتضاء آثار الغرب ولا سيما في ميادين التقدم العلمي والثقافة وبين الخوف من استثمار الغرب لتلك الرغبة من اجل ابتلاع الوجود والعربي ابتلاعاً سياسياً واقتصادياً وخوفاً من أن يؤدي هذا التحديث إلى سيطرة الأقوياء على قدرات الضعفاء ويقابل هذا المأزق مأزق آخر قوامه الشعوب بان التخلف سوف يستمر إذا لم تزل عقدة الخوف من هذا (عبد الدائم، ١٩٩٥ ص ٣٧).
من نافلة القول عن هذا النموذج (الاقتدائي الحذر) يعبّر عن توق العربي نحو التحديث وخوفه من الآخر في استغلال واستثمار الاجنبي المتقدم والمتطور حضارياً لهذا التوق لصالحه وليس للصالح العربي اذ ما زال العربي يشعر بأنه أضعف من المتقدم حضارياً فيصبح تفاعله معه منكمشاً لا ممتداً مشوباً بالحذر واليقظة لكي لا ينجرف في تيار التحديث وهو ما زال ضعيفاً تسيطر على ذاته الاحداث التاريخية التي كان فيها تابعاً لا متبوعاً، مسوداً لا سيداً.
يفيدنا هذا المثال لتوضيح حالة الموقف الضابط للاخر (المتطور والمتقدم) يحفز ذاتية العربي نحو اقتفاء الاجنبي إنما ذاكرته الاجتماعية تكون اقوى ضابطاً اجتماعياً داخلياً يتضمن احداث الماضي التي كان فيها خاضعاً لسيطرة ذلك الاجنبي المتطور فيتلكأ في تحديثه خوفاً من تغريبه وتسيطر عليه ثقافة الأقوياء

أ- ٤ / الأجنبي النموذج الأمثل

هذا النموذج لا يعكس الازدواجية بل الانفرادية في الرؤية عند الأفراد الذين يشعرون بان الأجنبي متفوق ومتقدم دائماً عليهم ثقافياً وعلمياً وتقنياً وتجارياً مرّد تكوين هذه الصورة يرجع إلى عمليات التطبيع التي عاشوها أثرت على ذواتهم بشكل فاعل أو بسبب

احتكاكهم مع غير العرب وتثقفهم بثقافات أجنبية وإدراكهم بأن الآخر متقدم عليهم وما عليهم إلا الاقتداء به والاستفادة منه وذلك بنقل ثقافته وعلمه إلى اللغة العربية وتزويد الثقافة العربية بتراث جديد نابع من تجارب شعوب أخرى سبقتهم في مضمار العلم والثقافة. تعبّر هذه الصورة عن التفاعل الممتد بشكل حر. وهنا يتمثل الضابط الاجتماعي بتجديد وانتقاء ثقافة سبق للعرب. وأن تعرفوا عليها ومارسوها وذلك من خلال احتكاكهم بها وإدراكهم لها. بتعبير آخر ضابط انتقائي (لاحظ هنا الضابط ليس من الضروري أن يكون مانعاً دائماً أو محرماً بل أحياناً يقنن السلوك في الاختيار) نجد مثل هذا النموذج عند المنادين على عملية (التعريب) أمثال نازلي معوض احمد التي قالت في كتابها عن التعريب والقومية العربية في المغرب العربي ما يلي: التعريب قضية عامة وشاملة تهم الأمة العربية ككل مثل أن تكون مرتبطة بجهة محدده وأن التفكير في حاضر التعريب ومستقبله يقتضي الانطلاق في الموجهات التالية والتي بدونها لا يمكن للامة أن تصوغ لذاتها جواباً حقيقياً عن هذه المشكلة والتعريب أداة حضارية أساسية لإنجاز المشروع الحضاري العربي الوحدوي الذي تطمح إليه الشعوب العربية .. قوامه جهة تخطيط كلي تتكاثف بشأنه جميع القوى الوطنية العربية والتعريب أيضاً جسر يربط ما بين العرب والحضارة العالمية الحديثة، علاوة عن كونه ضرورة لغوية لامتلاك القدرة الذاتية العلمية على الإنتاج بأفضل معانيه وفي ظل الاستخدام الأمثل للموارد المتاحة وضرورة حيوية جماهيرية لإعادة التوازن الاجتماعي المختل في الوقت الحالي بين مختلف فئات البناء الاجتماعي وشرائحه في البلاد العربية بصفة عامة والبلاد المغربية على وجه الخصوص (احمد ١٩٨٩ ص ٢٢٢٢٢٣) .

حرى بنا أن نوضح ما قدمه تركي رابح حول مسألة التعريب إذ ميز بين التعريب في المشرق عنه في المغرب حيث قال (إن مفهوم التعريب يختلف في المشرق العربي عنه في أقطار المغرب العربي، فهو في الأقطار الأولى يعني غالباً:

١- الترجمة من لغة أجنبية إلى اللغة العربية.

٢- تعريب المصطلحات العلمية.

٣- تعريب لغة التدريس في الكليات العلمية.

أما في الأقطار الثانية فله في الغالب مفهومان:

١- استرجاع الشخصية الوطنية بكل حقوقها الأساسية والتي تؤدي فيها اللغة العربية الدور الأساسي والفعال والتعريب هنا مرادف لمعنى الأصالة التي تعني المحافظة على التراث الثقافي العربي مع التفتح على ثقافات العصر.

٢- تعريب التعليم في مختلف المراحل وتعريب إدارة الحكم وتعريب الموظفين والثقافة ووسائل الأعلام (رابح ١٩٨٣ ص ٨٤٨٥). المقصود في هذا المقام ترجمة علوم وآداب الثقافات الأجنبية . بقي أن نقول أن هذا النموذج كتب عنه ابن خلدون عندما قال (المغلوب مولع أبداً بالاقتداء بالغالب في شعاره وزيه ونحلته وسائر أحواله وعوائده والسبب في ذلك أن النفس أبداً تعتقد الكمال فيمن غلبها وانقادت إليه. أما النظرة بالكمال بما وقر عندها من تعظيمه أو تغالط من أن انقيادها ليس لغلب إنما هو لكمال الغالب (مقدمة ابن خلدون ١٩٩٥ ص ٧٣١).

يوضح لنا هذا النص النظري صورة الآخر الغالب والنموذج الأمثل لأن العربي يجد نفسه أقل تقدماً وتطوراً من الآخر (هذا ضابط داخلي ذاتي وضعه العربي لنفسه عند مقارنته بالمجتمع المتقدم والمتطور) وبالان معاً لا يحمل عقده المغلوب تجاه الآخر بل الاقرار بان الذي كان غالباً عليه متطور ومتقدم عليه أيضاً. لذا فإن هذا النوع من الآخر يعني بالنسبة له - الرمز الامثل - يحتذي به ويقلده وليس عدواً له ولم تسبب سيطرة هذا الآخر عليه عقدة يتخوف منها للسيطرة مرة ثانية عليه. وهذا ما وجدناه عند العرب الذين ينادون بالتعريب. وإزاء هذا النموذج فإن تفاعل العربي مع هذا النوع من الآخر يكون ممتداً بانفتاح واعجاب ويسر وليس بانكماش وتلكؤ.

ب- الآخر القريب

نتحول بعد ذلك إلى تناول نموذج آخر أسميناه ب(الآخر القريب) وهو اقصر بعداً على الصعيد النفسي والاجتماعي والثقافي من النماذج التي أسلفناها عن الآخر البعيد من العربي (أي الآخر) قد ينتمي إلى نفس الدين (الإسلامي) لكنه من قومية غير عربية (كردي، تركماني، بربري، نوبي، شركسي) أو قد يكون عربياً لكنه غير مسلم مثل (المسيحيون اليونان الروم الارثودكس او النساطرة (الاشوريون) او المونوفيزيون (الأقباط

الارثودكس) او اليعاقبة الارثودكس والأرض الارثودكس او الكاثوليك اتباع الكنيسة الغربية أو البروتستانت أو اليهود الربانيون الارثودكس او القراؤون او السامريون او من الديانات التوفيقية غير السماوية مثل الصائبة واليزيدية والبهائية والديانات القبلية الزنجية (ابراهيم ١٩٨٨ ص ٢٤٢) أو قد يكون عربياً مسلماً انما من غير السنة مثل الشيعة الاثنا عشرية او الزيدية او الاسماعلية او الدروز أو العلويون (النصيرية أو الخوارج الاباضية) (إبراهيم ١٩٨٨ ص ٢٤٣).

أي وجود تمايز قومي أو طائفي أو ديني يتسم بخصوصيات اجتماعية أو ثقافية أو دينية على الرغم من انتماء جميع أفراد الملل إلى المجتمع العربي الأكبر (وهذا ضابط اجتماعي عرفي قوي تعززه التنشئة الطائفية والإقليمية) إلا أنه نموذج مللي مترابط بروابط وطنية ودينية وقومية . بيد أن أبناء كل ملة متطبع بطبائع ملته الخاصة بها (اللغة أو اللهجة أو الشعائر الدينية أو اللباس القومي أو الطائفي وهذه هي معالم الضبط المللي لكي يميز الملي نفسه عن باقي أفراد الملل) فالعربي هنا يتعامل ويتفاعل مع أبناء هذه الملل بامتداد في اغلب الأحيان وليس في كل الأحيان إذ تبقى خصوصيات كل ملة مؤثرة بشكل أو بآخر على نظرة العربي لأبناء هذه الملل لكنه لا يعده أجنبياً أو غريباً أو عدواً أو هداماً لمجتمعه او لثقافته انما يتباين معه في خصوصياته والمليه وهذا يخلق حيوية داخل النسيج الاجتماعي العربي اذ يولد التنوع والتنافس عند مكونات هذا النسيج فيعطيه رونقاً ثقافياً واجتماعياً اكثر بهاءً لو كان من لون واحد او من نوعيه واحدة. وبذا يكون تفاعل العربي مع أبناء هذه الملل بامتداد وليس بانكماش فتسطح أو مقتضب

ج- الاخر الهامشي (المثقف العربي)

نعني به أن بعض المثقفين العرب ممن لا يتماثلون مع بعضاً من معايير وقيم مجتمعهم التقاليدية بسبب ركودها وسكونها وبسبب وعيهم الفكري وثقافتهم الواسعة التي غالباً ما تتجاوز الثقافة العربية لثقافتهم مع ثقافات غير عربية فضلاً عن طروحاتهم الاستشرافية وميلهم لروح العصر المتغير ومحاكاتهم للعالم المتجدد والمتطور فلا يمسون ابناء زمانهم ومكانهم ومالكي الاسس المشتركة مع باقي أفراد ملتهم أو مجتمعهم الكبير التي تعكس

تقاليدهم ومعتقداتهم وعلائقهم.
(عمر ١٩٩٣ ص٢٨٠) فينظر إليهم على أنهم (الاخر) لكنه أقرب نماذج الآخر في رؤية العربي نفسياً واجتماعياً وقومياً وقد يسبب ضعف المثقف في تماثله الثقافي والاجتماعي إلى هجرة مجتمعه إلى خارج بلده كما حصل لهجرة المثقف او الكفاءات العربية التي ارجع بعض اسبابها نادر فرجاني إلى ضعف انتماء الكفاءات المهاجرة لحضارة بلد الأصل في مواجهة تأثير الحضارة الغربية السائدة أو قرب حضارة الأصل للحضارة الغربية وإلى ضعف علاقات الانتماء إلى بلد الأصل سواء على المستوى المجتمعي كما ظهر في حالة الكفاءات التي تنتمي إلى أقليات مضطهدة (فرجاني ١٩٨٥ ص ٨٠ و٨٥).
لا جناح من توضيح أشكال الضبط الاجتماعي العرفي الذي يستخدمه العربي في تفاعله مع الاخر الذي لا يحصل من فراغ اجتماعي وثقافي بل أن ثقافة المجتمع العربي تقدم رؤية مسبقة وقوالب جاهزة وضوابط عرفية تحدد صيغة تفاعله مع الآخر وتقرر البعد النفسي والثقافي منه. بمعنى أن العربي لا يتفاعل مع الآخر بشكل حر وحيادي، بل بما طبعته أسرته أو ملته نحو الآخر الخارج عن معاييرها، فيتمدد أو ينكمش في تفاعله معه حسب الضوابط الاجتماعية التي تقدمها له ثقافته الاجتماعية (الملية أو الكلية) فالتفاعل المنكمش: يشير إلى الاقتضاب والابتسار والإيجاز في الحوار بين العربي والآخر أو تضليل الآخر بمعلومات خاطئة أو كاذبة أو مبالغ فيها فلا يصبح تفاعلاً واضحاً وصادقاً وصريحاً وذلك بسبب الضوابط العرفية التي يخضع لها أو خضع لها. أما التفاعل الممتد فإنه يشير إلى الانفتاح والإفصاح عن خصّوصيات وحيثيات الظواهر والمشكلات الاجتماعية وإعطاء معلومات كافية حول موضوع التفاعل وذلك راجع إلى الضوابط المتفتحة التي وضعها العربي ممثلة إعجابه بالآخر وإقراره بتفوقه عليه أو صدق نواياه أو إخلاصه له أو انسجامه معه.
لا جرم من الإشارة إلى حالة (التزويق الاجتماعي) أو (الماكياج الاجتماعي) الذي ينطوي على المبالغة والاختزال أثنا التفاعل حيث يكون خاضعاً لتوجيه وتحكم الضوابط الاجتماعية العرفية . فإذا كان العربي يتفاعل مع الآخر العدو أو الهدام أو الحذر منه فإنه يبالغ في صفاته السلبية ويختزل في صفاته الإيجابية أو يقلل من أهميتها (حسب ما تطلبه ضوابطه العرفية في هذا النوع من التفاعل) أما إذا تفاعل مع الآخر النموذج الأمثل فيبالغ في صفاته الإيجابية ويعممها ويكّبر من صورتها ويختزل من صفاته السلبية أو لا يشير إليها أو

يبررها أيضاً حسب تعليمات ضوابطه الاجتماعية العرفية).

ولايلاف القارئ على هذا الموضوع يحسن بنا أن نتناول الضوابط الذاتية - الفردية في الحياة الاجتماعية المعاصرة اذ غالباً ما يستخدم الفرد الحضري أو الذي يعيش في مجتمع صناعي أو معلوماتي معاصر ضوابط خاصة به نابعة من دوافعه الذاتية وخبرته اليومية ومزاجه وتفكيره من أجل تنظيم سلوكه وعاداته اليومية في تعامله مع مفردات وإيقاعات حياته الاجتماعية مع الآخرين لم تتبلور من الضوابط أو الكوابح العرفية أو الباطنية أو القوانين الوضعية المرعية السائدة في مجتمعه مثل عادة السماع إلى موسيقى هادئة قبل نومه في الليل لكي يرخي أعصابه أو يقرأ قصة قصيرة مسلية قبل إيوائه إلى الفراش للنوم. مثل هذه التصرفات المعتادة تمثل ضابطاً فردياً تعويدياً بلورة لنفسه بعيداً عن اتصالاته مع الآخرين في تلك الساعة. هذه العادات الضبطية لا يشترك فيها الفرد مع شخص آخر لأنها وضعت من قبله وليس من قبل الأعراف الاجتماعية أو من قِبل قوانين المجتمع والحالة ذاتها عند استيقاظه في الصباح وقبل تناوله وجبة الإفطار يقوم بممارسة بعض التمارين الرياضية لتنشيط جسمه لمدة خمسة عشر دقيقة (مثلاً) يمارس كل صباح وفي كل يوم أحد من الأسبوع وفي ساعة محددة (أيضاً على سبيل المثال لا الحصر) يقوم بتنظيف حديقة منزله وتجميلها والاهتمام بها لمدة ساعة واحدة. مثل هذه العادات الفردية تمثل ضوابط ذاتية. تنظم حياته الفردية لا تتدخل فيها علاقاته مع الآخرين.

وعلى هدى ما سبق، فإن هناك ضوابط فكرية - عقلية يبتكرها الفرد العصري لا تتدخل فيها الضوابط العرفية ولا القواعد والقوانين الوضعية يستخدمها الفرد مثل ميله لمشاهدة أفلام تلفزيونية معينة، أو قرأة فلسفة معينة أو حياة شعوب معينة لتغذية معرفته بعيداً عن الاتجاهات الفكرية السائدة في مجتمعه.

مغزى تمهيدي هذا هو القول بأنه ليس فقط هناك ضوابط عرفية موروثة وقواعد وقوانين اجتماعية عامة تتحكم وتضبط سلوك الفرد العصري بل هناك ضوابط فكرية - عقلية يبتكرها لتوجيه وتنظيم سلوكه وبخاصة عندما يكون بمفرده وفي جوه الخاص لا سيما وأن المجتمع العصري تسوده الحياة الفردية الخاصة محبذة الرغبات والهوايات والابتكارات الذاتية وتنميها، وهنا تضعف فاعلية الضوابط العرفية والوضعية. وإزاء هذا التفرد

السلوكي تظهر العديد من السلوكيات الجانحة عن المألوف الاجتماعي والأنماط الاجتماعية السائدة في المجتمع. لذلك نجد العديد من الأمراض النفسية المنتشرة في هذه الأنواع من المجتمعات (الحضرية والصناعية والمعلوماتية) مثل القفز من بناية شاهقة يبلغ ارتفاعها مائة متر أو أكثر وساقه مربوط بحبل مطاط لا يجعلها تلمس الأرض وتتكسر عظامه علماً بأنه يدفع أجوراً باهظة على ممارساته لهذه (الرياضة) وتكون مقبولة اجتماعياً طالما لا تؤثر على شعور وأحاسيس ومصالح الآخرين أو تضر بهم.

ونجد مثل هذه الضوابط الفردية والصارمة أحياناً بأنها تسود أفراد الطبقة الأرستقراطية الغنيه التي تبتكرها شخصياتها في المأكل والمشرب والملبس والتعامل مع الآخرين كنمط عيش طبقي مستهلك - مظهرياً لإضفاء الفردية والتميز عليها. لا تقوم بها الطبقة بحد ذاتها بل أبنائها يقومون بها بشكل مستقل الواحد عن الآخر.

مثل هذه الضوابط الفردية التي ذكرناها أنفاً لا تنتقل من جيل إلى آخر ولا تورث لأنها فردية وغالباً ما تكون مرحلية مؤقتة لا يستمر فيها الفرد إلى الأبد لأنها بنيت على مزاج خاص ورغبة ذاتية صرفة لا تشترك مع الآخرين، حتى لو كانت ناجحة إذ أن نجاحها وممارستها تخدم الفرد وحده وفي وقت ممارستها التي لا يتقبلها الشخص الآخر الذي يختلف معه في التفكير والمزاج ونمط العيش.

إن سياق الحديث يجعلني أن أدلف إلى موضوع الخيال الفردي لأنه مرتبط بمزاج وتفكير الفرد ذاته. لأن الأخير (الخيال) يغذي الضوابط الفردية ولا يتعارض معها. فالفرد الذي يتخيل أن يرتبط بزوجه أو زوج من صفات جسدية معينة وعادات وسلوكيات يحبذها تجعله يضع ضوابط نابعة من هذا الخيال ومن ثم يبحث عن الشخص الذي يريد أن يرتبط به.

وهنا يعني أن خيال الفرد وليس فكرة أو تجربته الاجتماعية تمده بضوابط مثالية منمذجة قد تكون صعبة المنال أو العثور عليها وغالباً ما تنتهي هذه الضوابط بالفشل لأنها بُنيت على أساس غير واقعي بل من نسيج الخيال الواهم والمثالي وأحياناً الشاذ اجتماعياً.

مثل هذه الحالة تحدث بسبب ضعف الضوابط الاجتماعية العرفية ذات الخبرة التراثية المنتقلة من جيل إلى آخر لان الفرد هنا يصبح عائماً غير منشداً أو راسخاً على أرضية رصينة

بل يسبح في منطلقات مرحلية متقلبة ومتطرفة تبحث عن تحقيق ذاتها الآتية .
مغزى قولنا هنا هو أن الضوابط الفردية في مثل هذه الحالة لا تكون صالحة ونافعة للآخرين بل للفرد وحده ولفترة زمنية محدودة تتغير بسرعة لتذهب إلى النقيض منها أو المغاير عنها ممثلة الاضطراب الضبطي .
ومن هنا جاءت الحاجة إلى البرامج الخاصة بالرعاية الاجتماعية والرعاية اللاحقة والرعاية الأسرية وسواها من الرعايات المطلوبة في المجتمع المعاصر.
على الجملة، نستطيع القول بأن الجنوح والانحراف عن الضوابط الاجتماعية والوضعية تتأتى من تسلط وتسيد الضوابط الفردية المزاجية في المجتمعات التي تفتح الأبواب أمام الحرية الفردية في ممارساتها اليومية مما تبعد فردها عن ممارسة أدواره الأسرية والمدرسية والصداقية والدينية فيها.
بقي أن نتسائل عن حالة (محاسبة الضمير) في هذا المقام هل هي متأتية من الضوابط العرفية أم من الوضعية أو من العقلية؟
في الواقع إنها متأتية من الضوابط الثلاثة وعادة ما يضحى الفرد بعد أن يحقق كل ضوابطه الذاتية الجانحة عن العرفية والوضعية ويبتعد كلياً عن المناخ أو الجو الذاتي الذي كان يعيش فيه أو الخيال الذي كان ينسجه لسلوكه وتفكيره الخاص به ويعيش من نسيج اجتماعي تحبكه ضوابط عرفية ووضعية ويتعرف عن ويتحسس الأنماط السلوكية المقبولة اجتماعياً والتي لها اعتبار اجتماعي وقبول عرفي جيد وعال يبدأ عندئذٍ بقطع عزلته الاجتماعية ويشعر بالمسؤولية الاجتماعية المرادة والمطلوبة منه هذا إذا أراد أن يعيش في وسط اجتماعي يقدر المساهمات الاجتماعية وخدمة المجتمع والصالح العام لا الخاص - الفردي ساعتئذ يشرع ضميره بالصحوة ومحاسبة نفسه على وضعه لضوابط فردية جانحة أو صارمة أو غير اجتماعية، وغالباً ما تكون متطرفة واقرب إلى الشذوذ.
بعد ذلك يعترف بمروقه عن المجتمع وانحرافه عن الضوابط الاجتماعية. وهذا ما نشاهد الآن على شاشات التلفاز الغربي من أفراداً كانوا مدمنين على المخدرات أو الشذوذ الجنسي أو انتمائهم إلى حركات إرهابية أو إجرامية أساءت وأضرت بأسرهم وبالمجتمع.
نقول إن محاسبة الضمير أو الصحوة الذاتية لا تحدث تلقائياً- ذاتياً بل عند اصطدام الفرد بعقوبات الضوابط الوضعية والعرفية ورفضها له وإدانتها لمروقه وبعد تفاعلاته

وتعايشه مع حالات سوية وأنماط معاشية مقبولة اجتماعياً ونافعة للصالح العام يصحى عندئذٍ على ما هو عليه وقد يندم على مخالفاته للضوابط المرعية اجتماعياً ساعتها يتكيف تكيفات اجتماعية جديدة ويتبرع بوقته وجهده وماله للأعمال الخيرة تعويضاً عما فاته من انضباط واستواء اجتماعي ويلغي ضوابطه الذاتية ليستبد لها بضوابط اجتماعية مقبولة في مجتمعه . لكن هذه الصحوة والمحاسبة لا تأخذ وقتاً قصيرا، بل بوساطة مصدات وكوابح وعقوبات جادة وصلبة رسمياً واجتماعياً على أن تكون هذه العقوبات لا من النوع القمعي والوصمي بل العلاجي في تحمل المسؤولية الاجتماعية وخدمة الناس في نشاطهم التنظيمي لكي تتم رعايته اجتماعياً وليس بعزلة عن المجتمع.

نقول التعامل معه كأي إنسان يخضع لانحرافات وجنوحات وأخطاء وهو تحت ظروف قاسية أو شاذة أي مساعدته في تصويب وتحسين وضعه النفسي والاجتماعي والمهني لكي يشعر بأن لديه إمكانية العيش مع مجتمع يحترم مواهبه ومهاراته وإمكانيته أو العمل على تنميتها وقبوله اجتماعياً صافحاً عما تفرد به من ضوابط ذاتية لكي يستبد لها بأخرى اجتماعية صافحاً عما تفرد به من ضوابط ذاتية لكي يستبد لها بأخرى اجتماعية مقبولة ومن هنا تتعزز عنده الضوابط العرفية الباطنية وتتحفز لكي تقوم بوظيفتها عند تصرفه مع الآخرين ومع نفسه . وهذا علاج اجتماعي تتحمله الأجهزة الرسمية العقابية والمجتمع المحلي تكون كلفته عالية وغالية تحتاج إلى عقلية إصلاحية يتمتع بها أصحاب القرار في المؤسسات الإصلاحية والعقابية ووجهاء المجتمع المحلي وأصحاب المصالح والتنظيمات التجارية والصناعية والمهنية.

على الجملة نستطيع أن نصنف الضوابط الداخلية إلى الأنواع التالية كما جاء فيما تقدم:

١- ضوابط ذاتية - فردية

٢- ضوابط تعويدية - ذاتية

٣- ضوابط خيالية - صامتة

٤- ضوابط عرفية موروثة وشفوية غير مكتوبة

ومن نافلة القول الإشارة إلى موضوع سائد في مجتمعنا العربي وهو (الانحراف الصامت) الذي أعني به الخروج عن بعض الضوابط العرفية سراً وخيالاً دون علم أحد من

71

أجل تلبية رغبة عاطفية يتمناها الفرد أن تتحقق إلا أن العرف الاجتماعي العربي يمنع ذلك ويعده انحرافاً عن ضوابطه الخلقية مما تسبب هذه الحالة مشاكل نفسية وذهنية (الشرود الذهني) أنه الحب من طرف واحد الذي تسببه صرامة الضبط الاجتماعي في تحكمها لأحد صفات الطبيعة البشرية أو مشاعرها مما تدفعه للانحراف عنها والخروج عليها حتى لو كان سراً أو صمتاً.

كما نعلم أن العلاقة الغرامية والرومانسية ممنوعة ومحرمة بين الشباب العربي بسبب العرف الاجتماعي العربي الذي لا يسمح للشابه العربية أن تحب شاباً وتعلن أو تفصح عن حبها له علناً (على الرغم من وجود ثقافة عربية تتغنى بالحب والعشق مترجماً على شعر غزلي وغناء رومانسي جياش مثل شعر جميل بثينة وكثير عزة وقيس ليلى وعنتر وعبله) مثل هذه الحالة المتناقضة بين السلوك الفعلي والثقافة الفنية العاطفية يندفع الشاب والشابة نحو الحب لطرف أو لجنس مغاير إلا بالصمت والسر لا يعرفه سواه أو الصديق أو الصديقه (بالنسبة للبنات) المقرب للمحب، والطرف الثاني (الجنس الآخر) المحبة لا تعرف بذلك وأن شعرت بذلك من خلال الملاحقة أو التحرش أو الإشارة وغالباً ما تكون الاستجابة صامتة لكنها تنبض في القلب والمشاعر ثم تنمي هذه المشاعر المكبوتة والصامتة مع الخيال وأحلام اليقضة Day Dreaming يغذيها الشعر العاطفي والأغاني العاطفية مثل أغاني ام كلثوم وعبد الحليم حافظ وعبد الوهاب وفريد الأطرش ووردة الجزائرية وفيروز وسواهم. مثل هذه المشاعر الجياشة تكبت بصرامة بسبب ضابط العرف الاجتماعي الذي يحرم الحب وقد تصل عقوبة الخارج عن هذا العرف أو الذي يخترقه القتل بالنسبة للفتاة، لكن هذا العرف نفسه له وجه آخر مغاير ومنافق في الآن وهو أن الأسرة أو الأصدقاء أو الجيرة أو المجتمع المحلي ينظر إلى هذا الشاب الذي يحب الفتاة أو الذي تحبه فتاة بأنه وسيم وجميل وجذاب وما تكسبه هذه الصفات الجاذبية الاجتماعية والغرور نوعاً ما.

مغزى ما نريد قوله هو أن عنصر الضبط الاجتماعي العربي المتمثل في عدم إفصاح الشابة بحبها للشاب أمام الناس خوفاً من الفضيحة والحصول على سمعة سيئة بين الناس وتوصم بأنها مارقة وخارجة عن حدود الأدب وأساءت إلى سمعتها وسمعة أسرتها وقد تلقي ضلال هذه الوصمة على تأخير أو عدم زواج أخواتها.

هذه الحالة توضح حقيقة مفادها أن العرف الاجتماعي يمنع الشابات (تحديداً) من اختراقه أمام الناس إنما يمكن ذلك مع الوهم والخيال تكون على شكل أحلام يقظة قد تنتهي بالإصابة بأحد الأمراض النفسية تعيق علاقتها الطبيعية والمشروعة مع الزوج لأن مخيلتها تبقى متعلقة برموز وهمية أو شخوص كانت تتمنى أن تقترن بهم أو ممن تعلقوا بها أو ممن أعجبوا بها. بتعبير آخر هناك بعض الضوابط العرفية يتم الخروج عنها صمتاً وسراً وخيالاً دون علم أحد لأنها تحجم المشاعر الذاتية واتخاذ القرار الوجداني مسببه مشاكل نفسية للفتاة قبل زواجها من شخص لا تحبه أو لا تجمعها مشاعر عاطفية واحدة تتحول إلى مشاكل أسرية مع زوجها الذي تعيش معه ولا تحبه لأنها تعيش روحاً وعاطفة مع حبيبها الذي أحبته أو الذي أحبها وهي في عيشة شرعية واجتماعية وجسدية مع زوج لا تحبه. أنها حالة متناقضة بين العاطفة الذاتية والعلاقة الشرعية المقبولة اجتماعياً ورسمياً.

وبناءً على ما تقدم فإننا نستطيع القول بأن بعض الضوابط الاجتماعية العرفية لا تكن عادلة بين الأفراد. أي متحيزة لبعض منهم ومتعارضة مع البعض الآخر. أقول الحب المسموح للشاب والممنوع للشابة والثقافة العربية الوجدانية تمجد الشعر الغزلي وتتغنى وتطرب على الحانة وتفصح عنه بشكل علني ويومي على شاشات التلفاز ومحطات المذياع زبدة القول: أن الضوابط العرفية إذا كانت صارمة ومتزمته توّلد إنحرافاً عنها حتى لو كان ذلك بالسر والصمت بعيداً عن الرقيب الخارجي (أعين الناس وملاحقتهم وسماع أخبارهم والتحدث فيهم).

٢- الضغوط الخارجية

xternal PressuresE تمارس على الأفراد من خارجه لكي يكونوا متماثلين أو متشابهين في سلوكهم وعادةً ما تكون هذه الضغوط على شكل عقوبات اجتماعية رسمية وعرفية.

ذكرنا في الابواب السالفة من هذا المؤلف أن لكل مجتمع ضوابطه الخارجية المتمثلة في مجموعة عقوبات اجتماعية تفرض نفسها على كل سلوك يخرج عنها. منها ما هو مستعمل

ومتداول بشكل غير رسمي (أي عرفي) على الأفراد الخارجين عنها في حياتهم الاجتماعية اليومية ومنها ما يفرض عقوبات رسمية من قبل وكالات وجهات متخصصة فيها يمنحها المجتمع هذه الوظيفة العقابية (مثل الشرطة والمحاكم والسجن) بذات الوقت يملك المجتمع لوائح وقوانين ومعايير تنظيمية مكتوبة تكافئ كل عضو في هذه التنظيمات عند التزامه بها واحترامه لها وتعاقب كل من يكسرها أو يخترقها أو لا يتماثل معها.

هذا على الصعيد الرسمي، أما على الصعيد العرفي فإن المجتمع لديه آليات مجتمعية يمارسها الأفراد تقوم بتعزيز المعايير والقيم الاجتماعية مثل السخرية والاستهزاء أو الازدراء والإطراء والاستحسان والثناء نفهم مما تقدم أن المجتمع يمتلك آليات ضبطية (سواء كانت رسمية أو عرفية أو مكتوبة أو شفوية أو رمزية) تقوم بضبط سلوك كل من يريد الانحراف عن قواعده وقوانينه وأعرافه وتكافئ كل من يتماثل معها وهذه آليات ضبطية خارجية. أي لم تنزل إلى قاع الذات الفردية ولم تتذود.

فمثلاً الجماعات الأولية (الأسرة والأصدقاء والأقارب والجيرة) لديها معايير خاصة بها تحدد السلوك المقبولة والمرفوض مثل الإشارات والعبارات المحلية لتعبّر عن عدم الرضا أو الرضا ذاته وقد تستخدم الأسرة الضرب كعقوبة سلبية لأحد أبنائها منعاً لخروجه عن المعايير الأسرية. علماً بأن الأسرة أكثر الجماعات الأولية ملاحظة للسلوكيات المنحرفة التي يقوم بها أحد أفرادها بسبب العلاقات المتقاربة بينهم ولأنها أقدم جماعة اجتماعية (لكنها ليست الوحيدة في المجتمع في امتلاكها للضوابط العرفية).

ثم جماعة العمل التي يقوم فيها الأفراد بعمل واحد وفي مكان واحد وزمان واحد ولديهم معايير عرفية تقوم بضبط سلوك كل من يحاول الانحراف عنها: مثال على ذلك رئيس جماعة العمل قد ينتقد سكرتيرته على القصور المهني الذي قامت به وتوجيهها في كيفية تلافيه. والمعلم قد يوبخ التلاميذ على ثرثرتهم داخل المحاضرة أو يهدد الطلبة الذين يستعملون المخدرات بكتابة تقرير إلى الشرطة عنهم. أو امرأة مسنه تعيش في حي محلي قد توبخ أحد أطفال الحي عندما يضرب أحد أبناء جيرانه وهكذا .. مثل هذه الضوابط التي تصدر من بعض الأفراد (داخل الأسرة أو الجيران أو العمل أو الأصدقاء) تكون صادرة من ممارسته لدوره الاجتماعي الذين يمارسه استجابة لموقعه.

مع ذلك فإنه لا يوجد خط فاصل وواضح بين مسؤولية الدور الاجتماعي ومحاسبة أو معاقبة الآخرين الذين يتعامل معهم في ممارسة الدور مثل استغلال مدير الشركة لموقعه ودوره في إرساء علاقة جنسية مع سكرتيرته أو مدرس يقوم بتقديم دروس خصوصية للطلبة الضعفاء عنده لقاء مبلغ من المال أو موظف يأخذ رشوة من مراجعين ممن لهم مصالح في شركته.

ثمة حقيقة نود التطرق إليها في هذا السياق وهي أنه ليس دائما تلتقي الضوابط الاجتماعية الداخلية مع الضوابط الاجتماعية الخارجية بل تحصل بينهما اختلافات واختراقات مما تتسبب فجوة بينهما وذلك بسبب تغير مواقف واتجاهات الناس بشكل أسرع من تغير القوانين المرعية والمعايير والقيم السائدة. وهنا تتبلور إشكالية اجتماعية نسميها بالتخلف الاجتماعي لأن الرأي العام قد تغير في موقفه من حالة اجتماعية معينة بينما بقيت القوانين المرعية المكتوبة على وضعها القديم غير مسايرة للتغير الذي أصاب الرأي العام. مثل استخدام عقار مخدر المرجو انا الذي بات سائداً بين الشباب وبالذات من قبل الطلبة بينما بقيت القوانين تعاقب مستخدميها بالحبس وحالات أخرى بالغرامة (باستثناء كندا وبلجيكا وهولندا) حيث ألغتّ العقوبة القانونية على مستخدمين عقار المرجوان .

مثال آخر، جرائم ذوي الياقات البيضاء الذين يقومون بالتزوير أو الاختلاس أو الهروب من دفع ضرائب الدخل لا تتم معاقبتهم مثل باقي اللصوص والسراق والقتلة على الرغم من استياء وتندر الرأي العام من المزورين والمختلسين والمتهربين من دفع ضرائب الدخل فمثلاً الطبيب الذي يضاعف رسوم العمليات الجراحية ومدير البنك الذي يختلس اموالاً من البنك أو الإداري الذي يزور بعض المستندات جميعهم ينتمون إلى الطبقة الوسطى ويعرفهم العوام من الناس إلا أن عقوباتهم القانونية لا تكن رادعة بنفس الدرجة من العمل الإجرامي الذي يقوم به السراق واللصوص. وهناك أمثلة عديدة تسود المجتمع الحضري والصناعي والمعلومات مثل الدعايات الإعلانية الكاذبة أو المبالغ فيها أو التعامل غير الأخلاقي في التجارة أو المواصفات غير الدقيقة أو الصحيحة على سلعة تباع في السوق ويكتشفها الرأي العام . مثل هذه الحالات لا نجد لها قوانين رسمية رادعة. وفي هذا الخصوص قال أيدون سذ لاند إن الخسائر المالية سنوياً المتانية من جرائم ذوي الياقات البيضاء

أكثر بكثير من الخسائر المالية المتأتية من الجرائم الأخرى وأكثر تفكيكاً للعلاقات الاجتماعية منها ومع ذلك فإن عقوبات مجرمي ذوي الياقات البيضاء تكون نادراً ما تقع أو لا يحصلوا عليها في بعض الأحيان (Land I, 1980, p 348).

على الجملة، وقبل أن نختم هذا الباب الخاص بأنواع الضوابط نرى ضرورة تلخيص ما جاء فيه.بشكل عام يمكن تصنيف الضبط الاجتماعي إلى نوعين رئيسيين: الأول رسمي والثاني عرفي يمثل الأخير (العرفي) وظائف الطرق الشعبية والأعراف الاجتماعية ويمثل الأول (الرسمي)القوانين والقواعد والنصوص التي تم الاتفاق عليها عبر جلسات واجتماعات ومناقشات ومداولات دارت بين ممثلين عن هيئات ومجالس معينة. وغالباً ما تكون السلطة المطلقة هنا هي الحكومة التي تمارس نفوذاً وقوةً قسرية أو تنوب عن جماعات متسيدة ومسيطرة على أجهزة الحكومة، ومع ذلك فإنه لا يوجد خط فاصل وواضح بينهما. لكن الضوابط الرسمية عادةً ما تتواجد في المجتمعات المعقدة (الحضرية أو الصناعية أو المعلوماتية) التي تتسم بنظام تقسيم عمل متشعب الفروع وكبير في حجمه ويضم سكاناً غير متجانسين وجماعات فرعية متعددة ذات أعراف وعقائد اجتماعية مختلفة.

٣ وهناك تصنيف آخر لأنواع الضبط الاجتماعي يكون مبنياً على قاعدة جماعاتية تضم نوعين رئيسين من الجماعات هما الجماعة الأولية والجماعة الثانوية :

أ- ففي الأول تنطوي على ضوابط عرفية - شفوية غير مكتوبة مع عدد قليل من الضوابط الرسمية المكتوبة وتكون قوتها أضعف من العرفية.

في حين في الثانوية تكون ضوابطه من النوع الرسمي والمكتوب مع عدد قليل وضعيف من الضوابط العرفية.

ومن أجل استجلاء أكثر عن هذا النوع من الضوابط (الجماعاتية) نبدأ في بديهيات علم الاجتماع عن حقيقة كون الجماعة الأولية بأنها تتصف بالحجم الصغير والعلائق الودية والحميمية وغير الرسمية مثل الأسرة والعصابة الإجرامية وجماعة اللعب. بينما تتصف الجماعة الثانوية بالحجم الكبير والعلائق السطحية والنفعية والرسمية مثل نقابة العمال والغرف التجارية والاتحادات الطلابية.

ولكي نثمر موضوعنا هذا نقول بأن الجماعة الأولية تمارس ضغوطاً عرفية غير مخطط لها وغير موروثة ويستجيب لها أعضائها بشكل عفوي وتلقائي لدرجة انه عندما يقوم أية عضو من أعضائها بإزعاج أو مضايقة أو إثارة الاخر فإن باقي أعضائها يعّبروا عن عدم رضاهم لهذا الازعاج وعادةً ما يكون هذا مترجماً على شكل نقد أو استخفاف وسخرية وأحياناً تصل إلى حالة النبذ الاجتماعي Ostracism أو النفي من غير محاكمة أو تهمة معينة. أن عدم رضى أعضاء الجماعة لإزعاج أحدهم للآخر يمثل ضابطاً عرفياً (أدبياً وأخلاقياً) متعاضداً يبلور ضغطاً نفسياً واجتماعياً على أعضائها تدفعهم بشكل غير مباشر للاستجابة إلى ضوابطها، بذات الوقت توضح للعضو الذي تم إزعاجه بأنه محتضن اجتماعياً من قبلها وعند شعوره بدفئ هذا الاحتضان فإنه سوف يخضع لضغط عرفي أي سوف لا يستطيع أن ينس أو يتجاهل هذا الموقف التعاضدي معه ضد الشخص الذي أزعجه وهذا أحد أساليب الضبط الاجتماعي العرفي الذي يمارس داخل الجماعة الأولية.

هذا من جانب ومن جانب آخر، فإنه عندما يتم قبول واستحسان سلوك العضو من قبل أعضاء الجماعة عندئذٍ تتم مكافئتهم بواسطة الاحتضان التام والدفاع عنه فيها إذا أصابه سوءً ساعتئذٍ يشعر بالأمان والراحة من ذلك الاحتضان الاجتماعي والنفسي المقدم من قبل جماعته التي استحسنت سلوكه وهذا أسلوب ضابط إنما من نوع آخر. أي عندما يشعر الفرد بمحبة وتقدير واحتضان الآخرين فإن تلك المحبة تمثل آلية ضبطية لسلوكه مما تولد عنده التزاماً أدبياً ملئوه الوفاء لهم والاستجابة لنداءاتها وطلباتها وضغوطها كسلوك تبادلي لمحبتهم وتقديرهم واحتضانهم له وأننا نستطيع أن نسمي هذا بالضابط العرفاني أي العرفان بجميل الاحتضان الذي له قوة وجدانية وأدبية وأخلاقية.

نجد مثل هذه الآلية الضبطية عند الاستجابة للاحتضان الاجتماعي في المجتمع العربي بشكل طاغي بين جماعات الاصدقاء والاسرة الممتدة والقبيلة والعشيرة والطائفة الدينية والاقليات العرفية والجيره وابناء المدينة أو القرية الواحدة. بحيث يكون فيها العربي مستجيباً بشكل تلقائي لطلبات جماعته التي ينتمي إليها في السراء والضراء ويخضع لمؤثراتها وضغوطها في العديد من المواقف والاتجاهات تصل الحالة إلى خضوعه لوساطة وجهاء وكبار الجماعة في تعين أحد أفراد الجماعة (إذا كان مسؤولا) وتزويج ابنته إذا تمت خطبتها

من شخص يطلب من وجهاء الجماعة التوسط في تزويجه من ابنه أحد أعضائها ويستجيب أيضاً ويخضع لضغوط الوجهاء إذا كانوا رافضين لتزويج ابنته من ذلك الفرد. هذا الاحتضان الاجتماعي الذي تمارسه الجماعات العربية يفرز استجابة افرادها لضغوطها عند الطلب وعند عدم استجابتهم يتم النظر إليه بنظرة احتقارية وينظر إليه على أنه متعالي على جماعته فلا يستجيبوا إلى طلباته إذا طلب منهم، أي يعزل نفسياً واجتماعياً عن أفراد الجماعة ولذلك لا يستطيع تجنب الاستجابة الإيجابية لها.

لكن في الجانب الآخر، يفرز هذا الاحتضان الاجتماعي إفرازات اجتماعية سلبية مثل الفساد التنظيمي والابداع المهني والمنافسة الحرة الشريفة والتفكير المبدع والاستقلالية الفردية والاعتماد على الذات لاعلى الاخرين في الحصول على أو تحقيق هدف ذاتي والكسل السلوكي وعدم احترام الوقت ورفض النقد الذاتي والقيام بالواجبات وسواها.

إن مجريات الحديث تلزمني أن القي الضوء على حقيقة كون المجتمعات البدائية تكون جماعاتها من النوع الاولي وأن عدد المخالفين لمعاييرها يكون قليل جداً لأن مصيرهم يكون إيقاع العقوبة العرفية المتشددة عليهم والتي قد تصل إلى طردهم من القبيلة عندها لا يعرف أحداً مصيرهم الاجتماعي أين سيكون. ذلك لأن الفرد الذي يريد أن يبقى في جماعته ويعيش عيشه كريمة عليه أن يتجاوب مع ضغوط جماعته وطلباتها وهذا يشير إلى أنه لا توجد له خصوصيته إلا بالقدر البسيط ولا يستطيع الفرار أو الهروب من ايقاع العقوبة عليه عندما يخالف أو ينحرف عن معايير جماعته لذا يمسي تماثله مع معاييرها أشبه بالتعصب لها.

ومن بين الأساليب الضبطية في هذا النوع من المجتمعات هي السخرية والاستهزاء والاستصغاء لكل من ينحرف عن ضوابط جماعته. لكن من الحقائق الثابتة في كافة المجتمعات الإنسانية هي أن الفرد يبحث دائماً عن القبول الاجتماعي approval من قبل الجماعة التي ينتمي إليها أو التي ينظر إليها بعين الاعتبار العالية عندها يشعر بالارتياح التام ومعظم الناس يدفعون كل شيء وأغلى شيء قد تصل إلى تقديم حياتهم الخاصة لكي يحصل على القبول الاجتماعي من قبل جماعة ينتمي إليها أو كونها مهمة جداً في حياته الخاصة. وأنه من الحقائق الثابتة في المجتمع هي أن الجماعة الأولية (الأسرة وجماعة

الأصدقاء وجماعة اللعب والقبيلة والعشيرة والجيرة) أكثر الجماعات قوة في ضبط الأفراد في العالم تضاهيها أية قوة.

ب- ضوابط الجماعة الثانوية:

نتحول الآن من الجماعة الأولية للثانوية، بذات الوقت ننتقل من الضوابط الاجتماعية العرفية للرسمية. بشكل عام تتصف الجماعة الثانوية بحجم كبير وعلاقات سطحية ورسمية ومجهولة وذات أهداف متخصصة. ونحن لا نستخدمها أولا ننتمي إليها لكي نشبع حاجاتنا الإنسانية أو الاجتماعية أو لاستجابات ودية ووجدانية، إنما لمساعدتنا في الحصول على شغل أو لإنجاز عمل نحتاجه إذ لا تستطيع الجماعات الثانوية أن تشبع حاجاتنا لأننا نستطيع الانسحاب منها بدون تأسف أو أسى أو كرب أو مضايقة لأنها لا تمّس حياتنا الوجدانية والعاطفية بسبب عدم تعلقنا بها (أي بالتنظيمات الثانوية) بشكل كبير ومن أجل المحافظة على مكانتنا الاجتماعية في الجماعة الثانوية المرغوب فيها والمرتبطة بوجداننا وعواطفنا كما هي مهمة وضرورية في الجماعة الأولية. بمعنى أن مكانتنا في أسرنا أهم من مكانتنا في النادي الاجتماعي أو الرياضي لأن علاقتنا الوجدانية داخل الأسرة قائمة ومتينة وحيوية، بينما لا توجد في النادي الرياضي (جماعة ثانوية). فالأمريكي على سبيل المثال يترك بسهولة أصدقائه عندما يغير مكان عمله ويطلق زوجته بسهوله أيضاً، لكن مثل هذا الانفصال في الجماعة الأولية لا يخلو من ألم علائقي وحزناً وكآبه نفسية وقلق، بيد أن هذا لا يحصل عندما ينتقل من جامعة إلى أخرى أو من حزب سياسي إلى آخر أو من شركة إلى أخرى فضلاً عن ذلك فإن الجماعة الثانوية أقل إجباراً أو اكراهاً في ضبطها لاعضائها من الجماعة الأولية.

حرّي بنا أن نشير إلى حقيقة تلقي الضياء على بعض الضوابط العرفية تمارس ضمن الجماعة الثانوية ولها تأثيرها على أعضائها مثل السخرية والاستهزاء والتهكم والضحك الساخر والابتسامة الصفراء- الخبيثة. حيث لا يقبل أي عضو من أعضاء الجماعة الثانوية أن يسخر منه أمام الأعضاء في اجتماع نقابي أو في غرفة تجارية ولا يرضى أيضاً أن يتكلم الناس عليه بسوء ويهملونه بتعمد في هذه الاجتماعات العامة. لكن تأثير هذه الوسائل العرفية على أعضاء الجماعة الرسمية أقل إيلاماً وضرراً وسلبية من تأثيرها على أفراد

الجماعة الأولية. بيد أن الضوابط الرسمية داخل هذا النوع من الجماعات تتمثل في القواعد القانونية الصادرة في البرلمان وتعلميات رسمية وإجراءات ذات معايير واحدة، أو الدعاية أو العلاقات العامة أو الترقيات أو الالقاب أو المكافئات او العقوبات جميعها لها أثر فاعل أكثر من الوسائل العرفية المذكورة أعلاه، وبالذات إذا عززت الجماعة الثانوية هذه الآليات الرسمية.

وخليق بنا أيضاً أن نشير إلى أن هناك ضمن الجماعة الثانوية الرسمية عدة جماعات أولية تعزز وتغذي الضوابط الرسمية للجماعة الثانوية وتؤثر بشكل واسع على أداء وإنجاز الجماعة الثانوية. إننا نستطيع ملاحظة ذلك عند تطبيق السياسة الاجتماعية والاصلاحية التي تقوم بها المؤسسة الرسمية في المجتمعات الصناعية المتقدمة إذ أنها تستخدم الجماعات الأولية (مثل الأسرة والجيرة واللجان المحلية) لتعزز ضوابط وأهداف السياسة الإصلاحية.

٤- التصنيف المفيد لعمليات الضبط

هي تلك الضوابط النظامية القانونية regulative المطابقة لما يفرضه النظام والقانون والضوابط المتفحتة الواضحة suggestive والصريحة ومثيرة للوجدان. تؤكد الضوابط الاجتماعية النظامية على القواعد والقوانين والعقوبات المحتملة والاتهام المضاد.

بينما تؤكد الضوابط الاجتماعية المفتوحة على التماثل الاختياري التطوعي عبر التعاون والاقتراحات والمناقشات والمباراة المتضاهية (المنافسة الحرة).

نفهم مما تقدم أن الضبط الاجتماعي لا يعني فقط السؤال عن مدى التأثير الخارجي على السلوك

الملفت للانتباه هو أن مؤثرات الضوابط الخارجية لا تستطيع أن تستمر لفترة طويلة من الزمن أو إلى الأبد مثلما تفعله الضوابط الداخلية لأن الأخيرة تمارس فواعلها الضبطية (الداخلية) من خلال الدوافع التلقائية في تماثلها مع معايير الجماعة وهذا أبرز تمييز بين الضوابط الداخلية والخارجية.

بتعبير آخر، لا يصدر خضوع الفرد لمؤثرات الضوابط الخارجية من دخيلته أو دوافعه الباطنية. في حين ينبع خضوع الفرد لمؤثرات الضوابط الداخلية من مشاعره أو مواقفه أو

تنشئته أو أدجلته بعقيدة معينة أو عمليات اجتماعية شارطة . جميعها تدفعه لأن يتماثل في سلوكه مع معايير مجتمعه. ونستطيع ملاحظة حقيقة هذه التأثيرات في المجتمعات التي تتصف بانسجام شرائحها الاجتماعية وانسجام أو تساوق معاييرها السلوكية.

وعندما تتصارع جماعات عقائدية أو تمثل اتجاهات اجتماعية جديدة عند الشريحة الشبابية مع ما هو مقبول ومرغوب به من سلوكيات سائدة أو من أفكار قائمة فتمسي الضوابط الخارجية في هذه الحالة أمر ضرورياً أكثر وأكثر.

وإزاء هذه الحالة فإن وجود المؤسسات الاجتماعية الرسمية أمراً ضرورياً للتدخل لأن وجودها كان لهذا الغرض وهي جعل الأفراد متماسكين سلوكياً وفكرياً مع معايير تمَّ الاتفاق عليها وتجربتها من قبل أجيال سابقة وأشبعت رغبات ومصالح عامة لا خاصة . وعادةً ما يكون دخولها من باب الإلزام والقسر لكي تثبت كينونتها ووظيفتها المرسومة لها من قبل مؤسسها (المجتمع) وهي لا تفرق بين صغير أو كبير في إلزامها وقسرها لكل من يخرج عن معاييرها فمثلاً دأب المجتمع الأمريكي على تلقين وتعليم أطفاله في تنشئتهم احترام حقوق الغير وحريته والروح الديمقراطية والدين والمصالح الحرة والقوانين وسلطة الابوين والمعلم وعلموهم بأن هذه المفاهيم مدعمة من قبل القانون الذي تسير عليه المؤسسات الاجتماعية وإذا تم استغلال هذه الضوابط لصالح شخص معين متموقع في موقع هرمي عالي أو أي شخص يحاول ابتزازها فإن ذلك يعني انحرافاً للمعايير القانونية للحكومة وتوصمه على أنه فساداً corruption.

٥- ضوابط تنظيمية:

ومن باب الإغناء والإفاضة نقدم تميز أمتاي أتزيوني (عالم اجتماع أمريكي معاصر) بين ثلاثة أنواع من التنظيمات في ممارستها للضبط والسيطرة والتحكم في أعضائها وهي:

أ- تنظيمات قسرية Coercive Organizations أو تنظيمات إجبارية إكراهية مثل المعسكرات الإجبارية والسجون والمؤسسات الإصلاحية ومستشفيات الأمراض العقلية ذات الحجز القضائي ومعسكرات أسرى الحرب . جميعها يتم السيطرة والتحكم فيها على نزلائها من أجل ضبط سلوكهم بالإجبار والكراهية والقوة.

ب- تنظيمات ذات ضبط هادف Utilitarian controls مثل المعامل والمصانع والمؤسسات المالية والتجارية والخدمات المدنية والدوائر البيروقراطية والعسكرية. جميعها تمارس سيطرتها وتحكمها على أعضائها من أجل خدمة التنظيم نفسه.

ج- تنظيمات ذات ضبط معياري Normative control مثل التنظيمات الدينية والعقائدية والتنظيمات السياسية والكليات والجامعات والمستشفيات العلاجية. أي استخدام معايير عقائدية وفكرية تنظيمية متضمنة أفكاراً إنسانية واجتماعية وعلاجية من اجل أرقاء الفئات الاجتماعية المتعلمة والمثقفة (Joseph, 1980, p52) انظر جدول رقم -١- الذي يوضح أنواع الضوابط الاجتماعية.

٦- ضوابط شمولية Totalitarian control

هذا النوع من الضوابط يختلف عن باقي الضوابط التي ذكرناها أنفاً من حيث إنها ضوابط لم تأخذ شكل الضوابط الداخلية حسب مواصفاتها التي وصفناها، وليست هي خارجية بنفس الشروط التي تتطلبها الخارجية لأنها لم تُسن وتصاغ من قبل مجلس عمومي أو لجنة أو مجلس، نقول إنها لم تصدر من مجلس تشريعي أو لجان متخصصة - على الرغم من كونها رسمية تصدر من وعن مؤسسات رسمية ومكتوبة . علاوة على ذلك فإنها لا تمثل ضوابط جماعاتية لكونها لم تتبلور من جماعة أولية أو ثانوية وليست هي أيضاً أشبه بالضوابط القانونية لأنها مغلقة ومتقلبة الأهداف، بيد أنها تشبه الضوابط التنظيمية في صفة واحدة منها وهي كونها تتصف بالقسرية والإجبار لأنها غير هادفة وغير معيارية.

ولتبيان هذه المقارنات نفصل خصوصية هذه الضوابط الشمولية التي ظهرت في الأنظمة السياسية الشمولية Totalitarian التي يحكمها حزباً واحداً أو شخصاً متفرداً دكتاتورياً يصدر ضوابط خاصة بطابع نظام حكمة مثلما حصل في ألمانيا أبان حكم هتلر وأسبانيا أبان حكم فرانكو وإيطاليا عندما حكمها موسيلني والعراق عندما حكمه صدام حسين وحزب البعث وليبريا الذي كان حاكمها الأوحد صمويل دو، والصومال عندما حكمه سيادبري ومالي الذي كان حاكمها الأوحد موسى تراوبي والكنغو أبان حكم سوسو نجوير والحبشة أبان حكم منجستو هيلام والكابون أبان حكم عمر بنكوو نايجيريا أبان

حكم إبراهيم بابا نجيدا. ندلف الآن لوصف طبيعة هذه الضوابط في هذا النوع من المجتمعات. لقد اسمينا في مؤلفنا (البناء الاجتماعي) هذا النوع من الأنظمة بالبناء الاجتماعي المتصلب وذلك بسبب استحواذ وظيفة نسق واحد وبشكل مقنن ومتزمت على وظائف الأنساق البنائية الأخرى وتوجيهها نحو أهدافه لتحقيقها وعدم إفساح المجال لتطبيق وظائف الأنساق المتخصصة. أي عدم تفاعل نسقين معنيين بشكل متكافل أو متوازن، بل استحواذ ذهني وما ينجم عنه من تأثيرات على العناصر الاجتماعية لصالح الفئة الاجتماعية المتسلطة على النسق المهيمن. بتعبير آخر، ينطوي البناء الاجتماعي المتصلب على ركيزة أحادية (نسق واحد) لا يقبل التنوع التكويني أو الانفتاح على جماعات اجتماعيه أخرى وهذا انغلاق وانعزال اجتماعي لأنه بنى فواصل وحواجز سياسية واقتصادية واجتماعية بينه وبين فئات المجتمع الأخرى. وبسبب خوفه على موقعه الهرمي القيادي وارتيابه من الجماعات الأخرى من أن تزيحه من موقعه، يذهب نحو التشدد والتزمت بكافة ضوابطه وتعليماته وقواعده وأوامره وعقوباته التي يصدرها للمجتمع. وإزاء هذه الحالة العليّة (المرضية - الباثولوجية) فإنه لا يصدر قانوناً وضعياً أو دستوراً يسير بموجبه لكي لا يُحاسب من قبل أغلبية لذا يلجئ إلى إصدار تعليمات وقواعد وأوامر وضوابط متقلبة ومتضاربة ومتطرفة يراعي بها مصالحه بعيداً عن المصلحة العامة.

وعادةً ما يستخدم شاغلو مواقع البناء المتصلب الأساليب الخشنة والجافة والفظة والقبيحة، الفاقد للأبسط آداب اللياقة المهذبة (أي قريبة من التعامل البدائي) في تفاعله مع الآخرين. زد على ذلك فإنها لا تتضمن الحوار المعلن والنقاش الحر والنقد البنّاء والتعّرف على الوجه الآخر للحقيقة، فضلاً عن ذلك فإن النظام الشمولي الذي يحكمه الحزب الواحد والشخص الأوحد يطرح قرارات متزمته وكابحه لكافة الممارسات المعارضة له أو إبداء الرأي الآخر، بذات الوقت يعمل على تجميد وتقييد قواعد ومعايير الأنساق البنائية الاخرى. وأن سيطرته على الأنساق البنائية تتم من خلال تعين أو تنصيب أشخاص يمثلون الأسرة الحاكمة أو الحزب الحاكم وعادة ما يكون هذا التنصيب غير عابئ بشروط ومستلزمات المواقع التي تتطلبها المواقع المهنية أو الفنية أو الإدارية أو السياسية أو الثقافية.

بل شغلهم الشاغل تنفيذ أوامر الطاغية ومراقبة ومحاسبة ومعاقبة كل من لا ينفذها.

أي يكونوا وكلاء مجندين للسلطة العليا يقومون بمراقبة كل من يخالف تعليمات وأوامر الحاكم المطلق وهذا جهاز رقابي ضبطي يتموقع في المواقع العليا من أجهزة الدولة وغالباً ما تكون أوامر الحاكم ظرفية تخدم رموز النظام وركائزه ويستخدم معايير آنيه يطرحها حسب الحاجة لخدمة أغراضه المستجدة والمتقلبة وبالوقت ذاته يحجم المعايير الاجتماعية العريقة (أو يستخدمها عندما تخدم أغراضه ومصالحه فقط وبعمله هذا يقفل الطرق المؤدية إلى تحقيق قيم المجتمع لأن المعايير ما هي سوى سبل لتحقيق القيم. فضلاً عن ذلك فإنه يعطل القوانين المرعية لانها تعيق طموحاته ورغائبه.

أما آلياته، فإنه يركز بشكل مكثف ومتطرف على الجزاءات الرسمية السلبية في مجال الاقتصاد والسياسة والمجتمع والدين والصناعة والجيش. بل يعمد على سلخ الآلية الجزائية (السلبية والايجابية) السائدة في الأسرة والمدرسة وبيوت العبادة والشركات والمصانع ليحل محلها اجهزته داخلها لا لخدمتها بل لخدمته في تنفيذ أوامره ومعاقبة كل من لا يتجاوب معها.

فيثبت عيونه وعدساته التصويرية وآلاته التسجيلية في كل مكتب وسوق ومدرسة وكلية وجامعة وشارع ومعمل وشركة ومعسكر وبيوت العبادة ودوائر الدولة والأماكن الشعبية ومحطات القطار والحافلات والبارات والملاهي الليلية والمقاهي والنوادي الرياضية والاجتماعية والحدائق العامة وملاعب الأطفال وحفلات الأعراس ومجالس العزاء. أي كل من زاوية من زوايا الحياة الاجتماعية النابضة بالحركة والحياة. ليس هذا فحسب بل لديه عدة أجهزة أمنية واستخباراتية وامنية خاصة جميعها سرية والواحدة متسلطة على الأخرى دون أن تعلم وجميعها تتصل بالحاكم الطاغي مباشرة فضلاً عن أجهزة التنصط على أجهزة التلفونات والفاكسات والانترنيت، هدفه من كل ذلك الهيمنة والسيطرة على كافة شرائح المجتمع مستعيناً بتجنيد آلاف الوكلاء المرتزقة من ذوي الانحدارات الاجتماعية المتدنية (من أقليات المجتمع العرقية والطائفية والحزبية) يستغلها ويبتزها في تجنيده لهم المراقبة ومعاقبة وضبط كل من لا يلتزم ويطيع أوامره أو يسيء لسمعته. ويعطل القوانين المرعية التي كانت سائدة قبل حكمه ويلغي الأدوار الاجتماعية القيادية في الأسرة والجيرة والمنطقة السكنية والقرية والمدينة ليحل محلها لذا يطلق على نفسه بالأب القائد والمعلم الأول والقائد المهيب

وحفيد الرسوم الأعظم (هذا في المجتمع الاسلامي) وحامي الحمى والزعيم الأوحد وسواها من الألقاب الفارغة التي تفرض عنوة وبالقوة في كل نشاط سياسي واجتماعي واقتصادي وتتسع هذه الألقاب عندما يكون أكثر من نصف المجتمع أمي وجاهل. وقد يخصص الحصة الكبيرة من ميزانية الدولة لمصاريف الأجهزة الأمنية لكي تضبط أفراد المجتمع وتحوله إلى قطيع من الغنم أو أغلبية خرساء لا يحق لها التفكير والكلام بل تسمع جيداً فقط.

وللمزيد من الإحاطة بموضوع الضوابط الاجتماعية ندلف إلى المجتمع الشيوعي الذي يختلف عن المجتمع الرأسمالي وبالذات في المجتمع الصيني الذي يمارس الضبط السلوكي والاجتماعي والثقافي والعقائدي بشكل صارم وحازم إذ أنه مسيطر على وضابط جميع وسائل الاتصالات والوسائل الإعلامية المرئية والمكتوبة والمقروءة والمسموعة وإيقاع العقوبة القاتلة أو الطاحنة لكل من يخالف هذه السيطرة المتحكمة.

من جملة أساليب الحزب الشيوعي في الصين هي استخدامه للجماعة الضاغطة في اجتماعات اللجان والجماعات الحزية التي تتألف من اثنتين عشر عضواً ولا تقل عن ستة (ويستثني منها الأطفال الصغار) يلزموا بحضورهم للاجتماعات بشكل دوري ومنتظم لدراسة ومناقشة الاتجاهات الحزبية وبرامجه ومراجعة سلوك كل عضو فيها والذي يخفق في الاشتراك في النقد الذاتي أو الاعتراف باخطائه أو لا يناقش السياسة الإصلاحية يكون مصيره الطرد من هذه الجماعة ويصاحبه العار والخجل، لذا يتطلب من كل عضو من هذه الجماعة أن يتحمل جزءً من المسؤولية الدراسية والنقاشية فيها (Horton, 1980 p 147) وبهذا النشاط الجماعي استطاعت الصين الشيوعية أن تنظم وتأسس سلوك الصينيين وتعدل وتبدل من تقلبات السلوك النفسي لهم. أنها أدق وأحكم ضوابط اجتماعية يمارسها الحزب الشيوعي بسبب صرامة ضوابطها الجامعة بين العرفية والرسمية.

وعلى الجملة : تكون الضوابط الشمولية ضوابط مصدرها شخص واحد (الحاكم الطاغية) هدفها تلجيم جميع الشرائح الاجتماعية ليسوقها بالاتجاهات التي يريدها مستعيناً بأجهزة حزبية (التي يفترض أن تكون عقائدية) يسخرها لخدمة أغراضه الخاصة ويشكل أجهزة امنية واستخباراتية لتراقب وتضبط الأجهزة الحكومية المدنية والعسكرية وأفراد

المجتمع في الحياة العامة والخاصة وكل جهاز يراقب جهاز آخر أي نظام لا يثق بأي شخص ضوابطه تكون حادة وصارمة وفورية وقمعية لا علاجية تلغي الآخر لا تشبه الضوابط العرفية ولا الرسمية لأنها متفردة بفردية حاكمها أنها ضوابط ضد الإنسانية والعقلانية لا تستقر على قاعدة اجتماعية بل على مزاج شخص متقلب ومضطرب الآراء والأفكار والأمزجة. لكن الشواهد التاريخية أكدت لنا بأن مثل هذه الضوابط لا تستمر ولا يكتب لها الخلود ولا تتوارث من جيل إلى آخر مثل العرفية بل تنتهي بانتهاء الحاكم الطاغية وهذا ما حصل بعد سقوط هتل وموسيليني وفرانكو وصدام حسين وسياد بري والنظام الشيوعي في أوربا وسواها، لأنها ضوابط لا تخدم ولا تفيد أفراد المجتمع ولا مصالحه.

٧- ضوابط مباشرة

طرح هذا النوع من الضوابط كارل مانهايم التي تمثل مجموعة وسائل تؤثر تأثيراً مباشراً في السلوك الإنساني كما في حالة قيام أحد الوالدين بضبط سلوك أحد أطفاله كأن ينهاه والده مثلاً عن عمل شيء أو يعوده طريقة تصرفه في أي موقف من المواقف، أو في قضاء حاجة من حاجاته الطبيعية أو الكمالية. ففي هذه الحالة من الواضح أن الوالدين يرغبان في وضع قواعد سلوكية ضابطة لسلوك الطفل. وما ينطبق على الوالدين في المثال السابق ينطبق على رجال الدين عندما ينصحون اتباعهم بالتزام قواعد ضابطة في معاملاتهم بعضهم للبعض الآخر وفي توجيههم وجهة خاصة بالنسبة للنواهي والزواجر والمحضورات التي من طبيعة دينية أو خلقية أو اجتماعية.

وكذلك الأمر فيما يتعلق بالدور المباشر الذي يلعبه القادة في الضبط الاجتماعي بالنسبة للمواطنين إذ أنهم يحددون معالم الطريق للتصرف السليم فيما يتصل بعلاقات المواطنين بعضهم الآخر، وفيما يتعلق بشؤونهم القومية عامة أو مجالات تخصصاتهم في أوجه نشاطهم خاصة إذا نظرنا إلى الزعامة نظرة اجتماعية شاملة باعتبار أنها ظاهرة اجتماعية تتفق بدرجة ما وعلى أي صورة حيثما يتجمع عدد من الناس في زمرة لها وظيفة أو فاعلية فعصابة الأشرار لها زعيمها وفريق الرياضة له رائدة وكل شرذمة من الأصدقاء أو من الطلبة أو كتيبة عسكرية لها مرشدها أو قائدها .. الخ، بل كثيراً ما تتألف من زعامات تلقائية في التركيبات والبنيات الاجتماعية غير المنظمة بطريقة غير مدبرة، ونجد ذلك بوجه خاص في

التكتلات العمالية داخل أو خارج المصنع أو تكتلات الأحياء (جمع حي) التي تنتشر فيها الطبقة العاملة.

ويضيف مانهايم إلى ما تقدم ويقول أن التأثير المباشر لعوامل الضبط الاجتماعي يتوقف على عدة اعتبارات في مقدمتها حجم الجماعة والتنظيمات القائمة في المجتمع ووسائل التواصل بين أنسجة وأجهزة المجتمع ودرجة المرونة والحراك الاجتماعي Social Mobility ويبدو أن هذه الاعتبارات متكاملة بصورة أو بأخرى في كل الأشكال الاجتماعية، مثال على ذلك في المجتمع الاقطاعي تتركز السلطة بيد السيد أو الشيخ أو حيث يرتكز تنظيم الجماعة ونشاطها على وسائل الضبط المباشر باعتبار أن جميع الهيئات والأفراد تتلقى أوامرها وضوابط سلوكها من مصدر واحد مباشر هو صاحب السلطة المطلقة، ولم تكن العدالة في إعطاء حقوق متساوية للأفراد أمام القانون، ولكن كانت تتم ممارسة العدالة عن طريق منح الفرد الحق الذي خولته النظم الطبقية الاجتماعية وكانت تختلف تبعاً لتلك الضوابط الاجتماعية المحددة لسلوك الأفراد والجزاءات المترتبة على الخروج عن هذه القواعد المنظمة للتصرفات في المواقف المختلفة. فقواعد السلوك المنظمة لطبقة العبيد والأرقاء تختلف اختلافاً بيناً عن تلك التي تختص بها طبقة النبلاء والأشراف.

وللضوابط المباشرة أيضاً فاعليتها في الوحدات الاجتماعية غير السياسية وخاصة في تلك الأشكال التي سماها كولي بالجماعات الاولية وهي الجماعات التي تعتمد في تواصلها الفكري والعقلي على الاتصال المباشر والعلاقات المتقابلة (وجهاً لوجه) المتمثلة في الأسرة وجماعة الجوار والجماعات الريفية والأندية وفي المعاهد الدراسية والتربوية. ففي مثل هذه الجماعات يكون للزعامة المحلية والتأثير الشخصي الدور الإيجابي الفعال في الضبط الاجتماعي وخاصة في المؤسسات التي لها صلة بتربية الأطفال أو شغل أوقات الفراغ ودور الحضانة (العادلي ١٩٨٥ ص.ص ١٠٥١١٠).

٨- ضوابط غير مباشرة

هذا النوع من الضوابط طرحه أيضاً كارل مانهايم قاصداً فيه مجموعة العوامل التي لها تأثير غير مباشر على السلوك الإنساني. يظهر هذا النوع من الضوابط عندما يتأثر سلوك الإنسان ونظرته للأمور وعاداته عن طريق ضبط البيئة الاجتماعية أو البيئة الثقافية والطبيعية

بطريقة محسوسة أو غير محسوسة. بمعنى أن تأثير عامل الضبط ينبع من مصادر بعيدة غير مباشرة بالنسبة للأفراد الذين يتأثرون بها. ويتحقق هذا عادة بوجود سلطة اجتماعية لها قوة إلزامية ترغم الأفراد على أن يشكلوا سلوكهم وفق ضوابط وقوالب ونماذج معينة أو محددة وتستخدم هذا السلطة عادة عوامل طبيعية وأجهزة ثقافية لمباشرة وظائفها الضابطة وفي هذه الحالة لا يؤثر في سلوك الناس أفراد معينون وإنما يقوم بالضبط قوة غير منظورة أو قطاعات او طبقات أو مؤسسات لها شخصيتها المعنوية. وقد يبدو لأول وهلة أنه طالما لا يوجد هناك مؤثر مباشر لتوجيه السلوك أو إلزام بالطاعة والانقياد المباشر لصاحب أو ممارسة سلطة محددة، فإن الأفراد يمكن أن يكون لهم مطلق الحرية في تصرفاتهم بلا ضوابط غير أن الواقع يمثل الفرد العادي يسلك دائماً سلوكاً اجتماعياً، بمعنى أن سلوكه يتحدد دائماً بعوامل اجتماعية ضابطة متعلقة بالموقف الذي يواجهه. ومهما يكن من شيء فإنه الضوابط غير المباشرة تعتمد في فاعليتها وفاعلياتها وفي مراحلها النهائية على الضوابط المباشرة. فلو افترضنا مثلاً أن مجتمعاً من المجتمعات قام في تنظيمه الاقتصادي على مرونة الضوابط في المعاملات الاقتصادية بأن جعل هيكله العام أساسه المنافسة الحرة فإن الأفراد في هذا المجتمع بالرغم من شعورهم بالحرية وفق نظمهم الاقتصادية إلا أن هذا لا يمنع أن تكون هذه الحرية من الناحية الفعلية الواقعية محددة بضوابط اجتماعية مباشرة، متصلة بجمهور العملاء والمستهلكين وأذواقهم وميولهم التي تحدد طريقة ونوعية السلع المنتجة وكما تتصل بالأفراد المنافسين في نفس العملية الإنتاجية في العمليات التجارية عامة وأية ذلك أن الضوابط وأن بدت في جوهرها ضوابط مجردة إلا أنها لا تتحقق إلا عن طريق الهيئات والأفراد الذين تتألف منهم . (العادلي ١٩٨٥ ص ص . ١٠٥١٠٨) .

راجع جدول رقم -١ موضحاً لك أنواع الضوابط الاجتماعية العامة

جدول رقم ١
يوضح أنواع الضوابط الاجتماعية العامة

أنواع الضوابط الفرعية	القاعدة الضبطية
أ- ضوابط ذاتية-فردية ب- ضوابط متعودة-ذاتية ج- ضوابط خيالية-صامتة ت- ضوابط عرفية موروثة شفوية-غير مكتوبة	١- ضوابط داخلية
أ- ضوابط رسمية-مكتوبة ب- ضوابط عرفية-شفوية	٢- ضوابط خارجية
أ- ضوابط أولية ب- ضوابط ثانوية	٣- ضوابط جماعاتية
أ- نظامية ب- مفتوحة	٤- ضوابط قانونية
أ- قسرية-اجبارية ب- ضوابط هادفة ج- ضوابط معيارية	٥- ضوابط تنظيمية
لا عرفية و لا رسمية بل قسرية- إجبارية	٦- ضوابط شمولية
عرفية-إلزامية	٧- ضوابط مباشرة
عرفية-رسمية مرنة	٨- ضوابط غير مباشرة

مدايات الضوابط الاجتماعية

عندما يتصفح المرء ويقرأ أدبيات علم الاجتماع التي تناولت موضوع الضبط الاجتماعي يجدها ميّزت بين نوعين من الضوابط الاجتماعية أسمت الأول بالضبط الداخلي وأسمت الثاني بالضبط الخارجي ويتعاور بين الفينة والأخرى حديث الناس عن الضبط الاجتماعي، إلا أنهم غالباً لا يميزوا بين أبعاده الاجتماعية أو دوائره أو حدوده التي يدور في فلكها مما حدى بنا إلى أن نضع تصنيفاً أكثر دقة وشمولاً عما درجت عليه أدبيات علم الاجتماع وأكثر تميزاً مما هو متداول في أحاديث الناس وهو ما يلي:

١- ضوابط تفعل فعلها ضمن مدى قريب Micro range control

٢- ضوابط تفعل فعلها ضمن مدى متوسطMidlel range control

٣- ضوابط تفعل فعلها ضمن مدى واسع Microrange control

٤- ضوابط تقوم بعملها عبر آلات الكترونية Electronicdevices control

ينطوي الصنف الأول (المدى القريب) على الضوابط الفردية - الفردية التي تضبط السلوك الفردي الذي يحصل في عملية التفاعل الثنائي بين فردين أو التنشئة الأسرية (بين الوالدين والوليد) مثل الالهاء أو المديح أو المبالغة في الاحترام الزائف أو النقد أو القدح أو التقريض أو الابتسامة أو تقطيب الجبين أو الاعجاب بالآخر أو الطموح الذاتي في تحقيق هدف مستقبلي خاص.

بينما يتضمن الصنف الثاني (المدى المتوسط) على الضوابط التي تُستخدم بين أفراد الجماعة الصغيرة في توجيه وتقنين وتنظيم التفاعلات النابعة من معاييرها وقيمها ومعتقداتها مثل ضوابط الجماعة الفرعية للاقليات الطائفية والعرقية والأحزاب السياسية والفرق الرياضية والشلل الصداقية، ويقال أيضاً عن هذا الضبط بالضبط الداخلي.

أما الصنف الثالث (المدى الواسع) فإنه يشير إلى الضوابط النابعة من الثقافة الاجتماعية والنظام الاجتماعي والقانون الوضعي التي يفرضها الدين والشرطة والمحاكم والسجون والنسق الجزائي والأعراف الاجتماعية وسواها أي التي تضبط المجتمع بأسره دون استثناء طائفي أو عرقي أو فئوي ويسمى أيضاً بالضبط الخارجي.

هذا على الصعيد الاجتماعي، إلا أن هناك ضوابط تكنولوجيا - إلكترونية حديثة ظهرت في العقود الأخيرة من القرن العشرين تستخدمها التنظيمات الرسمية (الدوائر الأمنية والعقابية والمؤسسات القيادية في الدولة والشركات والمصانع والمعامل والمستشفيات والمعسكرات والمحلات التجارية الكبرى وطرق المواصلات السريعة مثل الكامرات والمرايا المقعرة الكبيرة وآلات التنصيت وأجهزة تسجيل المكالمات الهاتفية وأجهزة التشفير على القنوات الفضائية وأجهزة كشف العملات والوثائق المزورة وسواها لمراقبة وضبط العابثين ومخترقي القانون والمتلاعبين به).

جميعها وسائل إلكترونية ترصد وتسجل وتكشف السلوك المنحرف والعدواني بالصورة والصوت لتساعد وسائل الضبط الاجتماعية الثلاثة المذكورة أنفاً من أجل المحافظة على تطبيق القانون بالدرجة الأساس وحماية الفرد والمجتمع من كل تهديد يهدد أمنهم وحياتهم وثرواتهم وممتلكاتهم وحقوقهم، أو لهيمنة الأجهزة الأمنية الحكومية على خصوصيات وسريات مواطنيها.

ومن أجل استجلاء أكثر نعكف إلى مدار المدى القريب Microrange لتتجلى أمامنا حقيقة الضوابط التي تدور في فلكه وتفعل فعلها على الأفراد الذين يعيشون في محيطه الاجتماعي.

نبدء حديثنا عن ضبط الفرد ذاته الذي يتبلور من خلال تفاعلاته مع الآخرين محاولاً ضبط سلوكهم وسلوكه في نفس الوقت. فهي إذن محاولة ضبطية مزدوجة تجمع بين قطبين (الذات والآخر) بيد أن لكل فرد حاجات ذاتية وشخصية يبحث عن إشباعها من خلال علاقاته مع الآخرين وهي ما يلي: حاجته للأمن، وحاجته للانتماء وحاجته لمحبة الناس وحاجته لاحترام واعتبار الناس وحاجته لتحقيق ذاتهself actualization. وقد حدد هذه الحاجات عالم النفس الأمريكي ماسلو في نظريته عن الحوافز.

غالباً ما تتبلور هذه الحاجات Needs عن تفاعلات الفرد مع الآخرين وهم يعيشون في وضعيات اجتماعية متأثرة بشكل واضح بمعايير وقيم مجتمعهم التي تنشئوا عليها وهذا وحده كاف بدفع الفرد لأن يتماثل مع نمط المعايير السائدة في المجتمع الذي اكتسبه عبر تنشئته الأسرية. لذا فإنه من المتوقع جداً أن يبحث الفرد عن إشباعها في محيطه الذي ترعرع

فيه. معتمداً ذلك على ثقافة مجتمعه ومعاييرها التي اكتسبها منذ ولادته فيها وهذا يشير إلى إن إشباع حاجات الفرد تتطلب منه التكيف مع محيطه أولاً ومن ثم يأتي إشباع حاجاته.

وإزاء ما ذكرناه آنفاً ، نستطيع القول بأن الضبط الاجتماعي لا يتم فهمه ولا يمارس فقط في مجال العقاب، بل في مجال التفاعل والعلاقات الاجتماعية ويعني أيضاً، أنه لا يقتصر فهمه (فهم الضبط) فقط في حيز المعايير الاجتماعية. خذ مثالاً على ذلك، عندما يريد الطفل الرضيع أبويه أن يعلمانه كيفية ضبط سلوكه، فإنهما لا يعتمدان فقط على عنصر المكافئة ومحفزها في تحفيزه على ضبط سلوكه، بل من خلال ضبط سلوكهما أمامه أولاً لكي يتعلم كيف يضبط سلوكه. نقول أن ضبط السلوك يأخذ مدى ضبط الذات أولاً عن طريق التعلم كوسيلة من وسائل التنشئة الأسرية التي يتم فيها حالة الاندماج أو الالتحام (أي اندماج ضبط سلوك الضابط وسلوك المراد ضبطه) وهذا هو جوهر التفاعل الاجتماعي بين الطفل ووالديه.

وبناءً على ذلك فإن الفرد في التنشئة الاجتماعية يتعلم توقعات أدواره المناطة به لكي يمارسها في أوقاتها ووضعياتها، وعبرها يتم تحويل الطفل الرضيع من كائن بايولوجي إلى إنسان حامل حاجات ومتطلبات مجتمعه وإذا لم يتعلمها بشكل سليم (حسب ما يطلبها مجتمعه منه) فإنه سوف يواجه فيما بعد قوى ضابطة تمارس عليه من قبل عقوبات جزائية، رادعة ومؤلمة يدفع ثمنها (سواء كان مرغماً أو برحابة صدر) وغالباً ما يكون ثمنها مترجماً على شكل نقد المجتمع له أو تجريحه أو رفضه من قبل المحيطين به لحين اكتساب مستلزمات ومتطلبات أدواره المتوقعة من قبل مجتمعه، وعندما يتم ذلك فإن الثمن الذي يدفعه يكون مقدماً على شكل وصمات اجتماعية سلبية أو عدّه منحرفاً ومارقاً على مجتمعه. ومن هنا يمكننا القول بأن بداية ضبط سلوك الفرد تبدأ من عملية التنشئة الأسرية التي يقوم بتنفيذها الوالدين حسب متطلبات مجتمعهم ولا تأخذ (التنشئة) فقط آلية العقاب والثواب في عملية الضبط بل آلية التعلم أيضاً التي يقودها الأبوين، ولكي يستجيب الطفل لما يريد والديه تعليمه، عليهما ضبط سلوكهما أمامه أولاً. وهنا نشير إلى حقيقة مفادها أن عملية الضبط في التنشئة الأسرية تأخذ قطبين من الضبط، يمثل الأول ضبط سلوك الوالدين لكي يعلموا

وليدهم ضبط سلوكه وهذا يعني قيام الوليد بضبط سلوك والديه عندما يريدوا ضبط سلوكه. بتعبير آخر، يكتسب الوالدين متطلبات دورهما (الأبوي والأمومي) عندما يستجيب وليدهما لمتطلبات دورهما. أي كل طرف يقوم بتنشئة الآخر لأنهما معتمدان الواحد على الثاني وأن استخدام الوالدين للعقوبة والمكافئة كوسيليتن لضبط سلوك ابنهما، إنما هي في الواقع التزام منضبط من قبل الوالدين لمتطلبات دورهما الأبوي والامومي.

شكل رقم -٢ يوضح عوالم أو المجالات التي يتم فيها الضبط الاجتماعي

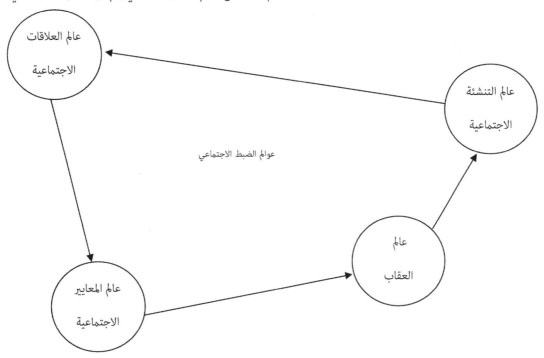

عوالم الضبط الاجتماعي

هذا التبادل الضبطي بين الابوين والوليد لا يتوقف بل يستمر مع تقدم عمر وليدهما والذي لا يكون سهلاً وخالياً من مشكلات تربوية ورعائية ونفسية تقع بينهما، إذ تتعقد كلما كبر وليدهما في عمره وتزداد وتتنوع ضوابطهما كل منهما نحو الآخر . فمثلاً في العقود الماضية كان الوالد في المجتمع العربي لا يدخن سجارة أمام ابنه لأنه لا يريد ابنه أن يدخن سيجارة. وعندما يريد الابن (وهو في سن المراهقة أو الشباب) أن يدخن فإنه لا يدخن أمام والديه هذا مثال ضبطي لكلا الطرفين للأب وللأبن (الابن يضبط والده بعدم التدخين أمامه والأب يضبط ولده من عدم التدخين أمامه).

الضبط الاجتماعي

والحالة مشابهة في حالة السهر لساعات متأخرة في الليل أو ترك المسؤوليات الأسرية والانشغال بغيرها على حسابها.
حالة أخرى توضح حالة الضبط خارج حدود العقاب والمعايير الاجتماعية وهي عندما يرتبط فرد معين بعلاقة حميمية أو عاطفية مع شخص آخر ولدى الأخير مزاج وعادات ورغائب جديدة وغريبة على الأول، فإن استجابته لها تكون من باب الاكرام لعيون صديقه وهذا يعني أن الصديق ضبط سلوكه وتقبل ما هو غير مألوف عنده مراعاة لمشاعر ومزاج ورغائب صديقه الذي يكّن له المودة والمحبة ويعني ذلك أيضاً ضبطاً سلوكياً يمثل وجهاً جديداً من وسائل الضبط الاجتماعي الخالي من العقاب والامتثال للمعايير الاجتماعية نستطيع تسميته بالضبط الطوعي والإرادي . انظر الشكل التالي:

أ- ضبط مبني على	ب- ضبط متوقف على:
١- عقوبات مادية أو معنوية ٢- الالتزام بالمعايير الاجتماعية المرعية	١- ضبط النفس- الذات ٢- رغبة في بناء علاقة صداقة حميمة ٣- رغبة في بناء ارتباط وجداني

بتعبير آخر، يضبط الفرد سلوكه من تلقاء ذاته دون الخضوع لقوة خارجية عنه لإجباره والزامه على الخضوع لها أو حتى الالتزام بمعايير اجتماعية بل بإرادته. نقول ، الذهاب بنفسه إلى وبرغبته في الدخول في دائرة الضبط لكي يحقق ويشبع حاجة تخالجه وتدور في تفكيره. لأنه عندما يريد الفرد أن يشبع أحد حاجاته فإنه سوف يدخل طواعية وبرغبته إلى دائرة الضبط بتنازل عن بعض عاداته أو تفكيره أو رغائبه أو أحلامه من أجل إشباع حاجة يبحث عنها.
زبدة القول: لكل شيء ثمنه ويكون ثمن إشباع حاجة أساسية ملحة يطالبها الفرد أو يبحث عنها خاضعاً لقيود تلك الحاجة ومتطلباتها وهذا مصدر مهم في عملية ضبط السلوك الذي أسميناه بالضبط الطوعي (يظهر هذا النوع من الضبط بين علاقة المتحابين عاطفياً وبين الزوجين والأبوين مع أبنائهم في عملية التنشئة وفي طموح الفرد في تحقيق أهدافه المستقبلية).

٢-ضوابط تفعل فعلها ضمن مدى واسع Marco range

من أجل محافظة المجتمع على استمرار وجوده، يقوم بوضع قيوداً على شكل معايير وقيم لضبط سلوك أفراده بحيث تكون جميعها ملزمة ويكون الخروج عنها مروقاً وانحرافاً عنها. ولكي يتحقق ذلك يجب على الفرد أن يتكيف adaptation لها (لهذه القيود العرفية) الذي لا يكن انسابياً بل يأخذ - أحياناً - عناداً وصراعاً من قبل الفرد لحين تكيفه لها. والتكيف هنا لا يعني الخنوع والخضوع والانصياع للقيود الاجتماعية، بل التأقلم لها من أجل إشباع حاجاته التي يريد إشباعها والتي لا تأتي عن طريق الرفض والصراع المطلق، بل عن طريق التخلي والتبني أي التخلي عما هو معتاد وتبني ما هو جديد لكي يستطيع الاستمرار في عيشه واشباع حاجاته المتزايدة مع تطور الحياة.

بتعبير ثاني ان التكيف هنا يعد أحد آليات الضبط السلوكي يفرضه المجتمع على أفراده الذين يبتكروا أساليب وحيل وتدابير معينة لكي يتكيفوا حسب طاقاتهم وتفكيرهم. إنما لا يستطيعوا الهروب من تكيفهم لقواعد وقيم مجتمعهم. وهذا يعني أن المجتمع يعطي للفرد درجة محدودة من الحرية في التصرف عند تكيفه ولا يقيده تقيداً صارماً ومقنناً بل يعطيه قدراً من الاستقلالية الفردية في اختيار طريق تكيفه.

والفرد من جانبه لديه طموحاً هادفاً السيطرة على المحيط الذي يعيش في وسطه. ومن اجل تحقيق هذا الهدف يتخلى ويتبنى (يتكيف) وعندما يتكيف لا تبقى حياته الخاصة حره مستقلة عن مؤثرات محيطه الاجتماعي والجغرافي والاقتصادي، بل متفاعل معها (سلباً وإيجاباً).

نستنتج مما تقدم أن للفرد حاجات أساسية كما للمجتمع حاجة كبرى تتمثل في الاستمرار في وجوده من خلال التزام أفراده بمعاييره وقوانينه، ولكي يصل إلى هذا الهدف فإنه يقوم بمساعدته في تحقيق حاجاته مقدماً له أكثر من أسلوب ومنهج لكي يعيش في رحمه. أي لا يفرض عليه قيوداً صارمة ومطلقة. ولما كان للفرد حاجات خاصة به يريد إشباعها في محيطه الاجتماعي عليه أن يتنازل عن بعضاً من رغائبه ليكتسب عادات جديدة (أي يتكيف) عندئذٍ لا يحصل تقاطعاً أو تصارعاً بينهما ولا يحصل انحرافاً أو مروقاً من قبل

الفرد تجاه المجتمع. لكن مثل هذه الحالة المثالية لا تكون واقعية إذ هناك انحرافاً ومروقاً من قبل الفرد يقوم المجتمع بمعاقبته عرفياً وقانونياً.

تناولنا في سياق حديثنا عن الضبط الاجتماعي وعلاقته بالحاجات Needs الفردية التي لا تكن غرائزية بل مستخرجة من ثقافة مجتمعه التي تنشئا فيها واكتسب معاييرها وقيمها. وعندما يريد إشباعها فما عليه سوى الالتزام بها.. منها تحقيق هويته الثقافية التي تحفزه للتصارع مع الآخرين من أجل بقائه ووجوده وأمنه الاجتماعي وهنا يعني الصراع من أجل العيش يمثل حاجة فردية - اجتماعية لضمان وجودة الاجتماعي وحتى الحاجة الذوقية - الجمالية تكون مستخرجة من ثقافة المجتمع، لذا نجد أن أذواق الأفراد تتطبع بأذواق مجتمعاتهم. فمثلاً يميل الفرد الريفي لتذوق الألوان الزاهية والصافية ذات اللون الواحد (مثل الأبيض الناصع أو الأخضر الزاهي أو الأحمر القاني وسواها) متأثراً بذلك بعدم التنوع الثقافي العرفي في مجتمعه وبتفاعله مع ألوان الطبيعة الصافية. لكن هذه الحاجة الذوقية لا نجدها عند الفرد الذي يعيش في المجتمع الصناعي أو الحضري الذي يكون متأثراً بعدة ثقافات عرقية تعيش معاً في مجتمعه وخضوعه لمؤثرات صناعية ذات الألوان المختلطة والمبتكرة فتلون ذوقه الجمالي بعدم نقاء واحادية اللون بل الممزوج والمختلط والمتنوع في شكل وصورة واحدة.

حتى رغبات wishes الفرد الريفي لا تكن متعددة ومتنوعة مثل رغبات الحضري - الصناعي بسبب تعدد وتنوع إيقاعات الحياة فيها على نقيض الحياة الريفية التي تأخذ إيقاعاً بطيئاً عازفاً على نغم واحد يسمعه الريفي كل يوم مع بعض التغير الطفيف والبطيئ. لذا فإن نسبة انحراف أو مروق الريفي لضوابط مجتمعه تكون قليلة وبسيطة ومحدودة لأنه لا يوجد ما يحرف أبنائه عن ضوابطه وأن حدث فإن ضوابطه العرفية تكون صارمة تصل إلى حد الوصم الأبدي وما بعده (أي بعد وفاة الموصوم بوصم أبنائه وأحفاده بانحرافه ومروقه) لا تفوتني الإشارة في هذا المقام إلى نظرية وليام إسحاق توماس في الرغائب (التي تقابل نظرية الحاجات) التي طرح فيها عدة رغائب وهي : رغبة التميز والحصول على اعتراف فريد وجذاب ورغبة الفرد في اكتساب الخبرة الجديدة، ورغبته في تحقيق الأمن والسلامة ورغبته في الاستجابة للمؤثرات الخارجية

بينما وضع إيرك فروم (عالم نفس اجتماعي ألماني قديم) عدة حاجات أساسية تدفع الفرد لان يخضع لضوابط مجتمعه وهي:

١ الانتساب إلى Relatedness

٢ الإبداع المتفوق cendence - Trans - creativeness

٣ النسب القرابي العريق Rootedness - brotherliness

٤ الإحساس بالتماثل الفردي sense of identity - individuality

٥ حاجة إطار التوجيه المنسق Frame of orientation (sites, 1973, pp.56)

أجد أن سياق الحديث يدفعني للإشارة إلى طرح إميل دوركهايم الذي تضمن حقيقة المنتحر اللامعياري الذي يعاني من غياب المعايير المنظمة لسلوكه الأمر الذي يدفعه للإقدام على الانتحار لكي يتخلص من هذا الاضطراب. والذي يقدم على الانتحار اللامعياري هو الأكثر ولاءً وتفانياً لمبادئ جماعته التي ينتمي إليها عقائدياً أو عرقياً أو وطنياً وإزاء هذا الولاء الميكانيكي يرى دوركهايم أن المنتحر يكون باحثاً عن أو يريد تحقيق حاجة تعبّر عن الذات الاجتماعية أما الفرد الذين يقدم على الانتحار الجبري - المصيري فإن عملية هذا يكون ناتجاً عن دافع إشباع حاجة الإثارة وجلب انتباه المحيطين به ليس إلا. (Sites, 1973 p 7)

أما فيما يخص المنظّرين المعاصرين فقد تطرقوا إلى مفهوم الحاجة ضمناً وليس بشكل مستقل. فمثلاً تالكوت بارسونز (صاحب النظرية البنائية - الوظيفية) اعتبر الاعتبار الاجتماعي اثبات موجودية فعل الفرد أمام الآخرين واهتمامهم به يمثل مكافئة اجتماعية يقدمها الآخرين له لذا فإنهما تمثل حاجة اجتماعية يبحث الانسان عنها لاروا ضمئه الاجتماعي المتمثل في اعتراف الاخرين بعمله وجدواه مما تجعله يشعر بأنه محترم من قبلهم أو محبوب ولديه مكانه اجتماعية بينهم. وهذا يعتبر معياراً مكافئاً، وخلاف ذلك (أي الفرد الذي لا يستطيع الحصول على احترام الآخرين وتقديرهم وحبهم وودهم) فإنه سوف يحصل على جزاء سلبي مترجم على شكل نفور أو تجنب أو تجاهل مع قذفه بنقد أو وصمة بوصمات سيئة وسواها.

بينما دلف جورج هومنز (عالم اجتماع أمريكي معاصر) إلى مدار الاعتراف الاجتماعي الذي انطوى على اعتراف الآخرين بفعل وسلوك الفرد واستجابتهم إلى

تصرفاته (استجابة الآخرين تعدّ حاجة تمّ إشباعها جاءت على شكل تصرف هذا الفرد الذي استجابوا لسلوكه) (Sites, 1973 p8) وقد يتبادر إلى ذهن القارئ سؤالاً مفاده : من أين تأتي هذه الحاجات الفردية؟ جواباً على ذلك يكون أنها تبرز من خلال التنشئة الاجتماعية التي يخضع لها ويتفاعل فيها العامل النفسي والجسدي والاجتماعي والمحيط الأسري، عندئذٍ تبرز الحاجة الذاتية في التماثل مع هويته وإذا كان الأفراد يشكون من ملل أو رتابة في الحياة اليومية فإن ذلك يعني أنهم يفتقرون إلى حاجة الحوافز وإذا كانوا يشكون من الهلع والفزع في حاجتهم اليومية فإن ذلك يشير إلى افتقارهم لحاجة الأمن. ويكون سعيداً وفرحاً عندما تشبع حاجاته ويكون شقياً وتعيساً وبائساً أو منحرفاً إذا لم تشبع حاجاته وهذه حقيقة قائمة مع كل إنسان، علماً بأن تأثير الحاجة الفردية في عدة أوقات تكون أكثر فاعلية من تأثير القوى الاجتماعية التي تمارس على الفرد.

تميط هذه الحالة اللثام عن وجودها عند الذين يرغبون بعدم الحصول على القبول الاجتماعي. أي بعيداً عن السلوكيات المعيارية والمعايير التي يستخدمها المجتمع من قبول السلوكيات الفردية، تحديداً عندما يبحث عن إشباع وإرضاء اكثر من حاجاته الأساسية. إذ قد يرغب أو يميل نحو الجنوح أو الخروج عن النظرة الاجتماعية التي يستخدمها مجتمعه باحثاً في ذلك عن الإرضاء الذاتي لحاجاته الأساسية.

بتعبير آخر، يخضع الفرد في حياته الاجتماعية لتأثيرات قوى اجتماعية وحاجاته الفردية. فعندما لا يكون متكيفاً للمحيط الاجتماعي الذي يعيش في وسطه فإن ذلك يعني أن القبول الاجتماعي يكون ضعيفاً في نظره فلا يعير له أهمية عندما يريد أن يتصرف بتصرف يعبر عن إرادته ورغباته وهنا تمسي الحاجة الفردية أقوى تأثيرا عليه من القوى الاجتماعية مما تجعله مبتعداً عن الأخيرة ومقترباً من الأولى (الحاجة الفردية) أي ينخرط في هاوية الانحراف. خذ مثالاً على ذلك: المنتحر قد يكون أحد أسباب انتحاره هو التخلص من الحياة نفسها لعدم قناعته بها أكثر من معاناته في حرمانه من إشباع حاجاته.

لا جرم من أن نورد دراسة البرت كوهين عن العصابة الجانحة delinquent gang الذي وجده فيها أن الفرد المنحدر من طبقة دنيا يستحيل عليه إشباع حاجاته في محيط مدرسة

خاصة بأبناء الطبقة الوسطى مما يجعله أكثر ميلاً لرفض قبولهم الاجتماعي لأنه لا يمثل وسطه الطبقي ولا يشعر بالانتماء إليهم. الأمر الذي ينتهي به في نهاية المطاف إلى ترك المدرسة (الخاصة بأبناء الطبقة الوسطى) وعدم الأخذ بمعايير قبولها الاجتماعي لتصرفاته لكنه يجد المتعة والرضى عندما تشبع حاجاته في العصابة الجانحة لأنها تمثل وسطه الاجتماعي (sites, 1973, p 9).

عطفاً على ما تقدم، يرينا إيرك فروم في دراسته التي قام بها بعد الحرب العالمية الأولى، رغبة الفرد الألماني بالاستسلام والتخلي عن قيمة العليا الخاصة بالحرية السياسية مقابل إشباع حاجاته الأساسية للأمن والاستقرار ثم أتت أحداث جسام على ألمانيا بعد الحرب العالمية الأولى جعلت الكثير من الألمان لا يطيقونها مما دفعهم الأمر إلى الاستسلام إلى هتلر فقايضوا حريتهم لصالح إشباع حاجاتهم الأساسية (sites 1973 p.10)

وفي المجتمع العراقي أبان حكم صدام حسين الذين ذاق أفراد هذا المجتمع كل أنواع الظلم والقتل والتعذيب والقهر والإذلال والفساد ومصادرة الحريات الشخصية والفكرية وسواها وبعد سقوطه من قبل القوات الأمريكية تقبل العديد من العراقيين غزو الاميركان لبلدهم مقابل تخليصهم من أعتى طاغية بعد منتصف القرن العشرين الذي صادر حرياتهم وتفكيرهم وحرمهم من إشباع حاجاتهم الأساسية ففضلوا حكم الأجنبي عليهم مقابل عدم مصادرة أو منعهم من إشباع حاجاتهم في التعبير السياسي وممارسة الحرية السياسية وتطبيق الديموقراطية على حكم الطاغية الوطني (صدام حسين) الذي صادر تحقيق وإشباع حاجاتهم الأساسية.

قصارى القول: قد يقبل الفرد الحالات التي تعد منحرفة أو غير مقبولة عرفاً أو مرفوضة اجتماعياً لأنها تقوم بإرضاء وإشباع حاجاته الأساسية التي يبحث عنها. بتعبير آخر، قد يكون ما هو مقبول اجتماعياً لا يشبع أو يرضي ما يحتاجه الفرد، بينما يتضمن ما هو مرفوض اجتماعياً أساليب وطرق ترضي وتشبع ما يبحث عنها الفرد أو ما يحتاجها.

لا مرية من القول إذا كانت الحاجة الفردية ذات تأثير كبير وفعال عليه أكثر من تأثير القوى الاجتماعية، فإنه يذهب إلى إشباع حاجاته الأساسية حتى لو كانت في وسط اجتماعي مرفوض أو تعد انحرافاً عن معايير المجتمع لأن قبوله لا يعني شيئاً بالنسبة له أمام

إشباع حاجاته الفردية. أي لا تكون القوى الاجتماعية ضابطة لسلوكه أمام طغيان حاجته الفردية أو ظمئها الاجتماعي. نجد مثل هذه الحالة بكثرة في المجتمع الصناعي والحضري والمعلوماتي. لكن إذا كانت القوى الاجتماعية ذات تأثير فعال وكبير على الفرد أكثر من تأثير ضمأ الحاجة الفردية، فإنه لا يذهب إلى إشباع حاجته الفردية من الوسط الاجتماعي المرفوض لكي لا ينحرف عن معايير مجتمعه أي أن القوى الاجتماعية تعد هذا ضابطاً اجتماعياً يروي ضمأ المجتمع في ضبط أفراده أقوى من حاجة الفرد في أرواء ضمأ ه من خلال خروجه عن معايير مجتمعه فلا يقبل بوصمه بالانحراف. نجد مثل هذه الحالة في المجتمع التقاليدي والريفي والبدوي، عندئذٍ يتكيف طواعية لمعايير وقيم مجتمعه . لا جناح من القول بان هناك آلاف بل الملايين من حالة خروج الفرد عن العالم الواقعي وعيشه في عالمه الخاص به لكي يشبع حاجاته الأساسية أو على الأقل الهروب من الضغوط العالم الواقعي والعيش بهدوء خاص ومناخ مزاجي وبالذات في المراحل التطورية ذات التغيير السريع على الرغم من أن البيئة الاجتماعية والمادية تريد ضبط أفرادها من خلال إسهامها في إشباع حاجات عن طريق طرح عدة بدائل وسبل مقبولة اجتماعياً لها. علماً بأن الفرد لا يتكيف بشكل تام وقاطع لمحيطه الاجتماعي، بل غايته القصوى هي التحكم في بيئته لكي يستطيع بعد ذلك أن يشبع حاجاته الأساسية. تتضح أمامنا الآن صورة تعّبر عن تعارض قائم بين الفرد ومحيطه الاجتماعي، وكل منهما يريد أن يتحكم بالآخر وعند عدم خضوع الأول لضبط الثاني فإن الأخير يعد منحرفاً وموصوماً، عندئذٍ وعندما يريد الأول (الفرد) تحقيق ذاته وإشباع حاجاته ورغائبه الأساسية - على الرغم من كلفتها الاجتماعية التي يدفعها للمجتمع مثل عدّه منحرفاً أو موصوماً أو مارقاً - فإنه يخرج عن ضوابط مجتمعه غير مبالٍ بما يترتب على ذلك من نعوت وتسميات وألقاب قبيحة ذلك لأن المحيط الاجتماعي لا يستطيع تلبية جميع حاجاته المتزايدة فيخرج عن ضوابطه ولا يستجيب لتوجيهاتها ولا يخضع لتحكماتها بل يضربها عرض الحائط بدون تردد.

في نهاية مطاف حديثنا عن الضبط الاجتماعي وعلاقته بالحاجات الأساسية للفرد، نذكر أبرز هذه الحاجات وهي:

١- حاجة الاستجابة

٢- حاجة الأمن

٣- حاجة التميز

٤- الحاجة الدافعية

٥- حاجة توزيع العدالة

٦- حاجة المعنى

٧- حاجة التعقلن (أو السلوك العقلاني)

٨- حاجة الضبط

تكون الحاجة الخامسة والسادسة والسابعة والثامنة (توزيع العدالة، والمعنى والتعقلن والضبط) نابعة عن الحاجة الأولى والثانية والثالثة والرابعة (الاستجابة والأمن والتميز والدافعية) لأنها تبلورت بسبب تطور الحياة وتطورت معها مستلزمات التنشئة الاجتماعية التي لا يمكن إشباعها فوراً ومباشرة، لأن الطفل الرضيع عندما يولد لا يكن ممتلكاً سوى طاقته الجسدية ومن ثم يكتسب باقي الطاقات التي تفرض عليه من قبل اسرته ويستجيب لها عبر الزمن لحين أن يصبح إنساناً ممتلكاً الخواص الإنسانية والاجتماعية فالاستجابة والأمن والتميز والدافعية يتعلمها من اسرته ومع نموه البايولوجي والاجتماعي يكتسب باقي الحاجات (Sites 1973, p 42)

بشيء من التعمق في هذا الطرح الجديد عن الضوابط الاجتماعية نستطيع القول بأنها تقوم ببلورة حاجات الفرد النفسية والاجتماعية ضمن معاييرها وقيمها. وعادةً ما تبدأ هذه البلورة من التنشئة الأسرية مروراً بالمدرسية والشللية وانتهاءً بالمهنية، عندئذٍ يقوم الفرد بالبحث عن مجالات لإشباعها في محيطه الذي ترعرع فيه وهذا لا يتم إلا إذا تكيف لمحيطه.

أما الفرد المارق أو المنحرف أو الضال فإنه إما أن يكون

١- لم تتبلور عنده الحاجات الاجتماعية بشكل ناضج في تنشئته الأولى .

٢- أو تبلورت الحاجات الاجتماعية إلا أنه لا يريد أن يتكيف لمحيطه الاجتماعي.

عندئذٍ يعد منحرفاً أو مارقاً أو ضالاً عن ضوابط مجتمعه. وهنا علينا أن نقف قليلاً عن هذه النقطة لنؤكد على أن الضبط لا يتضمن العقاب فقط بل بلورة حاجات نفسية واجتماعية للفرد لكي تعينه على تكيفه للمحيط الاجتماعي الذي يعيش فيه .

ثمة حقيقة جوهرية يتضمنها الضبط الاجتماعي وهي أنه تمتلك قطبين من الضوابط لضبط نوعين مختلفين من الأفراد وهما:

١- معايير وقيم ضبطية يحملها المشرفين أو القائمين أو المنفذين لمتطلبات الضبط، لكي يصبحوا ضباطاً في عملية الضبط

٢- أفراد مرتبطين بالمنفذين (الضباط) ربطاً دورياً وموقعياً يتطلب منهم الاستجابة الإيجابية والامتثال لمعايير وقيم تربط بينهم وبين المنفذين (الأبوين والمعلمين والأطباء ورجال الدين والقضاة) من أجل ممارسة أدوارهم الاجتماعية وإشغال مواقع هرمية اجتماعية لكي يحصلوا اعتبار اجتماعي مرموق وعال والارتباط بعدة خيوط في النسيج الاجتماعي.

أسئلة الفصل

١- هل توجد علاقة بين الضوابط المباشرة وغير المباشرة؟ ما هي؟

٢- بماذا تتميز الضوابط الاجتماعية الداخلية عن الخارجية ؟ عددها فقط

٣- لماذا سميت الضوابط الشمولية بهذا الاسم؟

٤- ماذا يعني التذويد في الضبط الاجتماعي؟

٥- ما هي الضوابط التي تضبط العربي بالآخر؟ عددها ثم اشرحها

3

محتويات الفصل الثالث

آليات الضبط الاجتماعي

- آليات الضبط الاجتماعي ... ما هي؟
- متى ينحرف الفرد عن معايير وقواعد وقيم مجتمعه؟
- أ- آليات الضبط العرفية
- ب- آليات الضبط الاجتماعي الرسمي
- وظائف آليات الضبط الاجتماعي
- معوقات ومنميات الضبط الاجتماعي
- هل الضوابط تحمينا دائما من الانحراف؟

آليات الضبط الاجتماعي .. ما هي؟

لا يوجد مجتمع بدون نظام اجتماعي يمثل عموده الفقري في بناءه الاجتماعي ولا يوجد نظام اجتماعي خالي من ضوابط اجتماعية تعمل على دعمه وتعزيزه ولا توجد ضوابط اجتماعية فاقدة آليات تستخدمها في ضبط وتوجيه أفراد المجتمع سواء كان بدائي أو حضري أو صناعي أو معلوماتي وكلما كبر حجم المجتمع وتعقد تركيبه كثرت الضوابط الاجتماعية فيه. هذه حقائق اجتماعية ثابتة تعيش في رحم كل مجتمع. ولا توجد آليات ضبطية لا تستخدم جزءات مادية ومعنوية إلا أن الاختلاف في موضوع الضوابط لا يكمن في طبيعتها (لأنها واحدة في جميع المجتمعات) بل في آلياتها وأهدافها. إذ كلما تقدم المجتمع وتطور ذهبت الضوابط لتحقيق هدف أكثر إنسانية. فالمجتمع الصناعي والمعلوماتي تهدف ضوابطه إلى أن تكون رعائية وتأهيلية لترجع غير المنضبط إلى جادة الصواب عن طريق إعادة تأهيلية ورعايته نفسياً واجتماعياً دون اللجوء إلى القمع والعقاب الجسدي والمادي أو طرده من المجتمع أو عزله أو تعريته اجتماعية (إلا إذا بات وجوده يمثل خطراً على حياة وممتلكات الناس عندئذٍ تمّاس عليه الضوابط القسرية العقابية لذلك نرى في هذه المجتمعات بدءت تبتعد عن عقوبة الإعدام وتزيد من حالات الافراح المشروط والإقامة الاجبارية في المدينة التي يعيش فيها دون مغادرتها إلا بإذن من الشرطة وسواها.

إذن للضوابط الاجتماعية آلياتها الخاصة بها تستخدمها من أجل تحقيق غايات ضبطية مثل آلية القانون وأنشطة الأجهزة السياسية والرقابية بما فيها الرقابة الفكرية والإعلامية والإعلانية وأنشطة احتكارية. ونجد بعض الحكومات وبخاصة في دول العالم الثالث والدول العربية إحداها تستغل هذه الآليات وتبالغ في تطبيقها لا لحماية المجتمع العربي في سلبيات الخروج عن الضوابط بل من أجل إرهاب وترويع وتخويف وإذلال شعوبها لكي تستطيع أن تبقى حكوماتها على رأس السلطة إلى الأبد وبشكل سر مدي وخالد (هذا هو نمط تفكيرها في المبالغة بتطبيق آليات الضبط ومراقبة أفراد مجتمعها لا من باب القوة بل من باب الخوف منهم وزوال مناصبهم الرئاسية وليس من باب رعاية وتأهيل الخارجين عن الضوابط الرسمية).

وفي بعض الأحيان تنطوي هذه الآليات على إجراءات منحرفة ومفسدة ومحتالة ومخيفة ومحرفة ومشوهه تصدر من قبل مستغلين للمناصب الإدارية والقانونية والمالية (فساد إداري ومالي وقانوني) على الرغم من تضمن الإجراءات الرسمية الخاصة بمعاقبة المستغلين والمحتكرين والمتلاعبين بأمن الدولة والمجتمع. يمثل هؤلاء المستغلين لآليات الضبط الاجتماعي بالطفيليات الاجتماعية التي تعيش على بؤس حياة الآخرين واستغلال الآليات الرسمية وجعلها لصالحهم وليس للصالح العام. بتعبير آخر، هناك انحرافات وخروقات من قبل القائمين على تطبيق آليات الضبط وهذا يعني أن الضبط يحتاج إلى ضباط أمناء نزيهين مؤمنين بالمصلحة العامة لا الخاصة. فالانحراف يكمن في آليات التطبيق البشرية (الطفيليات البشرية) ومجتمعنا العربي يعج بهذه الطفيليات في وقتنا الراهن أكثر مما سبق وكأن التغير الاجتماعي الذي أصابه فقس المزيد من هذه الطفيليات.

لا ريب من وجود فوارق أساسية بين وسائل الضبط الاجتماعي المستخدمة في المجتمع البدائي والمجتمع المعاصر. ففي الأول (البدائي) يتم التأكيد والتركيز على استخدام السحر والقوى الغيبية والتقاليد والعقوبات العرفيه بشكل كبير وأساسي مع التأكيد بشكل بسيط وأولي على المدرسة والإعلام المقروء والراديو والتلفزيون والشرطة والمحاكم والمؤسسات الإصلاحية والمعرفة العلمية السائدة.

بذات الوقت لا غرو من القول بأن لغط الناس والإشاعات ما زالت تلعب دوراً مهماً في ضبط سلوك وتفكير أبناء المجتمع البدائي. ليس هذا فحسب بل أن الحكم والأمثال الشعبية والأساطير والخرافات والنبذ الاجتماعي والقوى غير الشرعية، جميعها تلعب دوراً حاسماً في ضبط سلوكهم وتفكيرهم لأن مثل هذه الوسائل ما هي سوى تراث مقدس يمارس في المجتمعات التقاليدية التي تضع قيماً عالية على تراثها الشفوي في ضبط أبنائها وحل مشاكلها ولا تفكر في إرساء أساليب جديدة ومعاصرة لحل مشاكلهم الاجتماعية ولا تسمح رموز المجتمع للجيل الجديد والصاعد أن يأخذ دوره الجديد في مواجهة المشاكل الجديدة بل تستخدم القوالب النمطية الموروثة في معالجة مشاكل جديدة لا تمت لها بصلة لا تتناسب معها في فكرها ورؤيتها للحياة لأن هذه القوالب النمطية ليست أبنة اليوم بل صنيعة البارحة وضعها الأموات لحياتهم عندما كانوا على قيد الحياة.

بعد أن قدمنا صورة مبدئية وعامة عن آليات الضوابط الاجتماعية نعرج إلى تقديم جدولاً يصنف الجزاءات (الإيجابية والسلبية، العقابية والمكافئة) تضعها الضوابط على كل من يخرج عن حدودها وتكافئ كل من يدور في فلكها ويمتثل لها ويمارسها أمام الناس وهي ما يلي:

عادة ما تترجم الضوابط الاجتماعية (العرفية والرسمية) ممارستها الاجتماعية على شكل جزاءات تعاقب وتكافئ الأفراد حسب درجة التزامهم بها ودرجة ابتعادهم عنها ومخالفتهم لها. وهذا يعني أن الضوابط تمارس نوعين من الجزاءات الاجتماعية الأولى : جزاءات عقابية تجازي كل فرد لا يمتثل لها أو يخترقها والثانية جزاءات استحسانية مكافئة تجازي كل فرد يمتثل لها ويلتزم بها ولا يخترقها. بالنسبة الجزاءات المعاقبة استطعنا أن نصنفها إلى خمسة أصناف وهي الفردية والأسرية والجماعاتية والتنظيمية والمجتمعية . انظر جدول رقم - -

جدول رقم - يمثل الجزاءات المعاقبة التي توقعها ضوابط المجتمع

جزاءات معاقبة فردية	جزاءات معاقبة أسرية	جزاءات معاقبة جماعاتية	جزاءات معاقبة تنظيمية	جزاءات معاقبة مجتمعية
الإلهاء الغمز الضرب عدم الثقة	الضرب الحرمان من مكافئة مالية الطرد من المنزل تسمية بألقاب ساخرة عدم استشارته عند اتخاذ قرار أسري حرمانه من الميراث عدم دعوته لمناسبات عائلية	الحسد الوصم السخرية الضحك الساخر العزلة الاجتماعية عدم مساعدته عند احتياخه إطلاق النكات عليه و جعله مصدرا للتنكيت عليه	النقل إلى مكان ناء حجب الترقية عنه فصل عن العمل عدم منحه توصية للعمل في عمل آخر سحب الثقة عنه	الوصم النبذ الاجتماعي اللغط عليه عدم قبوله كجار في الحي السكني عدم قبول أبنائه في مدارس الحي حرمانه من الترشيح لمجالس بلدية أو نيابية

جدول رقم - يمثل الجزاءات المكافئة التي تقدمها الضوابط الاجتماعية

جزاءات مكافئة فردية	جزاءات مكافئة أسرية	جزاءات مكافئة جماعاتية	جزاءات مكافئة تنظيمية	جزاءات مكافئة مجتمعية
مفاضلة في المحبة و المودة الشكر و الثناء مكافئات مادية الابتسامة البشوشة احترام مواعيده تذكرة في المناسبات الاجتماعية و الشخصية مثل عيد الميلاد	المكافئة المالية منحه الثقة و أخذ رأيه في القرارات الأسرية التأكيد على ما يحب و تجنب ذكر ما يزعجه و يكرهه الاهتمام بهواياته و أناقته التباهي بسلوكه و ضرب المثال به داخل و خارج الأسرة تلقيبه بكنية جميلة و محببة	منحه الثقة مساعدته عند حاجته لأي مساعدة يمنح مكانة مركزية و محورية داخل الجماعة الإعجاب بآرائه و طروحاته	ترقيته بيسر و سهولة عدم محاسبته على أخطائه البسيطة تقديم المساعدة عند احتياجها منحة الثقة و الامتيازات المهنية	الحصول على اعتبار اجتماعي عالي يدعى إلى مجالس البلدية و المحلية ينتخب ممثلا لمجتمعه المحلي تتناقل الصحف المحلية نشاطه المهني و الإداري و الاجتماعي

متى ينحرف الفرد عن معايير وقواعد وقيم مجتمعه؟

لا ينحرف الفرد عن ضوابط مجتمعه بدافع مزاجي أو رغائبي أو عشوائي، بل طبقاً لخضوعه لمتغيرات عديدة منها ما هي تنشيئة ومنها ما هي نسقية وأخرى بنائية وبعضها اجتماعية (مجتمعية) جميعها تدفع الفرد للانحراف عن ضوابط مجتمعه وهي:

١- عندما لا تمثل معايير وقواعد وقيم المجتمع روح العصر.

٢- عندما تكون المعايير والقيم والقواعد صارمة وجافة في ضبطها للناس.

٣- عندما تكون موضوعه من قبل الفئة الحاكمة أو الحاكم الطاغي.

٤- عندما يكون مستوى العيش أعلى من مستوى الدخل الفردي.

٥- عندما تكون صفوة المجتمع (علية القوم) فاسدة.

٦- عندما ينتشر الفساد بين قادة التنظيمات الرسمية.

٧- عندما يكون الأب فاشلاً في تربية أبنائه أو مهملاً لهم.

٨- عندما تكون الأم منشغلة عن تربية أبنائها وتترك ذلك للشغالة.

٩- عندما يحتك المجتمع مع مجتمعات أخرى أكثر رفاهية وتقدماً منه.

١٠- عندما يحصل انفلات أمني (مثلما حصل في المجتمع العراقي بعد غزو الأميركان له الذي استمر لعدة سنوات).

١١- عندما تضعف الضوابط العرفية في ضبط أفراد المجتمع.

١٢- عندما يضعف الوازع الديني عند الفرد.

١٣- عندما تطغي الماديات على المعنويات في تفكير الناس وسبل تفاعلهم.

١٤- عندما تنتشر البطالة في المجتمع.

١٥- عندما ينتشر الفقر وتتسع الفجوة بين الفقراء والأغنياء .

١٦- عندما تنتشر الأمية بين الناشئة.

١٧- عندما تقل الوسائل الترفيهية البريئة.

١٨- عندما ترتفع نسبة العنوسة بين الفتيات ويتأخر سن زواج الشباب بسبب ارتفاع تكاليف الزواج.

١٩- عندما تتفكك الأسرة.

٢٠ -عندما يحصل التفكك الفردي (الوحدانية والتفرد والانتحار).

أ- آليات الضبط العرفية

يحاول الفرد أحياناً إلى منع انحراف الآخرين على الرغم من كونها صعبة التحقيق وتسبب مشاكل شخصية، من خلال تنبيه الجانح أو الجاني أو المعتدي أو الخارج عن اللياقة الأدبية من عدم الانخراط في مواجهة ومصارعة معايير اجتماعية أو أدبية قائمة أو الانحراف عنها، لأنه من المحتمل لا يستجيب هذا الجانح، بل يعتبر هذا التنبيه ما هو سوى تطفل وتدخل في سلوكه الخاص هاك مثالاً على ذلك: إذا كان هناك مجموعة من الشباب واقفين على شكل خط ينتظرون دورهم أمام شباك موظف البنك لسحب بعضاً من المال من حساباتهم وفي هذه الأثناء يأتي شخصاً يتجاوز الواقفين في الدور وبدون استئذان ويذهب إلى موظف البنك لسحب بعض المال من حسابه الخاص. مثل هذا السلوك اللامعياري المتمثل في ضرب نظام الانتظار عرض الحائط. لكن إذا نبه أحد المنتظرين أمام الشباك لهذا الشاب المتجاوز اداب الانتظار، فإنه من المحتمل أن لا يستجيب ولا يدخل صف الانتظار أو يبرر عمله بأنه مستعجل أو يتلفظ ألفاظاً بذيئه تدل على السلوك العدواني أو على عبارات جارحة. إن عدم الالتزام بالضابط الأدبي العرفي هنا يعني أن آلية الضبط العرفية ضعيفة وأن انزعاج الأفراد المنتظرين أمام موظف البنك لم يردعه ولم يمنعه من تجاوز حقوق الأفراد في انتظارهم

إذن أين الرادع الداخلي المستقر في دخيلة (شعور) الفرد أو حتى في لا شعوره؟ الذي يتوقع من اسرته أن علمته احترام حقوق الآخر وعدم تجاوزه او الاعتداء عليه أو حتى ازعاجه؟ ولا يوجد قانون رسمي يمنعه من ذلك، بل هي حالة وسلوك ذوقي وادبي يكتسبه الفرد من حياته الشخصية في تعامله مع الآخرين فالشخص المزعج هنا - لا تضبطه ضوابط عرفية، إنما يمكن ضبط إزعاجه للآخرين إذا تم الاعتماد على أحد الضوابط الرسمية. مثال على ذلك: إذا تحرش أحد الشباب بشابة تسير في الشارع أو تنتظر في موقف الحافلة فإنها لا تستطيع إيقافه من خلال عبارات قاسية لكنها قد تستطيع إيقاف التحرش بها إذا أخبرت أحد رجال الشرطة بأن هذا الشاب يقوم بإزعاجها (الشرطة هنا يمثلوا مصدر ضبطي رسمي)

بتعبير ثاني إن الضوابط العرفية عندما تكون ضعيفة لا توقف أو تردع الخارجين عنها من الالتزام بها. لكن في المجتمع التقاليدي والمحافظ تكون الروادع الخلقية والضوابط الاجتماعية فاعلة في ضبطها داخلياً وخارجياً، لذلك نسبة السلوك الإزعاجي تكون واطئة جداً أن لم تكن معدومة وبالذات عندما يتعامل التقاليدي مع الغريب حيث يبالغ الأول في التزامه بالضوابط الاجتماعي لكي يكسب تقدير واحترام الغريب ويحصل على نظرة وانطباع جيدين وإيجابيين.

من الأساليب المتبعة في ضبط الإزعاج والمضايقة من قبل شخص معين له علاقة بالمنزعج هي قطع العلاقة وعدم التفاعل معه كوسيلة معنوية لإيقاف إزعاج المزعج.

وحالات أخرى يذعن المنزعج لمضايقة المزعج فيسايره ويطاوعه لكي يوقف ازعاجه هذه المسايرة تعد مكافئة تقدم للمزعج لايقاف ازعاجه وهذا ابتزاز مستخدم بين الأفراد وقد تكون المكافئة على شكل عبارات تمثل الاعجاب الكاذب أو المديح المداهن.

وهذا يشير إلى أن ضبط سلوك الآخر المزعج أو المضايق لا يأخذ دائماً مسار الشكوى والتذمر بل يأخذ مسار المكافئة غير الصادقة.

وهذا الإزعاج والمضايقة قد يأخذ مسار التهديد والتجريح أو بتعليق عطاء له قيمة يحتاجه المنزعج أو المتضايق الامر الذي يدعوه إلى الإذعان للمضايق والاستجابة إليه والاستسلام له. لاحظ هنا الابتزاز أو المضايقة قد تأخذ أسلوباً رمزياً أو مادياً أو الاثنان معاً. وهناك حالة تمثل علاقة صديقين يكون احدهما محتاج للآخر بشكل ملح في قضية خاصة ولكنه لا يرتاح له بنفس الوقت. إنما لكي يحقق ذلك ويحصل على حاجته منه يستمر في علاقته معه ولا يقطعها على الرغم من عدم ارتياحه له وهنا يكون احترامه له زائفاً ومرهوناً بمصلحته وكيفية تحقيقها.

وهناك حالة مغايرة لما ذكرناه آنفاً وهي وجود فردين مترابطين بعلاقة مالية احدهما يتطاول على الآخر ويتجاوز حدوده بحيث أجبرت الآخر تعليق احترامه له كآلية لايقافه عند حدوده وعدم تطاوله عليه مستقبلاً.

نستطيع إذن القول بأن هناك آليات معنوية - عرفية يستطيع الفرد استخدامها لضبط سلوك الآخر عند إزعاجه أو مضايقته مثل :

١- إيقاف الاحترام
٢- الاحترام الكاذب - الزائف
٣- الاستجابة والإذعان
٤- المدح الكاذب والاعجاب الفارغ
٥- قطع العلاقة بين فردين متصلين
٦- الاستعانة برجال الشرطة
٧- الالهاء والإشغال
٨- النقد الساخر
٩- المبالغة في الضوضاء
١٠- القوة الجسدية
١١- الاستنجاد بطرف ثالث

وهناك آلية غالباً ما تستخدم لضبط السلوك الإزعاجي (أو المزعج) والمضايق بين الأطفال في أغلب الأحيان . إذ عندما يقوم الطفل بالصراخ والبكاء عندما لا يلبى طلبه فإن الأم تميل إلى إسكاته وضع إزعاجه لها بإلهائه بلعبة معينة أو توجه انتباهه إلى شيء ما حوله لكي توقف إزعاجه، عن طريق الإلهاء مثل أنظر إلى تلك الشجرة التي عليها العصفور. أو إسمع صوت الطيور التي على شجرة المنزل. أو أنظر إلى هذه الدعاية في التلفزيون وسواها. هذه بالنسبة لضبط إزعاج الطفل. أما لإيقاف إزعاج الكبار عندما يريدوا أن يقدموا على تصرف عدواني فإنه يمكن تنبيهه إلى تهديد جديد قادم إليه.

وهناك من يستخدم النقد الساخر لإيقاف إزعاج الآخر له لا بهدف النقد، بل لكي يمنعه من الاستمرار في إزعاجه. وآخر من يستخدم التزمير من زمارة سيارته لفترة طويلة ليعّبر عن انزعاجه وعدم ارتياحه لشخص يريد أن يوقف سيارته في مكان غير مسموح له بالوقوف في الشارع، أي وقوف غير نظامي.

مع ذلك فإن هناك آلية عرفية أكثر خطورة من الآليات السابقة يستخدمها الضحية (أو المنزعج أو المتضايق) لايقاف إزعاج المزعج له وهي استخدام القوة الجسدية على الرغم من عدم تقبلها قانونياً إلا أنها سائدة بين الناس لأن استخدام القوة كمنبه لإيقاف السلوك الانحرافي هو من واجب أجهزة الحكومة العقابية والجزائية وليس من اختصاص الأشخاص، لكنها متاحة لدى الجميع عندما يواجهوا تهديداً لهم علماً بأنها (القوة الجسدية) تستخدم من قبل الكبار والصغار لكن تسود بين الصغار أكثر من الكبار.

أخيراً قد يناشد الضحية طرفاً ثالثاً لمساعدته في إيقاف تهديد الآخر له. وهو اللجوء الاضطراري بسبب عدم قدرة الضحية على ردع ومنع المنحرف من ممارسة انحرافه معه. مثل مدير المكتب أو مدير المدرسة أو ضابط الشرطة أو قريب أو صديق أو جار من أجل وقوفه موقف شاهد عيان على انحراف المنحرف تجاهه (تجاه الضحية) وتأكيد تعرضه لعدوان شخص من شخص معين. الهدف من هذا اللجوء والمناشدة لشخص ثالث هو الحصول على مساعدة اخرى أمام الضوابط الرسمية (شرطة، محكمة) لكي لا يتعرض مرة ثانية لعدوان آخر من نفس المجافي.

هذه هي آليات ضبطية عرفية تمارس بين فردين تتراوح بين المكافئة والعقوبة الذاتية (باستثناء استخدام القوة الجسدية) جميعها تقوم بضبط التفاعل الاجتماعي والعلاقة الاجتماعية بين شخصين وهما في علاقة إلا أن أحدهما يسيء التصرف مع الآخر مما يجعل الأخير أن يتصرف تصرفات تهدف إيقاف عدوانية الأول إو إزعاجه.

أما فاعلية هذه الممارسات الفردية الضبطية فإنها تتوقف على درجة حساسية وتفهم المنحرف لها إذ أنه من المحتمل أن يكون بطئ الاحساس أو بليد أو ضعيف في وعيه تجاه الآخر، فلا يتأثر بما يقوم به الطرف الآخر في ممارسات تنبهه على سلوكه غير المرضي (غير المقبول) أو المزعج أو المنحرف . على أن لا ننسى أن هذه الآليات هي فردية وليست مجتمعه. لذا فإن تأثيرها يكون أقل وطأة من آليات الضبط الجمعية مثل الوصمة أو العزل الاجتماعي، أو المقاطعة، أو النبذ الاجتماعي وسواها. لأن تأثيرها يمارس من قبل شخص واحد وليس من قبل جماعة.

ثمة حقيقة مفادها أن الفرد المكتفي ذاتياً يكون بطئ الإحساس والوعي بالضوابط الاجتماعية العرفية. فالطبقة العليا والمترفة - على سبيل المثال - لا يكون إحساسها بالضوابط الاجتماعية العرفية عالياً بسبب اكتفائها الذاتي وإشباع حاجاتها. فلا يبالون للضوابط الاجتماعية العرفية. بتعبير آخر تعوزهم الرقة والشفافية تجاهها.

علينا أن ننوه إلى أن وجود مثل هذه الضوابط الاجتماعية العرفية تعمل على جعل نسبة الازعاجات والانحرافات قليلة بين الأفراد مما تجعلهم لطاف وسعداء ومرحين بعضهم تجاه البعض وخاصة في الأماكن العامة وتقليل حاجتهم للضوابط الاجتماعية الرسمية. انظر الشكل التالي المرقم - - لانه يمثل آليات الضبط الاجتماعية - الفردية - العرفية.

جدول رقم - -

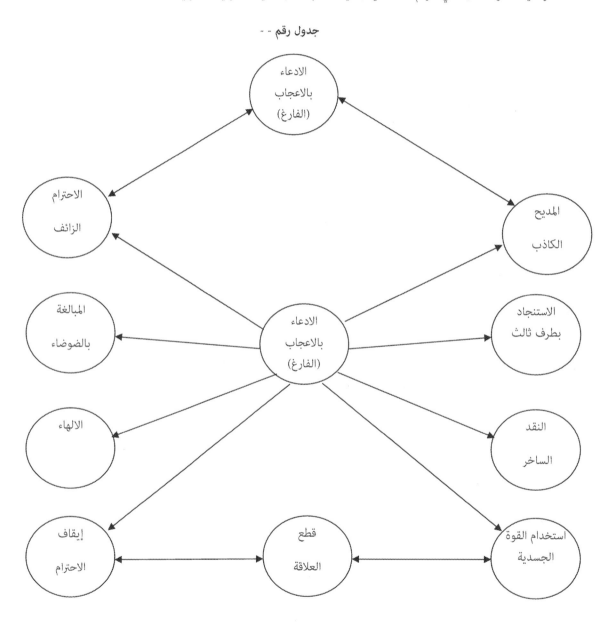

من أجل التوهيد (تمهيد) لموضوع الضبط الاجتماعي والتميز بين نوعين منهما (العرفي والرسمي) هناك نوعاً ثالثاً يقع بينهما وهو الضبط الفردي العرفي الذي يسود العلاقات الاجتماعية الحضرية - المدينية أكثر من القروية - الريفية بسبب سيادة وطغيان العلاقات السطحية والظرفية والمصلحية بين أفراد هذا النوع من المجتمعات.
وأثناء تبادل التفاعلات بينهما تبرز سلوكيات جانحة تهدد العلاقة بنيهما وتزعج أحدهما الأمر الذي تجعله متضايقاً منها، فيقوم بتصرفات تدل على أو تعّبر عن ضبط جنوح الآخر تجاهه والاستمرار في تجاوزاته السلوكية أو اللفظية هذه التصرفات الضابطة تأخذ ثلاثة محاور: الأولى تعلن عن الإذعان والاستجابة التي تأخذ صورة المديح الكاذب والإعجاب الفارغ والاحترام الزائف.
ثم المحور الثاني الذي يعّبر عن الرفض وعدم الاستجابة التي تأخذ صور إيقاف الاحترام وقطع العلاقة واستخدام القوة الجسدية.
والمحور الثالث: يعّبر عن الدخول في رد فعل مثلى (أي مشابه للفعل) الذي يكون على شكل النقد الساخر أو المبالغة بالضوضاء أو الإلهاء أو الاستنجاد بطرف ثالث.
نستشف من العرض السالف أن الضحية لا تأخذ موقفاً واحداً من الجاني أو المنحرف الذي تجاوز حدوده العلائقية بل استطعنا أن نحدد عشرة استجابات تستخدمها (الضحية) في ضبط سلوك الجانح بنفسه دون استخدام آليات ضبط رسمية أو تركها للوسائل الجمعية.

١- التدرج الاجتماعي Social Straftification

لما كان التدرج يتضمن الاختلاف الطبقي والاجتماعي والطائفي فإن ذلك يولّد تراتباً في هذه الاختلافات حسب درجات متباينة وغير متجانسة وأن كل طبقة ترتقي على طبقة أخرى وتتميز عنها في الدخل والثروة والسلطة والنفوذ والمكانة والثقافة ومستوى العيش، وهذا يعني أن الطبقة العليا لها مواقف ورؤى خاصة بها تحدد علاقتها بالطبقات الأدنى منها والأخيرة غالباً ما تنظر إلى معايير الطبقة العليا على أنها ضوابط طبقية بالنسبة لها مثل العلاقات الاجتماعية والمصاهرة والاعمال التجارية والمهنية وغالباً ما تكون وسائل الضبط الاجتماعية معززة الانقسامات غير المتكافئة داخل المجتمع الواحد. وتكفل وتصون

استمرارية رتابة الحياة الاجتماعية اليومية وبالذات في التنشئة الاجتماعية والتفاعل مع الآخرين وألا تكبت إجتماعياً من اجل الحفاظ على النسق الاجتماعية التي تحدد سلوك الفرد داخل وخارج طبقته فيما يخص مستوى عيشه وتعامله وتفاعله مع الآخرين من أبناء طبقته أو غيرها والعقوبات التي تفرضها هذه الضوابط غالباً ما تخضع لمكانة الفرد داخل طبقته حيث تقل كلما علت مكانته وتزداد كلما هبطت مكانته. بينما تزداد المكافئات مع ارتفاع مكانته الطبقية وتقل كلما هبطت مكانته الطبقية إنما عموماً تعمل معايير الضبط الاجتماعي على حماية الأعضاء من الانحرافات الطبقية وتجاوزاتهم وانتهاكاتهم أو الاعتداء عليهم أو تجريحهم أو اندفاعهم أو طيشهم أو تهورهم.

مثل هذه الضوابط يراها الناس بأنها مشروعة وتعكس القيم الاجتماعية وعندما يحصل اختلاف في المكافئات الاجتماعية فإن الناس يرونها من زاوية معيارية طبقية متضمنة توزيعاً غير عادلاً للنفوذ والامتيازات الثقافية والاقتصادية وهذا يعني أن الضوابط الطبقية يخضع لها كل ما هو داخل التدرج الاجتماعي حتى لو كان غير رسمياً (مكتوباً) فإذا حصل تجاوزاً لأحد أبناء الطبقة العليا على أحد أبناء الطبقة الوسطى والدنيا فإن الأخير يتقبل ذلك خوفاً من حصوله على عقوبة طبقية من المتجاوز وهذا الخضوع والاذعان ما هو إلا امتداد للضبط الاجتماعي الطبقي لا سيما وأن القابعين على المواقع العليا في التدرج الاجتماعي يكونوا أكثر تحصناً بمسائل الضبط الاجتماعي أمام الذين هم ادنى منهم.

أما وسائل الضبط الاجتماعية الطبقية فإنها تتراوح بين الرقة والحدّه الذهنية والحذاقة الماكرة والضحك الساخر واللغط والمديح والاطراء والتمنيات والتحيات والإقناع المعنوي والنصح الجاد والعداء والحرمان والتعذيب والاذلال والتقييد والعقوبات تكون رسمية وغير رسمية ومباشرة وغير مباشرة ومثبطة مشجعة. إنما أكثر الضوابط الاجتماعية فاعلية في التدرج الاجتماعي هو العقاب الاقتصادي الذي يرتبط بالحراك الطبقي Class Mobility وبالذات الحراك الصاعد الحقيقي وليس الزائف إذ أنه من أقوى الضوابط الذي يحرك الفرد داخل طبقته وخارجها بذات الوقت يمثل صمام الامان ضد الاستياء والسخط الطبقي إضافة إلى ترقيته وتلينه لأي تجاوزات معيارية يقوم بها الفرد داخل طبقته.

بينما يمثل الحراك الطبقي النازل (الهابط) سخطاً طبقياً وعدم رضى أبناء الطبقة على ذلك الفرد الأمر الذي يؤدي إلى هبوط مكانته الطبقية علماً بأن المحكات الطبقية لصعود وهبوط أفرادها تكون صارمة وجافة في أغلب الأحيان وتمثل ضوابط اجتماعية صارمة لا سيما وأنها تستخدم النزاهة والشهرة والشرف والأمانة كمعايير لقياس الحراك الطبقي.

٢- الحركات الاجتماعية Social Movement

من جملة الوكالات الاجتماعية التي تمارس ضغطاً اجتماعياً وسياسياً على الأنظمة السياسية في الدول بشكل فعال ومؤثر هي الحركات الاجتماعية التي تتبلور عندما تظهر نماذج ثقافية جديدة متعاكسة مع الأنماط السلوكية السائدة في المجتمع أو متعارضة مع أهداف الأنساق البنائية للمجتمع. إذ ينخرط فيها أصحاب الحس الواعي والنشطين اجتماعياً والمثقفين اللامعين واللوذعيين وليس الخانعين والمتبلدين حسياً أو من الأميين (معرفياً وتعليمياً) أي من الذين لهم وعي إنساني مرهف يمثل صورة جديدة تعكس الآمال والتميز فيما يرغبون فيه ويعبرون عن عدم رضاهم (بذات الوقت) عما هو سائد في مجتمعهم فيمارسوا ضغطاً على سياسة حكومتهم من أجل إصلاحها. علاوة على ذلك فإن أفراد الحركة الاجتماعية يتصفوا بالتعاون الجماعي والتصرف الجمعي لكي يمارسوا ضغطاً وتأثيراً على المستجدات السلوكية أو القيمية أو الفكرية التي تتعارض مع أنماط سلوكهم أو أهداف أنساق بنائهم ويوقفوا انتشارها. وعادةً لا تكن الحركة قد وصلت إلى طور النضج التنظيمي بل في طور الإعداد والنمو وغالباً لا تكن من ذوي الحجوم الكبيرة بشرياً مع وجود تدرج بنائي بسيط وأولي (غير معقد) لأنه تجمع غير رسمي (ليس له سجل أسماء الأفراد) أما أهدافها فتتجلى بوضوح أكثر كلما مرّ عليها الزمن أي تعمل على تطوير وتعديل أسلوبها وأهدافها من خلال تفاعلها مع مستجدات الأحداث (Ryan, 1969, pp173-174) .

معنى ذلك أنها تمارس ضغوطاً اجتماعية على رموز المجتمع السائدة التي عادة ما تكون من النوع القديم والمحافظ على بقاء سياسة المؤسسات الاجتماعية الرسمية وقراراتها التي تتعاكس مع طموحات اصحاب الوعي العالي والمثقفين اللامعين والناشطين اجتماعياً فتمارس ضغطها وتأثيرها الاجتماعي والسياسي بشكل متزايد من خلال توسع علاقاتها

بالنسيج الاجتماعي. مثال على ذلك حركة (كفاية) في المجتمع المصري المعاصر وما تمارس فيه من ضغوط على سياسة الحكومة فهي إذن حركة كفاية ما هي سوى وكالة اجتماعية ضابطة تمارس دورها الواعي بما يحصل في رحم المجتمع المصري من فساد سياسي وإداري ومالي وصراعات طبقية حادة وبطالة منتشرة وفقر متزايد.

نقول أن الحركة الاجتماعية تمارس ضغوطها التي تظهر على شكل مقالات ناقدة أو مقومة أو تضاهرات جماهيرية أو ندوات أو اعتصامات أو إصدار نشرات دورية ضد كل موقف متصلب لا يخدم المصلحة العامة أو موقف متعسف يمارس على الشرائح الاجتماعية البائسة أو المتضررة. ومرّد هذا الموقف (موقف اعضاء الحركة) يعود إلى أنهم تشربوا وجدانيا وفكرياً بما أحسّوا فيه وأدركوا من ظلم واضطهاد وتحيز وفساد وسواها. وعلى الرغم من ذلك فإن هناك حالات لا تكن للحركة ضغوطات عقلانية أو منطقية بل عاطفية ومزاجية تعكس هيجان جماهيري ليس إلا . ومع ذلك فإنها تعمل ضغوطاً على أصحاب القرار في النظام الاجتماعي والسياسي. كل ذلك يجعلنا القول أو احتساب الحركة الاجتماعية وكالة اجتماعية للضغوط السياسية تمارسها الحركة للصالح العام.

من بين الحركات الاجتماعية المعاصرة في المجتمع الأمريكي هي :

١- حركة الزنوج السود في أمريكا.

٢- حركة حق المرأة في الاقتراع .

٣- حركة السلام.

٤- الحركة العمالية .

٥- حركة ضد العبودية في الولايات المتحدة.

٦- حركة المعادات للاستعمار.

٧- حركة المسلمين السود.

أما في المجتمع العربي فهناك:

١- حركة اخوان المسلمين.

٢- حركة كفاية (المصرية).

٣- الحركة الناصرية .

لا بأس أن نشير في هذا المقام أسباب نشوء الحركة الاجتماعية بعد أن مهدنا لها آنفاً ليتعرف القارئ على جذورها وهي:

١- **المحن الاجتماعية:** التي تتبلور عن فشل المؤسسات الاجتماعية القائمة في تحقيق وإنجاز أهدافها وغاياتها . ففي أزمة الكساد الاقتصادي الكبرى التي سادت العالم (أبان العقد الثالث من القرن العشرين) ظهرت مشكلات اقتصادية واجتماعية للملايين من الناس، حيث لم يجدوا عملاً يعيشون من ورائه بغض النظر عن نوع مهاراتهم وخبراتهم وتحصيلهم الدراسي فظهرت بطالة واسعة في العمل وساد المجتمع وهناً وضعفاً في قيمهم المعيارية وازداد بؤس الناس وكآبتهم النفسية، وعجزت المؤسسات الصناعية والتجارية والمالية من امتصاص مشكلات الكساد الاقتصادي الأمر الذي دفع بالعديد منهم إلى الانخراط في حركات اجتماعية من أجل ممارسة ضغوط جماهيرية على النظام الاقتصادي والسياسي من أجل الخروج بهم من محنتهم الاقتصادية والاجتماعية.

٢- **الإجهاد أو الإرهاق الاجتماعي:** الذي ينشأ عن شعور الأفراد العام بعدم تحقيق الضمان والأمان في حياتهم اليومية، مما بات مستقبلهم يبدو غامضاً ومتلبساً وغير مؤكداً ويكون إدراكهم للحياة الاجتماعية بأنها أمست عسيرة وشاقة بسبب اضطرابها وارتباكها وعدم استقرارها . وتحت هذا الوضع النفسي الاجتماعي ينخرط الأفراد في حركات اجتماعية من أجل أن يتخلصوا من الإجهاد والإرهاق الذي أصابهم ويمكن أن نسمي هذه الحالة بالحالة الباطنية.

٣- **عدم الرضى الشخصي:** الذي ينشأ من عدم تحقيق رغائب الأفراد الذي بدوره يخلق عندهم عدم الرضا الذي بدوره يبلور عندهم القلق والاضطراب فيترجموا ذلك على سلوكهم اليومي الأمر الذي يحجب إبداعهم وابتكارهم الخلاق المبدع من الخروج إلى حيز الظهور والتنفيذ . ويمكن تسمية هذه الحالة بالحالة الإحباطية.

٤- **تنوع البدائل في العمل الجمعي:** الذي يعني ظهور عدة تنظيمات وتجمعات اجتماعية مختلفة في أهدافها وحجومها وهياكلها لتدافع عن المجتمع وتساهم في

معالجة أزماته الاقتصادية والاجتماعية بحيث يصبح الفرد تائهاً ومتحيزاً في توجيه انتمائه لأي التنظيمات القائمة في مجتمعه من أجل تحقيق طموحه وقابلياته. وهذا ما حدث فعّلاً في المجتمع العراقي المعاصر بعد الغزو الامريكي وسقوط النظام البعثي ورئيسة الطاغية صدام حسين فظهرت حركات سياسية عديدة ومتنوعة ومختلفة في أهدافها وحجومها وهياكلها لتدافع عن الوطنية العراقية والوحدة المجتمعية والطائفية وحزب الدعوة الإسلامية والحزب الشيوعي والمستقلين واخوان المسلمين والحركة الوطنية العلمانية وسواها الأمر الذي جعل الفرد العراقي حائراً ومتردداً بل تائهاً في انتمائه إلى أية من الحركات الاجتماعية التي ظهرت بعد سقوط النظام.

٥- **تكلس الأنظمة السياسية،** هذا السبب ظهر في المجتمع العربي المعاصر من خلال بقاء الحكام على سدة الأنظمة السياسية طيلة حياتهم وبعد وفاتهم يورث الحكم أبنائهم ليسيروا على نفس النهج الابوي البطريقي مع بقاء الزبانية المحيطة بالنظام في مداهنتها وتطبيلها لهذا النهج غير عابئة بما يحصل من تغيرات دائرة في المجتمعات المتقدمة ، فتظهر حركات اجتماعية على شكل معارضة منفية خارج القطر العربي أو خارج الأقطار العربية لتمارس ضغوطها الإنسانية والسياسية على هذه الأنظمة المتكلسة وهذا ما نشاهده كل يوم على الفضائيات العربية . أنها حالة يخجل منها كل عربي واع بما يحصل من تعسف وظلم وحرمان وتخلف لكنها باقية في رحم المجتمع العربي بسبب النسبة العالية من الأمية والبؤس المزري والقمع الصارخ الذي يسود الأغلبية الخرساء.

لا جناح من تناول طرح جوزيف هايمز الذي شرح فيه مراحل نشوء الحركة الاجتماعية الذي قال فيه : أن الموجة الأولى من انخراط الناس في الحركة يتأتى من الذين تضرروا وتأثروا بظروف وساعدت على ميلادها وغالباً ما يكونوا من المالكين للدراية والمعرفة الدقيقة ولديهم الإحساس والإدراك بما يدور في رحم المجتمع. فضلاً عن ذلك لديهم التزام فكري وعاطفي وأدبي وسياسي لحالات الحركة. أمثال هؤلاء ينضمون إلى الحركة ويتعاملون معها كآلية لتحقيق التغير الاجتماعي عن طريق الضغط الجماهيري ومن هنا جاء

القول على الحركة الاجتماعية كوكالة ضاغطة جماهيرية على المجتمع أو على النظام السياسي أو الاقتصادي أو العسكري .
وحالما تبدأ الحركة بأخذ طريقها في العمل وتحقيق بعض من أهدافها الأولية تظهر الموجه الثانية في استقطاب أناس جدد وعادةً ما يكونوا في المجتمع المحلي ليحققوا له ما يصّبون إليه في صيغة عمل جمعي ناجح الذي بدوره يوسع من سعة شبكة العلاقات الاجتماعية والحركية داخل الحركة نفسها لكن الاستقطاب وحده غير كافٍ بل عليه أن يصاحبه وجود قائد فذ أو محنك أو قائد تاريخيCharismatic leadar أمثال مارتن لوثر كنك أوليش فاليس أو فلاف هافل.
ثم تأتي المرحلة الثالثة التي تكشف عن نمو الحركة وهي ترصين البناء Strctural - elaboration
بشكل تدريجي مع ظهور أفكار جديدة ومعتقدات وعقائد ومفردات لغوية (مصطلحات) تعّبر عن الآمال والأماني والاعتراضات، إلا أن مع مرور الوقت تتبلور مفردات ومصطلحات خاصة بها ومن ثم يتكون التمأسس nalizationInstitutio أي بلورة معايير جديدة وقيم عصرية تقوم بتنظيم الوظائف الداخلية للحركة فتقدم معايير خاصة بنقد الظروف والأوضاع العامة والخاصة وهذا ما تهدف إليه الحركة في نشاطها.
هذا ما يراه كل من تيرنر وكليان في ظهر المعايير إذ أنها تتشكل من داخل الحركة وعملياتها في كيفية التعامل مع الأعضاء وروابط الولاء ونضج العضوية وتحدد في الآن ذاته كيفية عمل وتنفيذ التغيرات البنائية الخارجية التي تقوم بإنشاء مستودع النضال والكفاح وأساليبه لأنه هو الذي يحدد ما هو مسموح ومفضل ومحرم وممنوع وما هو يفرض ويؤمر ويقضي بالتعامل مع العاملين في الحركة ومع خصومها وأعدائها.
أما المعايير الداخلية للحركة فإنها توضح روح التضامن ومعنى الكفاح والصراع بعدها تظهر نمطية البناء التنظيمي الداخلي الجديد مثل تفاعلات جديدة وعلاقات حديثة وروابط وولاءات والتزامات مستجدة بين الأعضاء كلها تبلورها الحركة بنفسها ذاتياً والتي غالباً ما يطلق عليها بالتنظيم الرسمي الذي يحدد أهدافه الحركية وكيفية تطبيق هذه الأهداف والوصول إليها مثل حركة الحقوق المدنية في أمريكا التي تضم عدة أشكال تنظيمية .

هذا من جانب ومن جانب آخر فإنه ضمن العمليات الفرعية هناك فرص بنائية جديدة تظهر لتشكل تدرج هرمي جديد يحدد ويشخص القيادة ومدى هيمنتها وتأثيرها على الاتباع وما هو سعة نفوذها داخلا لحركة وتحدد قاعدة الحركة ومشاركتها والتزامها ومسؤوليتها ثم تتوضح في نهاية المطاف مجالات عملها الذي يأخذ احتمالين.

الأول متفائل : ربح ونجاح الحركة والخروج من مرحلة نشوئها وتسريح مجنديها والاستغناء عنهم.

الثاني متشائم: وهذا يعني أن الحركة لم تنجح بسبب كبحها وقمعها واندحارها دون تحقيق نجاح يذكر أو أي نصر لكن الوضع قد يكون أكثر ازدواجية متناقضة أحياناً؟ فالنجاح التام للحركة قد يكون فارغاً في أهدافها بحيث تقودها إلى الإنحلال بشكل سريع وإثارة حركة ارتجاعية عنيفة ومفاجئة للقوى المعارضة.

وهنا تفقد الحركة نفوذها وهذا ما يسميه بعض القادة في الحركة على أنه (أزمة النصر) Crisis of victory .

وفي حالات أخرى قد يساعد الفشل في تحديد وتشخيص الضعف منذ البداية بحيث تحدد المناصرين الجادين وطرد الانتهازيين وعزل القوى الضعيفة وتحديد مواقع الأعداء وهذا بدوره يساعد قادة الحركة على وضع استراتيجية جديدة في كفاحها الجديد وهذا ما يسمى بـ (نصر الهزيمة) Victory of defeat (Himes, 1967, p418).

زبدة القول: تمثل الحركة الاجتماعية أحد آليات الضبط الاجتماعي في المجتمعات المعاصرة إذ أنها تبرز أو تتبلور من خلال ظروف اجتماعية قلقة ومضطربة غير مستقرة وعادةً ما تهدف - ازاء هذه الظروف - إلى إصلاح أوجه معينة من الهياكل المؤسسية وما تفرزه من مشكلات تتطلب المعالجة والإصلاح، وكما ذكرنا سالفاً أنها تتكون من أفراد يتمتعون بوعي عالٍ ولديهم مشروع أو برنامج اصلاحي يتحول فيما بعد وبالتدريج إلى حالة الجماعة الضاغطة Pressure group تمتلك عقيدة تخدم العامة من خلال تطبيع برنامجها الاصلاحي. فإذا نجحت في ذلك فإن ذلك يعني أنها حققت مكسباً مهماً من خلال ضغطها على الحكومة وإذا فشلت فإن ذلك يعني مصرها الزوال والموت (Roucek, 1980, p168).

٣- الجماعة الضاغطة Pressure group

هي أحد آليات الضبط الاجتماعي المعاصرة التي تضم عدد من الأفراد ممن يشتركون في صفات عديدة وتجمعهم مصالح معينة، ولكن هذه المجموعة لا تهدف تحقيق أرباحاً تجارية بالمعنى المتعارف عليه في التجارة والا أصبحت هذه الجماعة في عداد الشركات التجارية وجماعات الضغط . إذن هي مجموعة من الأشخاص تربطهم علاقات خاصة ذات صفات دائمة ومتواترة بحيث تفرض على أعضائها نمطاً من السلوك الجمعي وتجمّعهم هذا يكون قائماً على وجود هدف مشترك أو مصلحة مشتركة يدافعون عنها بالوسائل المتاحة لديهم.

إن هذه المصلحة وذاك الهدف المشترك هما اللذان يتحكمان في مواقف الأفراد إزاء المشاكل التي تطرحها الحياة المشتركة في المجتمع وإزاء السلطة السياسية التي تتصدى التنظيمية.

اما وسائل ضغطها التي تستعملها فهي: المناقشة وإرسال الرسائل، أو المساومة أو الضغوط المباشرة على الحكومة، أو النشر والدعاية الجماعة الضاغطة تمثل صمام الأمان أو الواقية تتدخل في الغالب لتخفيف ثقل أو صدمة اله الإكراه الحكومية على الأفراد الذين يجدون أنفسهم في ظروف بعينها مجردين من كل وسيلة للدفاع عن مصالحهم حيالها. (سكري ، ١٩٩١، ص ١٩٥).

ومن باب الاغناء والإفاضة والتحديد الدقيق نورد الحقيقة التالية التي مفادها أن الجماعة الضاغطة تمارس ضغوطها عندما لا يتماثل أعضائها معها أو لا يلتزمون بشروط عضويتهم، حيث يتطلب تماثل عضوها الإذعان لمعاييرها أو لقواعدها لكي يخضع لتوجيهاتها وإرشادها من أجل خدمة أعضائها المنتمين لها. فالعضو هنا يتجنب النظرة الساخطة من أعضاء جماعته له أو يخشى نفرتهم منه أو لومهم أو نقدهم له فلا يريد إجماعهم السلبي عليه.

وإزاء هذا الشعور والإدراك الذاتي عند الفرد يضطر (طواعية أو خشية) إلى الانصياع أو الإذعان لضغوط جماعته المعنوية (أي اللوم أو النقد أو النظرة السلبية أو النميمة) لذا سميت بضغوط الجماعة المعنوية . فهي إذن آلية إلزامية معنوية تملكها الجماعة التي تتمتع بحيوية مادية أو معنوية وذات فاعلية ناشطة في محيط الشخص وإذا عقدنا مقارنة بين هذه

الآلية وآليات الجزاء العرفي الأخرى، فإننا نجد أن الأولى لا تشبه الثانية من حيث اسبقيتها في الجهاز التقويمي والضبطي، بيد أنها تشبهها من حيث قوة ضبطها وتقويمها للشخص. نقول : إن الجماعة الاجتماعية الضاغطة تستخدم وسائلها الآلية (اللوم أو النظرة الساخطة أو النقد أو النفرة الجماعية) على أعضائها من أجل المحافظة على تماسكها وتحقيق أهدافها وممارسة نفوذها الداخلي والخارجي. فالعضو الجيد هو الذي يخضع لضغوط جماعته وغير الجيد هو الذي يخضع لضغوط جماعته وغير الجيد هو الذي لا يلتزم بها أو من يخرج عليها أو على بعضها.

١ التنشئة الاجتماعية Socialization

هناك سؤال جوهري ومهم يراود المهتمين بموضوع الضبط الاجتماعي وهو كيف تستطيع الجماعة الاجتماعية والمجتمع أن يجعل من أفراده أن يتصرفوا حسب توقعاته ومتطلباته ومعاييره وقيمة؟

يجيب إيرك فروم (عالم اجتماع الماني قديم) على هذا السؤال من خلال قوله ما يلي إذا أراد المجتمع أن يقوم بوظائفه بشكل كفوء ودقيق عليه أن ينشئ أفراده ويربيهم على معاييره وقيمه وعاداته من خلال التربية الأسرية والتعليم المدرسي والجامعي والتفاعل الجماعاتي وهذا يتطلب منه أن يضع توقعات ومستلزمات ومتطلبات جذابة ومغرية لكي تستقطب الأفراد للقيام بها وادائها برغبة منهم دون إشعارهم بأن هذا واجب عسير أو مسؤولية ثقيلة تجلب له المتاعب وإشعارهم أيضاً بأنه إذا أرادوا أن يكونوا أعضاء محترمين ولهم اعتبار اجتماعي متميز عليهم الالتزام بها. وإعلامهم أيضاً بأن الناس مطلوب منهم أن يمارسوا ويلعبوا أدواراً اجتماعية متعددة ومتنوعة في وقت واحد، وهذا يستلزم منهم أن يمارسوا عادات سلوكية مقدمة من قبل المجتمع ومقبولة منه ومحبذه عنده. مثال على ذلك كيف نستطيع أن نقنع امرأة بأن تقبل اكتساب مهام ومسؤوليات العناية بالزوج وتربية أطفالها؟ يتم ذلك من خلال اعطاء مكانة واعتبار اجتماعي عالي للمتزوجة التي تهتم بزوجها وتربي أطفالها تربية حريصة وملتزمة وإذا لا ترغب في اكتساب هذه المهام فإنها سوف تكون ساذجة اجتماعياً وقد تم عدم تنشئها تنشئة كاملة وصحيحة، وبناءً على ذلك تكون منزلتها الاجتماعية غير متميزة وتواجه مشاكل اجتماعية عديدة ومتكاثرة مع أبناء مجتمعها وبالتالي لا تكون سعيدة. أي أن تتنازل عن حريتها الفردية وأنانيتها ورغباتها الذاتية مقابل الحصول

على مكانة اجتماعية مرموقة واعتبار اجتماعي عالٍ . مآلنا في هذا القول هو أن هذه المرأة قد تم ضبطها اجتماعياً من خلال تنازلها عن بعض أوجه حريتها الذاتية لكي تحصل على مسؤولية جديدة مكملة لحياتها الاجتماعية المستقبلية المرسومة لها من قبل مجتمعها.

والحالة ذاتها مع الرجل إذا أراد أن يكون أباً عليه أن يتنازل عن حياته العازبة (العزوبية) وحريتها لكي يتحمل مسؤولية زواجه وبيئته وتربية أبنائه. هذه في الواقع تمثل مقايضة تحصل بين الفردية والاجتماعية . أي لكي يحصل الفرد على رغبته في الزواج عليه أن يقبل توقعاته مجتمعه الخاصة بالزوج وهي مسؤولية مالية وأدبية وأخلاقية واجتماعية تجاه زوجته مقابل تنازله عن حياته الفردية المتمثلة بالعزوبية وسهراته مع أصدقائه خارج المنزل وكيفية تعامله مع الآخرين.

نفهم مما تقدم أن الضبط الاجتماعي يستلزم ما يلي:

١- رغبة الفرد في تحمل مسؤولية اجتماعية جديدة.

٢- رغبته في التنازل عن بعض من رغباته الذاتية - الأنانية.

٣- رغبته في تقبل الدور الجديد وما يتضمنه من مستلزمات ومتطلبات يحددها مجتمعه والتصرف حسبها.

٤- اكتساب اعتبار اجتماعي متميز إذا التزم بمستلزمات دوره الجديد.

٥- حصوله على اعتبار اجتماعي واطئ إذا لم يلتزم بمستلزمات دوره الجديد.

هذا التنازل أو التخلي والتبني الجديد يشرح لنا حقيقة الضبط الاجتماعي المتأتي عن طريق التنشئة الاجتماعية (Horton, 1980, p141).

تفضي التنشئة إذن على تهذيب عاداتنا ورغائبنا واعرافنا وما ألفناه واعتدنى عليه من عادات ومألوفات في سلوكنا والتي غالباً ما تأخذ وقتاً طويلاً لاكتسابها علماً بأنها تساعدنا على التخلص من التفكير والقلق في اتخاذ قرارنا حول سلوكيات يجب علينا القيام بها مثل كيف ومتى نأكل ونشرب ونلبس ملابس خاصة عندما نلتقي بافراد مهمين في حياتنا أو في جلسات خاصة مع ناس معينين. إذن من خلال ضبط سلوكنا عن طريق التنشئة تتولد أنماطاً سلوكية متشابهة أو واحدة يقوم بها الأفراد لا يحتاجوا فيها إلى أن يفكروا أو يقلقوا من

أجلها. بتعبير آخر يعمل الضبط الاجتماعي على اختزال وابتسار سلوكنا في مواجهة مواقف وحالات اجتماعية متعددة ومتنوعة تحتاج إلى اتخاذ مبادرة سريعة لكي يتم أدائها وهنا تظهر أهمية التنشئة كآلية في إكساب الأفراد التوقعات الاجتماعية العامة للأدوار المعتمدة فيه مثل دور الزوج أو الزوجة أو البنت أو الإبن أو المعلم أو الطبيب أو المهندس أو الغريب أو الجار أو المؤمن بعقيدة معينة وسواها. فهي إذن توحد سلوك الأفراد من خلال ضبطه حسب معايير مجتمعها وقيمه التي ورثتها عن أجيال سالفة مع بعض الإضافات الطفيفة مما تغنيه عن التفكير في كيفية التصرف الاجتماعي بشلكك طوعي وانسيابي وهنا يظهر التماثل معها بشكل طوعي وتلقائي ونفهم أيضاً أننا لا نستطيع ممارسة أي دور اجتماعي ما لم يتم ضبط سلوكنا بشكل يتناسب طرداً مع مستلزماته عندها نحصل على اعتبار اجتماعي عال وإذا مارسنا دوراً معيناً دون خضوعنا لضوابطه المراده فإننا سنفشل في أدائه ولا نحصل على اعتبار اجتماعي عال. هذه هي أهمية التنشئة في الضبط الاجتماعي، نعني أهمية جدلية بندولية - رقاصية لأن التنشئة لا تتم إلا إذا تم ضبط الفرد، ولا يتم ضبط الفرد إلا إذا تنشأ تنشئة ملتزمة، أي كلاهما يكمل البعض.

وعلى هدى ما سبق فإن التنشئة تمثل القاعدة الأساسية للضبط الاجتماعي والأخير (الضبط الاجتماعي) يعد الآلية الحيوية للتنشئة هل يوجد مجتمع إنساني يستطيع الاعتماد بشكل تام ومطلق على استخدام القوة والعقوبة فقط في ضمان أو تحقيق تماثل افراده لمعاييره وقيمه ؟ الجواب ببساطة كلا لأن ذلك غير عملي من الناحية الواقعية على الرغم من اهتمام المجتمع بموضوع (التماثل الاجتماعي) هاك مثالاً على ذلك: لا يستطيع الابوان (كمنشيين) أن يراقبوا أبنائهم على مدار الساعة أو الأسبوع أو الشهر ليلاحظوا فيما إذا كانوا متماثلين مع ما علموهم من سلوكيات وأخلاقيات ومعايير، ولا يستطيعون بالوقت ذاته معاقبتهم بشكل دوري على كل تصرف غير متماثل مع ضوابطهم والحالة كذلك مع أجهزة الدولة إذ هي الأخرى لا تستطيع أن تكرس أجهزتها لمراقبة مواطنيها في تماثلهم لقوانينها ولوائحها وتعليماتها. ولا تقدر الأسرة ولا حتى الدولة أن تعيّن أجهزة تحل محل ضبط النفس عند المنشأ. لكن إذا قام المنشئ ببلورة ضبط النفس عند المنشأ عن طريق التنشئة فإن ذلك يغنيه عن مراقبته على مدار الساعة لأنه قام بتعليم المنشأ أسس الضبط الاجتماعي المعتمدة في مجتمعه

تكشف له ما هو مسموح وما هو ممنوع، وتقول له ما هو مرغوب فيه وما هو منفور منه. هذه الموجهات تعد إحدى وسائل الضبط الاجتماعي التي يكتسبها المنشأ لتكون مستقرة في ذاته الاجتماعية (ضميره) كوسيلة ضابطة.

وإذا حصل ذلك وتكونت الضوابط الاجتماعية في دخيلته النفسية فإن إحتمال إنحراف المنشأ يكون نادراً وإذا وقع ذلك فيكون شاذاً. أما إذا لم يتشرب المنشأ بالضوابط الاجتماعية ويستوعبها من أبويه أو معلميه فإن إحتمال انحرافه يكون متوقعاً.

من هنا أضحت التنشئة قاعدة اساسية للضبط الاجتماعي (Lindsmith and strauss, 1957, P.P.207-209) الذي يضم مجموعة من المعايير والعقوبات السلوكية التي تعمل على دفع الفرد نحو التماثل المعياري، وعندما يتنشأ الفرد على التماثل المعياري فإن ذلك لا يعني أنه اكتسب معايير وعقوبات مجتمعه (من أسرته ومدرسته ورفاقه) عندها يصبح متماثلاً ومنضبطاً ذاتيا واجتماعيا. أي يكون منضبطاً اجتماعياً. فالتنشئة هنا لا تقوم فقط بربط المنشأ بمجتمعه، بل تقوم بضبطه حسب ضوابط المجتمع التي أنابها لتقوم مقامها في تماثل أفراده.

يمكن - بعد الان - تلخيص وظيفة التنشئة من زاوية ضبطية:

١- تقوم بربط المنشأ بمجتمعه.

٢- تقوم بضبط سلوكه حسب ضوابط المجتمع المرعية.

ومن أجل تمحيص ما تقدم وتفصيل وابانة واتسجلاء أكثر عن موضوع الضبط الاجتماعي عبر التنشئة الاجتماعية، نتناول عملية إكساب (تعليم) الفرد في الاسرة دوره الاسري من قبل والديه في تعاملهم معه أو معها وتعليمه توجيهات دوره المناط به وضوابطه ومحدداته وطموحاته التي تكون على شكل متطلبات دورية من أجل ممارسته لكي يحصل على مكانته الاجتماعية - الأسرية.

لا غرو من القول بأن توقعات الادوار الاجتماعية تستقي عناصرها من مكونات البناء الاجتماعي (كالقيم والمعتقدات الدينية والخبرات الاجتماعية والاحتمالات الشخصية) التي تعمل على تحديد أبعاد المواقع الاجتماعية التي تتضمن الحقوق والواجبات الاجتماعية. ولا

مشاحة من أن مكونات البناء هذه تكون مفروضة على الفرد من قبل قوى اجتماعية عليها لا يمكن الخروج عليها وتوجب الالتزام بتعليماتها وواجباتها وحقوقها، الذي بدوره يحدد سلوك الفرد من مواقفه واتجاهاته الاجتماعية التي واجهها أو يعيشها.

ومما تجدر الاشارة اليه في معرض حديثنا عن توقعات الدور أن نذكر ما يلي:

١- أن توقعات الدور تختلف في درجة عموميتها وخصوصيتها في المجتمع.

٢- أنها تختلف من درجة اتساعها وكلفتها. أي هناك توقعات تتطلب عقوبات مادية أو معنوية، وهناك درجة معينه تصل اليها هذه التوقعات.

٣- إنها تختلف في درجة وضوحها وغموضها. فهناك توقعات واضحة من قبل المجتمع وأخرى غير واضحة.

٤- تختلف توقعات الدور في درجة انسجامها مع توقعات الادوار الاجتماعية الأخرى.

٥- تختلف توقعات الدور في درجة انسجامها مع توقعات الادوار الاجتماعية الرسمية وغير الرسمية.

وفي ضوء هذه الاختلافات الدوريه ومن أجل أن يعيش الفرد داخل المجتمع يجب عليه أن يشخص مكانته داخل النسق البنائي الذي تساعده في هذا المضمار ثقافة المجتمع على أو فى تحديد مكانته داخل النسق. فالفرد الذي يمارس توقعات الدور يواجه مهمات والتزامات اجتماعية تستوجب القيام بها على اتم وجه والا فسوف يشعر بعدم القبول الاجتماعي ويزيد من قلقه النفسي. واذا فشل الفرد في ممارسة توقعات الدور ضمن المتوقع أن يؤثر فشله هذا على فشل آخر متعلق بأداء ممارسة دور ثاني وثالث .... وهكذا.

إضافة الى ما تقدم فإن مراقبة وملاحظة الفرد من قبل الاخرين لأداء وممارسة توقعات الدور تعمل على انجاح أو فشل ممارسته.

أما كيفية إكتساب هذه الادوار من قبل الفرد فتتم عن طريق التعلم ومن خلال المحفزات والاستجابات التي يواجهها في حياته اليومية العملية ما عدا الادوار المنسبة (غير المكتسبة التي يحصل عليها عن طريق الوراثة كالجنس والعمر ولون البشرة).

ثمة مفهوم جوهري في عملية اكساب الفرد دوره في التنئة الادارية وهو >التماثل< أي الرغبة فيالتشابه مع ما يلي:

١- سلوك فرد معين.

٢- أو أحد افراد جماعة معينة.

٣- أو أحد المكانات الاجتماعية لأحد الافراد،

إذ يقوم التماثل على عامل >الدافع أو المحفزات< وبدونه لا يحصل تماثل الفرد لدور معين. بيد أن هذا العامل يتخذ أو جها عديده لتحفيز الفرد للتماثل مع الدور الذي يريد أن يتبناه أو يمارسه وهي ما يلي:

١- دافع الخوف من العقاب: أي اختيار الفرد لدور اجتماعي معين يكون بمثابة نموذج للمارسة، بعدها يقوم بالتماثل مع ظروطه وواجباته ومستلزماته بسبب خوفه من العقاب الذي قد يحصل عليه في حالة عدم تماثله مع هذا النموذج.

٢- دافع الخوف من عدم استمرار الحصول على اعتبار اجتماعي. أي أن الفرد يختار دوراً اجتماعيا يكون بمثابة النموذج بالنسبة له بعدها يقوم بالتماثل مع ظروطه وواجباته ومستلزماته لكي يحصل على اعتبار اجتماعي من هذا التماثل. وإذا حاول هذا الفرد الخروج عن هذا التماثل فسوف لا يحصل على هذا الاعتبار. لذلك لا يستمر في تماثله مع هذا النموذج من أجل الحصول على هذا الاعتبار.

٣- دافع الحصول على مكافأة، حيث يقوم الفرد باختيار دور اجتماعي معين يعتبره نموذجاً لأنه يتوقع الحصول على مكافأة في حالة تماثلة معه.

٤- دافع إغاضة الآخرين. حيث يقوم الفرد باختيار دور اجتماعي معين يعتبره نموذجاً من أجل إغاضة أفراد معينيين فيتماثل مع هذا النموذج.

٥- دافع الحسد: أي تماثل مع نموذج من الادوار بدافع حسده أو غيرته في بعض الادوار.

٦- دافع التشابه الذي يحصل بين صفات الفرد وصفات الدور الاجتماعي الذي اختاره كنموذج للتماثل.

ويضيف رالف ترنر الى ما تقدم فيقول >إن التماثل لا يحصل بشكل متكامل في جميع الحالات والاوقات إنما يحصل عدم تكامل تام وذلك راجع الى ما يلي:

١- سوء اختيار الفرد للدور كنموذج للتماثل.

٢- عدم قدرة الفرد على تماثله مع الدور المتبنى مما لا يساعد على تكامل توقعاته حول ذلك الدور.

٣- عدم إدراك الفرد بشكل صحيح لتقييم الافراد الذي حوله عند ممارسة الدور، فأما أن يبالغ في تقديره للعقوبات أو للمكافئات التي سيحصل عليها في حالة ممارسته لذلك الدور أو يقلل من شأن تقييم الاخرين لممارسة شروط ومستلزمات الدور وبالتالي يأتي تماثله غير متكاملا بشكل صحيح.

ويضيف رالف ترنر فيقول >أن مفاتيح ممارسة الدور تتمثل في ثلاثة حلقات هي: التوقعات والتماثل وتأييد الاخرين وهنا يضيف مفتاحاً جديداً وهو اعتراف وتأييد الاخرين لممارسة الفرد لتوقعات الدور وتماثله بشكل سليم لها وهنا يصبح >تأييدا الاخرين< بمثابة محفز لاحق لاختيار الفرد لدور معين، وهو مشابه للمكافأة الايجابية التي قدمها كتاب وباحثي الدور الاجتماعي (Turner, 1975 , pp. 472-473) أما مظاهر الدور الاجتماعي فتتجلى بالرؤى التالية:

١- لكل دور ملابس خاصة به. إذ هناك ملابس خاصة بالعامل داخل المصنع وملابس خاصة بالموظف الادراي في المكتب وهكذا وهناك ملابس خاصة بالذكور وأخرى بالاناث.

٢- لكل دور منطق خاص به وتفكير خاص به ضمن منطق وتفكير الطالب الجامعي يختلف عن الفلاح الفردي.

٣- لكل دور حقوق وواجبات خاصة به فحقوق وواجبات الدور الرسمي تختلف عن الدور غير الرسمي.

٤- لكل دور صفات وشروط مسبقة. فصفات الاستاذ الجامعي تتطالب قبوله في الدراسات المعمقه وحصول على الشهادات عليا وخبرات تدريسيه في الحرم الجامعي وقيامه ببحوث علمية.

أنواع الادوار الاجتماعية:

ومن الجديد بالذكر في هذا المقام عرض أنواع الادوار الاجتماعية بشكل عام متمثلة فيما يلي:

١- **الادوار البايولوجية:** كالادوار العمرية والجنسية. أما طبيعتها فتكون ثابته فدور الطفل غير دور الحدث أو دور المراهق ودور البنت غير دور الولد.

٢- **أدوار شبه بايولوجية:** كالادوار المرتبطة بالعنصر والرسمي والادوار المتعلقة بالقومية والعشيرة والطبقة الاجتماعية وأنها غير قابلة للتغير. أي لا يمكن نقل دور الفرد العربي الى فرد الماني مثلا ولا يمكن استبدال أو نقل أو تغير دور الفرد الابيض لاكتساب دور الاسود أو الاصفر داخل المجتمع الذي يمارس التميز العنصري كالامريكي.

٣- **أدوار مؤسسية كالأدوار الوظيفية المهيئة** في الموسسات السياسية والادارية والاقتصادية والدينية والترفيهيه. أما طبيعتها فتتصف بقسط في الحرية في ممارسة الدور الوظيفي أكثر من الأدوار التي سبقتها (بايولوجية وشبه بايولوجية) لأنها اكتسابية، بينما الادوار الأولى والثانية تكون وراثية.

٤- **أدوار انتقالية:** مثل دور المريض والزائر. أما طبيعتها فهي مؤقته وزائله وتعكس نشاطاً اجتماعيا في يوم معين.

٥- **أدوار غير رسمية:** التي لا تعتمد على التحصيل العلمي والخبرات الشخصية والعلمية وتساعد الفرد على اكتساب ادوار اجتماعية كعضوية الفرد في المنطقة السكنية (الجيره) أو النادي الاهلي أو الرياضي أو الليلي أو عضوية في جماعة اللعب وهكذا.

أ- التنشئة الدينية وضوابطها

تستخدم التنشئة الدينية الاسلامية ضوابط عديدة في تنشئة الفرد المسلم ابرزها <الترغيب والترهيب والمحاكاة والمحرمات>

الضابط الاول: الترغيب: يشير إلى وعيد يصحبه تحبب واغراء بمصلحة أو لذة أو متعة آجله مؤكدة، خيره، خالية من الشوائب مقابل القيام بعمل صالح أو الامتناع عن لذة ضارة أو عمل سيئ ابتغاء مرضاة اللـه وذلك رحمة من اللـه لعباده.

الضابط الثاني: الترهيب: الذي يشير الى وعيد وتهديد بعقوبة تترتب على اقتراف إثم أو ذنب مما نهى الـلـه عنه أو على التهاون في اداء فريضة مما امر الـلـه به أو هو تهديد من الـلـه يقصد به تخويف عباده واظهار صفة من صفات الجبروت والعظمة الالهية ليكونوا دائما على حذر من ارتكاب الهفوات والمعاصي. كقوله تعالى {قل إن الخاسرين الذين خسروا أنفسهم وأهليهم يوم القيامة الا ذلك هو الخسران المبين لهم من فوقهم ظلل من النار ومن تحتهم ظلل ذلك يخوف الـلـه به عباده يا عباد فاتقون} (الزمر ١٣-١٠) تمتاز الضوابط الدينية بالميزات التالية:

أ- استخدام الاقناع والبرهان في الترغيب والترهيب.

ب- اثارة الانفعالات وتنشئة العواطف كالخوف من الـلـه وعذابه والخشوع له والمحبة والرجاء والطمع في رحمته.

ج- ضبط الانفعالات والعواطف والموازنة بينهما. إن هذه الآلية تعتمد على استشارة الرغبة الداخلية للمنشأ (الفرد الخاضع للضوابط الاسلامية) وبالذات في الجانب الترغيبي. أما في الجانب الترهيبي فإنه يعتمد على الأثر الموقوت المبني على الخوف وفي ذلك يقول الـلـه عز وجل {من تاب بعد ظلمه وأصلح فإن الـلـه يتوب عليه} ولكن لا يعني ذلك عدم استخدام الاسلوب القائم على الترهيب حتى لا يتمادى الفرد في ارتكاب الاخطاء والمعاصي مغترا برحمة الـلـه ومغفرته وسوف يؤجل توبته إذ يقول الـلـه عزو وجل {إن ربك لسريع العقاب وأنه لغفور رحيم} (الاعراف ١٠٦) كما يقول جل جلاله {فلا يأمن مكر الـلـه الا القوم الخاسرون} (الاعراف٩٦).

ومن ايات الترغيب {إن الذين آمنوا وعملوا الصاحلات كانت لهم جنات الفردوس نزلا خالدين فيها لا يبغون عنها حولا. قل لو كان البحر مداداً لكلمات ربي لنفذ البحر .... قل إنما إنا بشر مثلكم يوحي إليّ إنما الهكم إله واحد فمن كان يرجو لقاء ربه فليعمل عملا صالحا ولا يشرك بعبادة ربه واحداً}(سورة الكهف الآيات ١١٠-١٠٧) {يأيها الذين آمنوا توبوا الى الـلـه توبه نصوحا عسى ربكم أن يكفر عنكم سيئاتكم ويدخلكم جنات تجري من تحتها الانهار يوم لا يخزي الـلـه النبي والذين آمنوا معه نورهم يسعى بين أيديهم وبإيمانهم

يقولون ربنا أتمم نورنا واغفر لنا إنك على كل شيء قدير} (سورة التحريم الاية ٨) والتوبة الخالصة تمحو السيئات وتدخل الجنات، وفي سورة الانسان ترغيب في نعيم الـلـه بما يحب اليه ويغري به {إن الابرار يشربونا في كأس مزاجها كافورا}.

ومن آيات الترهيب {من كان يريد الحياة الدنيا وزينتها نوف اليهم اعمالهم فيها وهم فيها لا يبخسون، أولئك الذيم ليس لهم في الاخرة الا النار وحبط ما صنعوا فيها وباطل ما كانوا يعملون} (سورة هود الايتان ١٦-١٥) ومن أراد متاع الدنيا سهلنا له سبيله واحطناه به يأخذ ما يشاء ويدع ما يشاء إلى أجل محدود. أما ما في الاخره من النعيم المقيم فهو محرم عليه بعيد منه لانه هو الذي اختار والجزاء من جنس العمل ولا يظلم ربك احداً. {إن جهنم كانت مرصاداً للطاغين مآبا لا يتبين فيها حقابا، ولا يذوقون بردا ولا شرابا الا حميما وفساقا جزاء وفاقا إنهم كانوا لا يرجون وحسابا وكذبوا بآيتنا كذابا وكل شيء أحصيناه كتبا فذوقوا فلن نزيدكم الا عذابا} (سورة النبأ الايتان ٣٠-٢١).

من طغى فنسى فضل الـلـه عليه ومن اقترف السيئات فتجاهلا رقابة الـلـه عليه ومن أعرض عن ذكر الـلـه فلم يرطب لسانه به خالنا، مثواه يكتوي بعذابها إلى ما شاء الـلـه.

الضابط الثالث: المحاكاة والتقليد: استخدم هذا الضابط في مجال القدوة: يقول الـلـه عزو وجل في ذلك {لقد كان لكم في رسول الـلـه اسوة حسنة} (الاحزاب آيه ٢١) واسلوب القدوة من الاساليب الضابطه في التنشئة الدينية وذلك لكون الانسان فطره على البحث عن القدورة لتكونا نبراسا تضيء له الحق ومثالا لتطبيق شريعة الـلـه. ثم تتجلى القدوة في مواقف غريبه عليهم مثل قصة امرأة زيد عندما اراد الرسول صلى الله عليه و سلم الزواج منها وذلك لتبيان أنه ليس لزيد حقوق البنوة الطبيعية كما تتجلى في مواقف تحتاج الى التضحية كالحروب والانفاق. فضلا عن كون للانسان غريزة التقليد وهي رغبة ملحة تدفع به الى محاكاة الاخرين ولذلك لا بد أن تستغل هذه الرغبة في طريقها الصحيحة في محاكاة الرسول في صبره وعلاقته باهلة وبالناس ومساعدة الناس وحزمة في المواقف.

فالاقتداء بصفات وشخصية الرسول الاعظم تعد أحد الضوابط الدينية على صعيد السلوك الاجتماعي والاخلاقي لانه يعكس حالة الامتثال مع السلوكيات المقبولة اسلاميا وتقر بها من السلوكيات المنمذجه في النمط الاسلامي.

الملاحظ على الضوابط الدينية انها تقوم ببناء سلوك يعكس الشروط الاسلامية في التنشئة الدينيه وهو في اسرته. أما عندما يخرج الى الشارع والمدرسة والعمل فإن الضوابط الدينية تأخذ طريق الصقل والتهذيب لانضاج سلوكه بسبب خضوعه لمؤثرات مستجده لم تظهر في محيط الاسرة الامر الذي يتطلب العودة الى منابع التربية الاسلامية.

والملاحظ ايضا على الضوابط الدينية انها لا تقف في مرحلة عمرية معنية بل تبدأ من ميلاد الانسان ولغاية وفاته وهي ا لوحيدة من بين جميع ضوابط التنشئة تستطيع الدخول الى كافة مناشط حياة الفرد الشخصية والاجتماعية والثقافية والصحية والمهنية إذ يرجع أيضا اليها فيما يخص المأكل والملبس والتعامل مع الاخرين وبالذات فيما يخص الحلال والحرام مثل عدم لبس الملابس الفاضحة والخليعة أو أكل المأكولات التي حرمها الاسلام كلحم الخنزير أو شرب الخمرة وحتى عنمدا يواجه مشكلة عويصة في حياته اليومية أو المهنية فإنه يتصرف حسب ضوابط الدين الاسلامي. لذا فإن الضوابط الدينية لا تقف عند مرحلة عمرية بل هي مستمرة مع استمرار حياة الفرد.

ب- المحرمات Taboo

تمثل المحرمات ضوابط سلبية تشير إلى الانتقامات والاخذ بالثأر من المخلوقات غير المرئية ومن أشهر المحرمات المعروفة تلك التي تكون ضد الدماء الطمث (الحيض) وضد الاتصال الجنسي بين من تحرمة شريعة الزواج من ذوي القربى وتحريم الخيانة الزوجية، هذا على الصعيد العام أما في الشريعة الاسلامية فالمحرمات من النساء (في الدين الاسلامي) على الرجال قسمان:

الاول: محرمات على سبيل التأبيد.

الثاني: محرمات على سبيل التأقيت.

القسم الاول: وهن المحرمات تحريما مؤبداً، يحرم التزوج بهن حرمة مؤبدة لا تزول في حالة من الاحوال، وهن ثلاثة أصناف: محرمات بسبب النسب ومحرمات بسبب المصاهرة، ومحرات بسبب الرضاع.

الصنف الاول: المحرمات بسبب النسب، أي بسبب القرابة الدموية القريبة، وهن اربعة أنواع:

١- الفروع، وهن بنات الشخص وبنات اولاده وا ن نزلن فيحرم عليه التزوج ببناته وبنات أولاده الذكور أو الاناث مهما نزلوا وأرثات كن أو غير وارثات.
٢- الاصول، وهن الام والجدة من قبل الاب أو الجد مهما علت وارثه كانت أو غير وارثة.
٣- فروع الابوين أو احداهما وان بعدت درجتهن وهن الاخوات مطلقا أي سواء كن شقيقات أو لأب أو لأم وبنات الاخوة والاخوات وبنات اولاد الاخوة والاخوات مهما نزلن.
٤- الفروع المباشرة للاجداد والجدات أو لاحداهما اي المنفصلات ببطن واحدوهن العمات والخالات لا غير، أما الفروع غير المباشرة للاجداد والجدات كبنات الاعمام والاخوال وبنات العمات والخالات وفروعهن فلا يحرم الزواج بهن.
وقد أجمع المسلمون على تحريم هذه الانواع الاربعة بسبب النسب، فلو عقد الرجل على آية واحدة في هذه الانواع، كان العقد باطلا بطلانا مطلقا والحكمة في تحريم هؤلاء جميعا هي:
أولا: لان تكوين الاسرة يقتضي عادة إتصال الاب ببناته والابناء بأمهاتهم والاخوة والأخوات بعضهم ببعض واجتماعهم جميعا في منزل واحد. فلو كان التزوج بين هؤلاء الاقارب مباحا وحلالاً لكان من الواجب الا يجتمع الرجل بواحدة من هؤلاء القريبات على إنفراد لان اجتماعها يفتح باب الطمع والتطلع فتصبح البيوت مسارح لتمثيل ادوار العشق والغرام، كذلك فإن إباحة التزوج بين هؤلاء الاقارب يؤدي الى التقاتل والصراع بين الاخوة والاقارب من أجل الفوز بواحدة بعينها، لذلك كان التحريم لينقطع الطمع وتسود المحبة أفراد الاسرة ويكون الاجتماع والاختلاط بريئا نقيا طاهراً.
ثانياً: لو كان الزواج بين هؤلاء مباحاً، لادى ذلك الى قطع صلة الرحم التي أمر الـلـه بوصلها، فالحياة الزوجية أساسها المتعة واللذة التي يرتفع معها الوقار والاحتشام، والقرابة القريبة أساسها الشفقة والمودة والرحمة، وعمادها الاحترام والمودة والألفة ولا تستقيم كلتاهما مع الأخرى لان تبادل الحقوق والواجبات بين

الزوجين قد يؤدي الى الخلاف والمخاصمة فتتحول القرابة الى عداوة ومن ثم يفقد المرء آثار الارتباط بمن تربطه بهم صلة القرابة.

لذلك حرمت الشريعة الاسلامية كما حرمت الشرائع الاخرى السماوية بوجه عام هذه الانواع من النساء على من تربطه بهن قرابات وصلات خاصة من النسب.

ثالثا: ما قرره الاطباء من أن الزواج بالاقارب ينتج النسل الضعيف وأن مصلحة الطفل في أن يتولد من أبوين من اسرتين لان هذا يهيئ له ما قد يكون فيه نماؤه وقوته على المقاومة وسلامته من الامراض.

الصنف الثاني: المحرمات بسبب المصاهرة.

المحرمات بسبب المصاهرة، أي بسبب الزواج ينحصر في أربعة أنواع:

١- زوجة الاب أو الجد وإن علا سواء أكان الجد من جهة الأب أم كان من جهة الا م، وسواء دخل الاب أو الجد بالزوجة أو لم يدخل.

فإذا عقد الاب أو الجد على إمرأة حرمت هذه المرأة على الابن وابن الابن وابن البنت مهما نزلت درجته تحريما مؤبداً.

والحكمة من هذا ، أن زوجة الاب أو الجد بمنزلة الام في الاحترام والتقدير فلذلك حرم الزواج بها كما حرم الزواج بالأم.

٢- زوجة الابن وابن الابن وابن البنت وان نزلوا، سواء دخل بها أو لم يدخل فإذا عقد الابن على امرأة حرمت هذه المرأة على ابيه وجده علا تحريما مؤبداً ولا فرق في هذا الحكم بين أن يكون الابن من النسب أو الرضاع فزوجة الابن أو ابن الابن أو ابن البنت من الرضاع تحرم على ابيه وجده تحريما مؤبداً، كما تحرم زوجة الابن وابن الابن من النسب.

والحكمة من تحريم زوجة الابن، أن صلة الابن بولدة صلة دائمة ومستمرة قوامها الحب والبر والحنان والعطف، وفي إباحة زوجة الابن منافاة لهذه المحبة والمودة واشاعة للبغض والعداوة، ذلك أن الاب عادة ما يتردد على منزل ابنه لانه كمنزلة وربما وقع نظره أو شاهد زوجة ابنه فيقع في نفسه منها أو يقع في نفسها منه ما يكون سببا في حصول الفرقة بين الزوج وزوجته وبالتالي يصير الاب عدواً لابنه سالباً زوجته ويتطور الامر إلى قطع الرحم لذلك

كان تحريم زوجة الابن مؤبداً ارتفاعاً بمكانتها الى درجة ابنته وذلك تصان الاعراض وتحاط القرابة بسياج من الطهارة والشرف والعفة.

٣- أم الزوجة وجدتها وأن علت، سواء كانت الجدة من جهة الأب أو الأم. فإذا عقد رجل على إمرأة عقداً صحيحاً حرمت عليه أمها تحريما مؤبداً. سواء دخل ببنتها أو لم يدخل، فلو طلق زوجته أو ماتت فلا يحب له أن يتزوج بأمها ولا باحدى جداتها.

٤- بنت الزوجة: وبنات بناتها وبنات ابنائها وإن بعدت درجتهن إذا دخل الزوج بالام فإن لم يدخل بها ثم فارقها بالطلاق أو الوفاة فلا تحرم البنت ولا واحدة من فروعها على ذلك الزوج.

المحرمات بسبب الرضاع:

المحرمات بسبب الرضاع ثمانية أنواع:

١- الام من الرضاعة والجدات كذلك مهما علون فإذا أرضعت امرأة طفلا اجنبياً عنها فإنها تحرم عليه تحريماً مؤبداً لانها تصير أمه من الرضاعة وكذلك يحرم عليه أن يتوزج أمهاتها لانهن يصرن جدات له من الرضاعة.

٢- الولد من الرضاعة:

إذا ارضعت امرأة متزوجة طفلة صارت هذه الطفلة ابنة من الرضاع لزوج هذه المرأة الذي كان سبباً في إدرار لبنها فيحرم عليه الزواج بابنته وفروعها مهما نزلن.

٣- الاخوات من الرضاعة وبنات الاخوة والأخوات مهما نزلن: إذا أرضعت إمرأة متزوجة طفلا أجنبياً صار هذا الطفل ابناً لهذه المرأة ولزوجها الذي كان سبباً في إدرار لبنها وصار أولادها أو أولاد احدهما إخوة فيحرم عليه أن يتزوج بواحدة منهن.

٤- العمات والخالات والاخوال رضاعاً: العمه من الرضاعة هي أخت زوج المرضعه والخالة من الرضاع هي أخت المرضعه والخال من الرضاع هو أخ المرضعة.

٥- الام الرضاعية لزوجته وأمها وأن علت فإذا كان لرجل زوجة قد رضعت في طفولتها من إمرأة كانت هذه المرأة أما لها من الرضاع فيحرم عليه الزواج بها وبأمها وأن

علت سواء دخل بزوجته أو لم يدخل.

٦- بنت الزوجة من الرضاع وهي من كانت الزوج قد ارضعتها قبل أن تتزوج بالرجل وبنات بناتها وبنات ابنائها، بشرط ان تكون زوجته مدخولاً بها.

٧- زوجة الاب أو الجد من الرضاع وإن علا، سواء دخل الاب أو الجد بها أو لم يدخل فإذا رضع طفل من زوجة رجل كان هذا الرضيع حرمة مؤبدة كما يحرم عليه الزواج بزوجة ابيه من النسب.

٨- زوجة الابن وابن الابن وابن البنت من الرضاع وأن نزلوا فإذا وضع طفل من زوجة رجل كان إبناً لهذا الرجل من الرضاع فتحرم عليه زوجة هذا الابن وزوجة ابن ابنه وزوجة ابن بنته مهما نزلوا.

القسم الثاني من المحرمات هي المحرمات مؤقتا وهن المحرمات تحريما مؤقتا يبقى ما بقي سببه فإن زال السبب زال التحريم وكان الحل وبشمل ما يأتي:

١- المرأة المتزوجة: إذ يحرم على المسلم أن يتزوج بإمرأة هي متزوجة بغيره.

٢- معتده لغيره: أي أن المعتده لا يصح نكاحها في العدة أي عدة كانت حيض أو حمل أو أشهر كانت معتده من طلاق رجعي أوبائن أو وفاة وأن تزوجت في عدتها كان زواجها باطلاً.

٣- المطلقة ثلاثا بالنسبة لمن طلقها: اذا طلق الزوج زوجته طلاقا مكملا للثلاث بانت منه زوجته بينونه كبرى لا تحل له من بعد حتى تتزوج بزوج آخر غيره زواجا صحيحاً شرعا ويدخل بها الزوج الثاني دخولا حقيقياً ثم يطلقها أو يموت عنها أو تنقضي عدتها منه.

٤- المرأة التي ليس لها دين سماوي: يحرم على المسلم أن يتزوج امرأة لا تدين بدين سماوي ولا تؤمن برسول ولا كتاب الهي، بأن تكون من الوثنيات اللاتي يعبدن الاصنام اللاتي يعبدن النار او الصابئات اللاتي يعبدن الكواكب.

٥- الجمع بين محرمين: المراد من المحرمين كل امرأتين تجمع بينهما علاقة محرمية بحيث لو فرضت احداهما ذكراً أحرمت عليه الأخرى.

٦- الجمع بين أكثر من أربع زوجات: يحرم على المسلم أن يجمع في عصمته أكثر من زوجات أربع (حسيني ١٩٨٣، ص.ص ١٩٣-١٤٩).

ج- التنشئة المدرسية:

قوامها التعليم والتدريب، مبنية على الثواب والعقاب أو النجاح والرسوب من خلال زرع بذور المنافسة والتشجيع والتوبيخ (للتلميذ أو الطالب) أي تقوم المدرسة بتربية المنشأ تربية تعليمية واجتماعية بشكل منسق ومنظم من أجل تنمية مهاراته وقدراته الذهنية والسلوكية حسب برامج تعليمية وتربوية هادفة. نقول تقوم المدرسة بصقل مواهب التلميذ وتنظيم سلوكه وتفاعلاته مع زملائه حسب جدول زمني مراقب من قبل المعلم أو المعلمة والإدارة المدرسية وتحويله إلى مراحل تربوية مترابطة ومتراقيه الامر الذي تغرس عنده روح الالتزام بالضوابط الزمنيه والاداء المبرمج لانها تخضع لعملية الاختبار والمنافسة والمكافئة كل ذلك ينمي عنده الابداع والابتكار والطموح والاعتزاز بالنفس والتعرف على مجريات الحياة المهنية - العملية في ميادينها المختلفة والمتطورة.

د- تنشئة جماعة النظائر:

لما كان أعضاء جماعة الاصدقاء من شريحة عمرية واحدة أو متقاربة (النظائر) ومتقاربين في هواياتهم ورغائبهم ومصالحهم وحاجاتهم فإن علاقتهم بعضهم ببعض تكون حميمية وودية وقوية ومؤثرة، فضلا عن ذلك تجمعهم ما هو مفقود في تنشئة أسرهم ومدرستهم وكل ما هو مرفوض من أسرهم ومدرستهم لذلك يتقبلون معاييرها وقيمها واتجاهاتها ويتماثلون بتلقائية واندفاع لضوابطها العرفية الشفوية ويتجنبون نقدها وعدم ثقتها بهم أو جعله مصدرا للتنكيت عليه أو يبحث عن مساعدتها عند احتياجاته لها ويهتم بمواعيد لقاءاتها ويبتعد عن لغطها به.

إنها ضوابط لها تأثير قوي على أعضاء الجماعة ويخشاها الجميع لأنها تصدر عن افراد يمثلون هواياته وطموحاته وأدواره الاجتماعية وأفكاره الذاتية والاجتماعية فلا يريد ان يفرط بها بل يجد المتعه والسعادة والرضى عند الامتثال لضوابطها عندئذ تكون تنشئته فيها

سهلة وسريعة تنطوي على التجديد تختلف عما تقوم به تنشئته الاسرية والمدرسية لانه يجد حريته الشخصية فيها ويرى صورته المستقبلية عندها.

هـ- التنشئة الفنية:

يكتسب الفنان ضوابطه الفنية من خلال تنشئته التي تتم فيها ممارسة دوره الفني كفنان التي يتعلم متطلباته ومستلزماته من المدرسة وموادها الفنية ومن خلال حضوره الصالونات كمتلقي للفنانين التي تتصف بتحررها من القيود الجامده والقوالب الصارمة التي تضعها وتحددها مجاملات المجتمع المخملي (صاحب المظاهر الهادعة) حيث يلتقي فيها الفنانون والكتاب والشعراء يطرحون فيها مواهبهم ومواضيعهم وتصوراتهم واعمالهم وطموحاتهم الفكرية ويناقشون فيها طروحاتهم فتكون جلساتهم وما يدور فيها من ضوابط فنية لاعمالهم الفنية يلتزمون بها لكي يشعروا بأنهم جماعة واحدة.
ثم يأتي ضابط التقليد والمحاكاة لرواد الفنانين العالميين أو المحليين سواء كان ذلك في أسلوبهم الفني أو في حياتهم الفردية الذاتية أو الاجتماعية ثمة ملاحظة بارزة في تنشئة الفنان وهي أنه لا يخضع لضوابط المجتمع بل يبحث عن الهروب منها ليخضع لضوابط فنية خاصة بعمله الفني المتحرر من قيود المجتمع العامه كأن يكون متمرداً على معايير وقيم مجتمعه التقاليديه والمحافظة ويعيش بويهيمياً ويقول ما يشعر به ويحس بوجدانية متعارضا مع القوانين الصارمه. نقول أن الضوابط هنا لا تعني التقييد العام بل الامتثال الخاص أو الامتثال النوعي.
أما بالنسب للمحاكاة فهي أيضا نعدها ضابطا انما ذاتيا وليس اجتماعيا لانها تنبع من داخل الفرد وقناعته واعجابة الذاتي بشخصيته رمز من رموز المجتمع أو المهنة فيقلدها ويلتزم بها ينظر اليها على أنها أحد خواص تربيته وتنشئته الفنية وإنها أحد درجات الارتقاء إلى مرحلة متقدمة في طموحه المهني والفني.

٥- الرأي العام Public Opinion

من أحد آليات الضبط الاجتماعي المعاصر هي الرأي العام الذي يمثل قوة معبرة عن مناقشات واتفاقات تتحول فيما بعد الى قواعد قانونية ذات تأثير الزامي يمارس على الحكومة (Roucek 1965, P. 168).

وعرفه فلويت البورت على انه موقف عدد من الافراد يعبرون فيه او يطلب منهم التعبير فيه عن اقتراح محدد تكون له أهمية واسعة سواء من ناحية العدد أو القوة او الدوام مما يؤدي الى احتمال التأثير في العمل المباشر أو غير المباشر الذي يحقق بدوره الهدف المنشود (سكري ١٩٩١ص ١٧) فضلا عن ذلك فانه يمثل سلوكا اجتماعيا أو استجابة هامة لمثيرات اجتماعية في المجال السلوكي للجماعة وحتى يظهر هذا السلوك أو هذه الاستجابة ويكون رأيا عاما لا بد وأن يمر بمراحل متعددة وهي نشأة المشكلة أو الموضوع، ادراك المشكلة، الاستطلاع بالمناقشة ، بروز المقترحات والبدائل لحل المشكلة، صراع الاراء، تبلور الاراء، تقارب الاراء، الاتفاق الجماعي، السلوك الجماعي (سكري ١٩٩١ص ٢٧)

ثمة حقيقية مفادها ان الرأي العام يكون فعالا وواحدا في كل المجتمعات الانسانية على الرغم من اختلاف انواعها وتقدمها وتطورها. الا ان وسائلها تختلف باختلاف انواع المجتمعات. ويمثل تاثيره أحد وسائل الصبط الاجتماعي على الفرد والاسرة والجماعة والحكومة، ففي المجتمعات الحديثة (الصناعية والحضرية والمعلوماتية) تكون وسائل تأثير القنوات الفضائية والانترنت والتلفزيون والراديو والصحف والمجلات والبرلمانات وجمعيات حقوق الانسان والنقابات العمالية والاحزاب السياسية والحركات الاجتماعية وسواءها.

بينما تكون آليته الفعالة في المجتمع البدائي والبدوي والتقاليدي والريفي والمحافظة على شكل كلام ولغط الناس.

وانتقال الحدث الاجتماعي عن طريق المشافهة وجها لوجه، لا تدخل فيه الوسائل الاعلامية المرئية والمسموعة والمقرؤة، اذ ان احاديث الناس في الجيرة والمجتمع المحلي والاسرة والجماعة (النظائر) غالبا ما يحصل وجها لوجه بشكل صريح ومشكوف وعلني ويكون الفرد المتحدث عنه معروفا لديهم واذا وقع فعله السلبي او المنحرف بين ألسنة

اصدقائه او زملائه او اقاربه أو معارفه، فانه سوف يفقد مكانته الاجتماعية بينهم واذا حصل ذلك فان وجوده بينهم يهتز ويتزعزع ويقل اعتباره الاجتماعي لذا فان كلام الناس ولغطهم يمثل اقوى وامضى وسيلة ضابطة لسلوك الافراد داخل هذه الانواع من المجتمعات لا سيما وان العلاقة الاجتماعية التي ترتبط افراده تكون من النوع القرابي (الدموي) ومباشرة والكل يعرف الكل وبشكل مستمر وليست متقطعة.

لكن في المجتمعات الصناعية والحضرية والمعلوماتية تكون العلاقات التي تربط افراده من النوع السطحي والرسمي والبعيد وتمسي المجهولية سائدة بينهم لا أحد يعرف الآخر حتى الجار لا يعرف من هو جاره وماذا يعمل وهل هو اعزب ام متزوج وغيرها وهذا يعني ان كلام الناس يكون غائبا الذي بدوره يؤدي إلى ان تكون مكانته واعتباره الاجتماعي لا يتزعزع اذا اقترف سلوكا منحرفا أو شائنا. وان كلام الناس غالبا ما ينطوي على الاحداث العامة لا الخاصة مثل غلاء السلع أو العنف الاسري أو الاحتيال او كارثة طبيعية او الفساد الاداري او فوز احد الفرق الرياضية على الاخرى لكن لا يحصل لغطا عن الفرد كفرد لانه غير معروف اساسا كذلك لا يمثل كلام الناس اداة ضبطيا في هذه المجتمعات فضلا عن هيمنة وسيادة القيم المادية فيها وضعف الضوابط العرفية. كل ذلك يدفع بافرادة إلى عدم الاهتمام بفقدان مكانتهم الاجتماعية او اعتبارهم الاجتماعي لانهم غير معروفين لدى الكثير من الناس بسبب المجهولية السائدة فيه.

٦ - القوة الروحية Ritual

وتسمى أحيانا بالطقوس الشعائرية التي تمثل تعزيزا ايجابيا للسلوك لانها تمثل القاعدة الاساسية للعبادة والمراسيم الدينية ذاتها. بتعبير اخر، انها طرق واساليب يطرحها المجتمع للقيام بطقوس شعائرية لطرد الارواح الشريرة وحسد عيون الحاسدين، او الاثارة واغضاب جماعة غير مرغوب فيها او مكروهة بين الناس.

وفي حالات اخرى تمارس الشعائر والانجاز روابط مهمة ومرادة من قبل المجتمع. ففي المجتمع الامريكي، يجب على العروس التي ليس لها اب (قد يكون متوفي او منفصل عن اسرته أو مجهول مكان اقامته (أن تحضر شخصا ما يقدمها لعريسها في حفلة زواجها او في مراسيم زواجها يمثل مكانة الاب ولو صوريا. وفي ثقافات اخرى تتطلب مراسيم اغتسال

الزوجين والباس الاطفال ملابس من طراز خاص طبقا (لمراسيم الزواج) كعادة طقسية من أجل طرد الروح الشريرة او ارباكها.

وهناك عادة طقسية في المجتمع الامريكي ايضا عند زفاف العروس لعريسهارمي حبات الرز على رأس العروسين وربط علب معدنية فارغة (علب السردين او المشروبات الغازية او الخضروات) في مؤخرة السيارة التي يركبها العروسان بعد اتمام مراسيم زفافهما وهذه عادة طقسية لطرد الروح الشريرة والعيون الحاسدة في المجتمع الامريكي.

مثل هذه العادات الطقسية لا يمكن الغائها او تجاوزها أو اختصارها بسبب اعتقاد الناس بانها تطرد الخبيث والروح الشريرة.

الملاحظ هو أن المراسيم الطقسية تسود وتسيطر على مراسيم الزواج والعلاقات الجنسية في جميع التنظيمات البشرية على الرغم في اختلاف درجة تطورها وتنوعها وتقدمها لانها وسيلة من وسائل الضبط الاجتماعي العرفي وليس الرسمي تقام وتمارس في مناسبات محددة (الزواج والعلاقات الجنسية).

جدير بذكره في هذا الخصوص ان التعاليم الدينية تتصل بواجبات الخضوع والطاعة والتوقير لكبار السن التي مهدت الطريق لدوام بقاء المعتقدات الدينية. وقد تفوق القواعد الدينية بجزاءاتها فوق الطبيعة فيما يخص السلوك الاجتماعي. اي انها فوق الاجتماعي لانها تفرض جزاءات غير اجتماعية: مثل الخوف من غضب الـلـه، أو عقوبات يصطلي بها المرء بعد الموت في نار جهنم، أو الاحساس بان يكون الفرد على غير وفاق مع الـلـه هذا عصى احكامه، وبالمثل فانه كل امر أو نهي يعتبر جزءا من قاعدة دينية سلوكية اذا صدر من سلطة تقوم على اسس دينية مثل شراح العقائد وأولياء الـلـه.

فضلا عن ذلك، فان الدين يعنى بعلاقة الانسان باخيه الانسان ولكن من حيث ان جزاء هذا التعيين أو الخروج عليه لا يعد جزاء فوق اجتماعي، بعبارة أخرى، ان القواعد الدينية للسلوك هي دينية وليس خلقية غرضها تحقيق ما شاء الـلـه للانسان وهذا شيء يختلف عما يشاء الانسان لنفسه. والدين يعتبر (بيوت الـلـه) وسيلة لبلوغ الغاية الالهية. وان المعايير الدينية تعني بالوضع الاجتماعي اكبر عناية بطريقة غير مباشرة. وان قاعدة السلوك المنبثقة عن عقيدة دينية تعبر عن وجهة هذا السلوك، والموقف الذي ينبغي ان يقف الفرد ازاء أية حقيقة واقعة ترتبط فيها الاغراض الانسانية بارادة مفترض وجودها لقوى فوق بشرية، او

تخضع لها. وبنظر لهذه القوى باعتبار انها رحيمة أو غير رحيمة او غير مكترثة اطلاقا بالانسانية في الواقع غالبا ما تبرز قواعد السلوك الديني كوسائل فعالة للضبط الاجتماعي للمحافظة على المصالح المتعلقة بالنظام العام مما قد يصيبه من عمليات التغير المطرد.(ماكيفر ١٩٦٣ ص.ص ٣٣٩-٣٣٣).

ثمة حقيقة اجد ضرورة طرحها في هذا المقام مفادها ان التعاليم الدينية في المجتمع الغربي الحديث- في نظر بول لاندس - تجد أحيانا بعض الصعوبات في أن تفرض نفوذها على الفرد وذلك نظرا لان هناك تنظيمات اخرى متعددة تقوم بنفس المهمة ولا تستخدم الباعث الديني المباشر في العمل الاجتماعي مثلا تطور الى درجة كبيرة في تلك المجتمعات واصبح يقوم بخدمات عديدة، من أجل هذا فاننا لا نجد اهتماما شديدا من جانب الناس للاشتراك في منظمات او هيئات دينية لكي يصبحوا أعضاء صالحين في المجتمع واشخاصا على خلق. بعبارة أخرى: أن الهيئات الدينية لم تعد تسيطر على فكرة وحياة الأمم كما كانت تفعل من قبل اي انها لم تعد هي النظام الاساسي في حياة الانسان وانما هناك نظم اخرى علمانية تمثل مركز الاولوية كالنظام التربوي والاقتصادي وحتى الترفيهي اصبح يحتل وقتا كبيرا من حياة الانسان (جابر ١٩٨٢ ص.ص ١١٣-١١٢).

٧- المناسبات والاماكن المقدسة

غالبا ما تستخدم الممارسات الطقسية في مناسبات الزواج والميلاد والوفاة والمناسبات الدينية في المجتمعات الحديثة، أو انتقال الشخص من مرحلة المراهقة الى مرحلة الشباب في بعض المجتمعات البدائية تصاحب بممارسة طقوس وشعائر دينية لازالة التوترات والقلق عند الشخص من أجل تعزيز الثقة بالنفس عنده، واكتساب المكانة الاجتماعية الجديدة المتناسبة مع مرحلته العمرية الجديدة. مثل هذه المناسبات تجعل من سلوكيات الاشخاص الذين يلتزمون بشعائر ومعتقدات وقواعد مقدسة تعكس معتقدات الدين السائد في المجتمع. وان الخروج عنها يعني الانحراف عن اصولها. بينما يعني الالتزام بها الانضباط الديني والقيمي. فهي اذن آلية ضبطية دينية معنوية تخضع لزمان معين ومكان معين. اذ لا يلتزم بها دائما وابدا، بل في اوقات محدودة واماكن مشخصة. فمولد النبي محمد (صلى الـلـه عليه و سلم) وعيد الاضحى والفطر وشهر رمضان والاشهر الحرم تمثل مناسبات اسلامية مقدسة يلتزم

المسلم بقواعدها وشعائرها الدينية. أي تقوم بضبط سلوكه حسب اصولها ونواميسها وسننها، وان الخروج عنها بعني عدم انضباط المسلم بتعاليم دينه والحالة مشابهة عند اليهودي والمسيحي وباقي الاديان السماوية والارضية مثل البوذية والهندوسية. اما الاماكن المقدسة مثل اضرحة الانبياء ومزارات الاولياء والمدن المقدسة مثل مكة المكرمة والمدينة المنورة والقدس الشريف او بيوت العبادة مثل المساجد والكنائس والهياكل والمعابد الهندوسية والبوذية. جميع هذه الاماكن المقدسة تلزم الافراد الذين يدينون بدينها الى احترام طقوسها ومعتقداتها ومراسيمها وشعائرها.

٨- الامثال والاقوال المأثوة Wisdam Saying

تحفظ الامثال على انها الحكمة العملية ويمكن اقتباسها للحد من التعبيرات الفردية عن الرأي مخالف أو مغايير. إذ ان الانسان كثيرا ما يحتاج الى الاستشهاد بضرب الامثال عند المناسبات في الكتابة والخطابة، لانها تؤثر في القلوب أكثر مما يؤثر وصف الشيء بنفسه، ولأن الغرض في المثل تشبيه الشيء الخفي بالواضح الجلي، والغائب بالشاهد، والمعقول بالمحسوس، فيتأكد الوقوف على ما هيته، ويصير العقلي مطابقا للحس وهذا هو النهاية في الايضاح والتعبير.
ويستعمل المثل تارة في تطبيق حالة غريبة بحالة اخرى مثلها، وطورا في اظهار الشيء المكنون في صورة المألوف، وفوق ذلك فانه يجتمع في المثل اربعة خصال قل ان تجتمع في غيره من الكلم وهي: ايجاز اللفظ، واصابة المعنى، وحسن التشبيه، وجودة الكناية، وهذا هو النهاية في البلاغة. هذا الى أن الامثال مع ايجازها تقوم مقام الاطناب ولها روعة وحسن وقع اذا برزت في اثناء الكلام وتناقلها ذوو الافهام والحكمة في ضربها هي الذكرى والموعضة الحسنة.
وقد أصبحت الامثال مشهورة ومتداولة بين الناس على اختلاف طبقاتهم (سلامة، ٩٩٧ ص ٥) كذلك فان الامثال اداة هامة للسيطرة على الرأي والسلوك. والمثل صورة لغوية انقرض استعمالها في الثقافة الحديثة في الدولة المتحضرة. فالحديث العادي والادب السائد في هذه الدول لا يذكر الا القليل من الاقتباس أو الاشارة الى الامثال الـلـهم الا في المناطق النائية حيث توجد جماعات قديمة يحتفظ المثل فيها بقوته القديمة كأداة تعليم وضبط

وسيطرة. والواقع ان كل مثل شعبي يبدو جميلا في نظر حشد من الناس لكنه في ثقافة استغنت عن الامثال الى حد كبير قد يدعو اقتباس مثل واحد الى سخرية عجيبة توجه الى التباين الثقافي وللمثل في الغالب خواص في تركيبه تعطيه قيمة تذكر عالية. ويعتمد نجاحه - شأنه في ذلك شأن الشعار وغيره في الصور اللغوية المركزة - على تفاصيل معينة. على ذلك انه في الفترات التي توجد فيها درجة عالية من الاجماع في الاحكام الاجتماعية.

يبدو المثل في نظر الجماهير على انه تعبير عن حكمة عميقة وخاصة ان الانواع المحددة من الامثال التي تستعمل في حديث كل يوم إنما تكشف عن توترات الصراع في العملية الاجتماعية والمشكلات التي تعترض الحياة اليومية.

ولا يبدوان المثل بشكل صفة مميزة للثقافة المعقدة اذا كانت خاضعة لظروف تغير سريع في المعتقدات التي تتناول العلاقات الاجتماعية وما وراء الطبيعة . فالصور الموجودة يندر استعمالها، كما ان قادة الادب والسياسة والاقتصاد لا يبتدعون صورا جديدة، لكن الكلمات الشائعة التداول هي التي تشكل العبارات السائدة كما ان تنوع الاحكام الاجتماعية المتضاربة يضع صورته لغوية مختلفة ليس أقل جزما ولكنها اقصر حياة وبقاء وتصبح الجمل المأخوذة من الاغاني الشعبية والعبارات الدارجة والملاحظات او الاجابات البارعة، وهذه كلها تصبح هي السائدة في عملية الاتصال (حاتم 1972، ص . ص 226-224).

تستخدم هذه الالية الضبطية في المجتمعات العريقة في ثقافاتها مثل المجتمعات الهندية والصينية واليونانية والعربية. اذ يستخدمها الفرد في هذه المجتمعات كاطار مرجعي لتحديد سلوكه وتوجيهه نحو خبرة اجتماعية عاشتها الاجيال السالفة. أي انها تجربة اجتماعية جاهزة يلتزم الشخص بحكمتها ودلالتها وافكارها لانها نبعت عن طرق عيش اسلافه وأجداده. وعن هذا المعتقد يضحى جزء من سلوك الانسان المعاصر في تلك المجتمعات خاضعا لضوابط عرفية افرزها الاموات كنتاج اجتماعي متضمن الخبرة والتجربة الناجحة والمبرهنة لذلك يمتثل لها الانسان بقناعة ورضا بعيدا عن الجزاءات والعقوبات السلبية. مثال على الامثلة والحكم كضوابط للسلوك الاجتماعي في المجتمع العربي

أعمل حاجتي بايدي ولا أقول للكلب يا سيدي

لا تهرف بما لا تعرف

لا تكن لينا فتعصر ولا يابسا فتكسر

لا تؤخر عمل اليوم لغد

لا تطعم العبد الكراع فيطمع في الذراع

اعقل وتوكل

حافظ على الصديق ولو في الحريق

من صبر ضفر

الجار ثم الدار

الصمت يكسب اهله المحبة

الشاة المذبوحة لا تألم السلخ

لا يأتي الكرامة الا حمار

لكل ساقطة لاقطة

كل ممنوع متبوع

ليس الخبر كالعيان

من راقب الناس مات هما

٩- الشائعات Rumors

من اساليب الضبط الاجتماعي القديمة والحديثة على السواء هي الشائعات التي تعني اصطلاح يطلق على موضوع ما، ذي أهمية بحيث تنتقل من شخص الى اخر عن طريق الكلمة الشفوية دون أن تتطلب برهانا أو دليلا، فهي اذن ضغط اجتماعي مجهولة المصدر يكتنفها عموما الغموض والابهام وتحظي عادة باهتمام قطاع عريض في المجتمع. وتهدف ايضا التأثير والتشويش والضغط على الرأي العام أو الحكومة واجهزتها، ويزداد تأثيرها عندما يسود المجتمع نسبة عالية من الاميين والتقاليد بين والعاطفين (غير العقلانيين في تفكيرهم وسلوكهم). (سكري ١٩٩١ص ١٧٦).

هذا من جانب ومن جانب آخر، انها تمثل الثرثرة التي لا حدود لها وتأخذ صورة الغيبة والاساءة والتجريح والفضائح والمبالغة في سلوك الانسان لذلك يخشى الافراد اطلاق

الشائعات عليهم ويزداد هذا الخوف كلما ارتفعت مكانة الفرد الاجتماعية ويقل (الخوف عند الافراد) كلما كانت مكانتهم الاجتماعية واطئة وعندما لا تمس شرفهم ونزاهتهم ويزداد تناول الشائعات بين النساء أكثر من الرجال وفي الازمات السياسية والاقتصادية والاجتماعية أكثر من الازمات الطبيعية وفي اوقات الحروب أكثر من اوقات السلام. لهذه الاسباب تم عد الشائعات وسيلة من وسائل الضبط الاجتماعي التي يخشاها الناس ويتجنبها وهنا تمسي ضابطا عرفيا مؤثرا.

متى تضعف الضوابط العرفية؟

تكلمنا بوضوح عن قوة الضوابط العرفية في توجيهها وقيادتها لسلوكيات وطرق تفكير واساليب منطق الفرد التقاليدي والمحافظ والبدوي والريفي الا ان هناك أحداث اجتماعية جسيمة وتغيرات خارجية وداخلية وتقانية تفعل فعلها في اضعاف الضوابط العرفية على الرغم من رسوخها في الارث الثقافي والاجتماعي وممارستها في اغلب التنشئات الاجتماعية وهي:

١- عندما يتحضر المجتمع.
٢- عندما يتصنع المجتمع.
٣- عندما تطغي الماديات على المعنويات في طرق تفكير الناس وتعاملهم بعضهم من بعض.
٤- عندما لا تركز الاسرة في تنشئتها لابنائها عليها.
٥- عندما تتكاثر التنظيمات الرسمية.
٦- عند حدوث حرب أهلية او خارجية.
٧- عندما تحصل فجوة كبيرة بين الطبقة الفقيرة والغنية وتستغل الاخيرة الاولى.
٨- عندما يطغي الاستهلاك المظهري على الروابط الاجتماعية.
٩- عندما يحصل تفكك اسري.
١٠- عندما يحصل التفكك الفردي (سيادة النزعة الفردية والتحلل الفردي).
١١- عندما ينتشر الفساد بين اعضاء الفئة الحاكمة والمثقفة.

١٢- عندما يستغل القوي الضعيف ويسخره لخدمته.

١٣- عندما تنتشر المجهولية بين افراد المجتمع.

١٤- عندما تكون هناك مغريات (مادية أو معنوية) اقوى من قوة الضوابط الاجتماعية.

١٥- عندما يكون الفرد بعيدا عن الرقيب الاجتماعي اي منعزلا عن الناس.

متى يتعزز الضبط الاجتماعي العرفي؟

مثلما هناك متغيرات واحداث اجتماعية تضعف الضبط العرفي، في نفس الوقت هناك وقائع وركائز اجتماعية تغذي الضوابط العرفية وتعزز مكانتها بين افراد المجتمع وهي:-

١- عندما يكون المجتمع محافظا في تقاليده واعرافه وقيمه.

٢- عندما يكون المجتمع منغلقا على نفسه ويتجنب الاحتكاك والاتصال مع العالم الاخر المختلف معه ثقافيا وحضاريا.

٣- عندما يستغل الحاكم التراث الاجتماعي والثقافي لدعم اسلوب حكمه.

٤- عندما تقل في المجتمع التنظيمات الرسمية (شركات ومؤسسات حكومية وغير حكومية).

٥- عندما لا تكون هناك طبقات اقتصادية حادة في حدودها داخل المجتمع.

٦- عندما تكون الاسرة ممتدة ومتماسكة ولها سلطة تامة على ابنائها.

٧- عندما تكون قيمة النزاهة والشرف والجاه والاعتبار الاجتماعي عالية في المجتمع.

٨- عندما يكون المجتمع مستقرا لا تحدث فيه صراعات اجتماعية او حروب آهلية أو ثورات داخلية او حركات اجتماعية متطرفة.

٩- عندما يزداد التكافل الاجتماعي بين الافراد والفئات الاجتماعية.

١٠- عندما تكون مكانة المسن (المتقدم في العمر) عالية داخل المجتمع ويمثل رمز الحكمة والمشورة والخبرة والدراية في المجتمع.

١١- عندما تكون التعاليم الدينية مأخوذة بها في الحياة الاجتماعية العامة بيت الناس.

ب- اليات الضبط الاجتماعي الرسمي.

هذا النوع من الضبط يختلف عن الضبط الاجتماعي العرفي من حيث استخدام وكالاته ودوائره والقوة في معالجة الخارجين عن القانون والجانحين من أجل تنفيذ مسؤولياتها الرسمية المكلفة بها من قبل الحكومة والقانون. حتى لو كان هناك فردا اقترف جنوحا ضد آخر (مثل السارق والنشال) فان هذا الفعل السلوكي يعد تهديدا للمجتمع ذاته. وهذا يشير الى أن القوى المجتمعية تستطيع ايقاف السلوك الانحرافي حتى لو لم يكن هناك ضحية تقدم شكوى او تتذمر، الا أن الاجهزة القانونية - الشرعية تعتبر هذا السلوك بانه مهددا للمجتمع ومن أجل حماية الحق العام تتدخل هذه الاجهزة لتنفذ مسؤوليتها في حماية القانون والمجتمع على السواء.
وعلى هدى ما سبق فان الانحراف يعبر عن مصدر حقيقي وواقعي لتمزيق النظام الاجتماعي وعلى الاخير ان يعالج ما حصل من تهديد أو ايذاء او كسر او اضرار لكي يتم الاتعاض مما حدث والا تتكرر مرة ثانية.
ومن نافلة القول ان نذكر بان هناك ثلاثة سبل يسير فيها الضبط الاجتماعي الرسمي وهي:
أ - التحقير والاهانة insulation المتمثلة في السجن أو الاعدام او النفي أو الحجز.
ب- اعادة التكامل reintegration اي محاولة جعل المنحرف التصرف بشكل سوي وسليم من خلال استخدام القوة الممنوعة من قبل الحكومة والقانون التي تبدأ من التعذيب وتنتهي بالعلاج النفسي.
جـ- التكيف adaptation يمكن السير في هذا السبيل عندما يكتشف المجتمع بان الطريق الوحيد لتجنب تمزيقه لا يتم الا بواسطة تكييف الجانح للحياة السوية - الطبيعية.
ان سياق الحديث يلزمني ان لا أغفل الميزات الجوهرية التي تميز الضبط الاجتماعي الرسمي عن العرفي. اذ ان الاول (الرسمي) يعتمد على مشروعيته استخدام القوة في تنفيذ مسؤليات الاجهزة العقابية فضلا عن كونه منظما في ادائه. تعد المؤسسات السياسية والعقابية استخدام القوة آلية ضبطية فاعلة من ضبط الناس اذا انحرفوا عن قوانينها. بذات

الوقت هناك في يسيئ استعمال القوة ويتعامل معها معاملة خاطئة بحيث تترك اثارا سلبية ذات ردود فعلية مؤذية لا تساعد الحكومة على حماية النظام الاجتماعي ولا حتى افراد المجتمع. وانه لا يمكن تجنبها في ضبط الناس.

خليق بنا أن نشير الى الفرق الجوهري بين ضبط النفس في استخدام القوة من قبل القائمين على المؤسسات العقابية مع الخارجين عن القانون واستخدام القوة العليا من قبل مستخدميها. على أن لا ننسى ان استخدام القوة يجب ان تكون في يد الحكومة من أجل الدفاع عن المجتمع ضد تمزيقه ولحماية افراده.

على الجملة، تتميز الضوابط الرسمية بكونها منتظمة ولها صلاحية في استخدام القوة مع الخارجين عن القانون.

جدير بذكره في هذا الخصوص، ان المجتمعات المعاصرة لا تكون فيها الضوابط الاجتماعية الاجتماعية قوية وصارمة بل ضعيفة ومحدودة في الياتها المستخدمة في توجيه وتحديد سلوك الافراد. وازاء هذه الحالة الضعيفة الانضباط تبلورت تنظيمات ومواقع هرمية متخصصة بالضبط الاجتماعي ومواقع مسئولية متخصصة مثل ضباط الشرطة والقضاة وحراس السجن والمحامين ورجال القانون والاخصائيين الاجتماعيين والمعلمين وعلماء النفس والاطباء، جميعهم يمارسون الضبط الاجتماعي كجزء من مسئووليتهم وواجباتهم المهني. ليس في مجال الضبط الرسمي، بل في المجال العرفي لكن علماء الاجتماع اوضحوا بان وسائل الضبط الاجتماعية الرسمية يمكن اعتبارها عرفية حسب الظروف التي تواجهها. يتشارد كلوارد (١٩٦٠) تقصى ذلك في دراسته عن علاقة حراس السجن بالنزلاء من حيث السماح والصفح forgetting لبعض سلوكيات النزلاء التي لا تتماثل مع قواعد السجن كوسيلة من وسائل جعل النزيل يمتثل لقواعد السجن الاخرى، لذلك يرى علماء الاجتماع ان استخدام الاسلوب العرفي غير الرسمي - العقابي من قبل ضابط الشرطة في تعامله مع المنحرفين كأسلوب لتطبيق العدالة والقانون إنما باسلوب انساني لا قمعي يكون- عاملا في عدم تمرد أو مروق المنحرف مرة ثانية. وحتى طريقة القاء القبض على المنحرف من قبل ضابط الشرطة يفضل ان يكون بعيدا عن العنف والقوة والعقاب او الاسلوب الزجري او القمعي بل الاسلوب الانساني والشفاف. وحتى افراد الشرطة يعرفون جيدا ان استخدام

القوة في عملية القاء القبض على منحرف بسبب لهم المتاعب اذا ما قورن مع الاسلـــوب الشـــــفاف والانساني وبخـاصة ان هذا المنحرف هو مصدر معلومات يسـتفاد منها ضابط الشرطة في العثور على اسباب الانحراف (popenoe, 1980, P. 231).
ولكي لا نجول عكسا مع موضوع الضبط الرسمي نذهب الى تحديد اركان بنيته من أجل السير طردا معه وهي ما يلي:

١- **القانون:** عندما يتم اقرار القانون فان ذلك يعني هناك اتفاق عام بين الذين لهم الحق القانوني في اقراره، يصبح بعدئذ ميثاق او عهد عام ورسمي تلتزم به الحكومة وتعمل بموجبة مع التفويض لمؤسساتها باستخدام القوة في تطبيق بنوده عند الحاجة والضرورة . وهناك قوانين وصفية تصنف وتحدد متى يتم استخدام القوة؟ ومتى لا تستخدم كأحد مصادر القانون؟ وهذا يعني ان القانون لا يحرم كل شيء ولا يمنع الناس من القيام بالافعال الاجتماعية، انما هو يحدد ما يتوجب من الفرد القيام به في تعامله مع الاخرين وما هي حقوقه؟ وما هي واجباته؟.
ومن اجل تحقيق المواثيق والعهود المتفق عليها يتطلب وجود حكومة قادرة على استخدام القوة من أجل ضمان حقوق الناس. وهذا يشير الى ان القانون يمثل قوة موجهة للافعال الشرعية معززة من قبل استخدام القوة لكي يضمن حماية النظام وتحقيق العدالة والسعادة لكافة الشرائح الاجتماعية وهذا يعني انه يغطي مساحة شاسعة من السلوك اليومي للافراد.
لايلاف القارئ على مضامين القانون نشير الى انواعه الرئيسية وهي:
أ- **القانون الجنائي:** الذي يتطلب وجود شرطة ودوائر امنية حكومية تأخذ حق المبادرة في البحث عن الذين ينخرطون في اشكال معينة من السلوك التي تخترق مواثيق وعهود القانون، وهنا تبدأ الشرطة ودوائر الامن بالتقصي عنهم واتخاذ موقف رسمي منهم وجلبهم الى مؤسسة العدالة.
ب- **القانون المدني:** الذي يحدد ويغطي العلاقة القائمة بين اعضاء المجتمع وبالتحديد الذين يقعون في صراعات شخصية ولا ينظر اليهن على انهم يمثلوا تهديدا

للمجتمع. مثل وقوع شجار بين الجيران وتقديم بلاغ من أحدهم الى الشرطة عن هذا الشجار. أو وجود معاكسات من شاب لشابه في السوق وتبلغ الشرطة عن هذه المعاكسة من قبل الشابه نفسها.

حـ- **القانون الاداري:** الذي ينطوي على مراقبة ومحاسبة الموظفين الذين يفسدون الانظمة واللوائح المرعية مثل المزورين والمرتشين والمختلسين وسواهم. هذا النوع من القوانين يشكل مركز اهتمام الحكومة به لانه يمثل هيبتها وسمعتها في تنظيم اشغال ومصالح الناس في تنظيماتها الرسمية. وهنا تستخدم الحكومة القوة مع كل من يتلاعب بقوانينها المرعية ويخل بانظمتها الادارية. لذا نجد الحكومة تضع برامج تدريبية وتنموية للموظفين الاداريين بشكل مستمر لكي تواكب مؤسساتها الاحداث المتغيرة وتدرس المستجدات منها لكي تطور لوائحها ومواثيقها وعهودها وتدرجها الهرمي - الهيكل. نود ان نشير الى ظاهرة خطيرة في مجتمعنا العربي التي باتت تتزايد بشكل مطرد في هذه الايام وهي تزايد حالات الفساد الاداري المتمثل في الرشوة والاختلاس والتزوير الذي بدوره ادى الى هبوط كبير في هيبة الحكومات العربية وسمعتها في الاداء الاداري على الرغم من وجود برامج تدريبية وتنموية للموظفين الاداريين الا ان ظاهرة الفساد في تفاقم وتزايد، ربما لانها (اي ظاهرة الفساد) بدءت من رموز قمة الهرم السياسي والاداري فامست مثل كرة الثلج المتدحرجة من قمة الجبل الى اسفله تتزايد في حجمها كلما هبطت الى القاع. وحتى أقسام العلوم الادارية في الجامعات العربية امست غير مجدية في رفد الدوائر الرسمية بعناصر شابه نظيفة ومخلصة الا انها تتلوث حال عملها مع الاجيال الفاسدة... وهكذا باختصار ان القانون الاداري في المجتمع العربي لا أثر له ولا ضبط يذكر فيه ووجوده مثل عدمه اي ان الضبط الرسمي للموظفين الحكومين في المجتمع العربي ضعيف والفساد كبير وكثير ومتنوع بسبب ضعف الروادع والضوابط القانونية والادارية فيه..

المحاكم:

مؤسسة تقوم بتطبيق القانون وتحقيق العدالة الرسمية المناطة لدوائر الحكومة والاستماع الى الشهود قبل اتخاذ القرار بحق المذنب واستنادا الى المواد القانونية المعتمدة تستطيع استخدام القوة بشكل دقيق وليس بشكل عشوائي لكي لا تسئ استخدام القوة لذلك فان اجراءاتها القانونية غالبا ما تكون مطولة وغير متسرعة ومدروسة من جميع جوانبها، بذات الوقت لها الصلاحية في منع الشرطة من استخدام القوة غير الضرورية أو ليس في مكانها.

وهناك نوعان من المحاكم: الاولى تنظر في القضايا الخاصة واخرى تنظر بالقضايا العليا المميزة.

الشرطة:

جهاز تنفيذي يقوم بمساعدة وخدمة المحكمة في حل المنازعات التي تقع بين الافراد من أجل تحقيق العدالة ومنع الفساد الاداري بتعبير آخر، انه تنظيم رسمي متخصص في حماية المجتمع وافراده من خلال تطبيق القانون المرعي.

النسق الجزائي:

يمثل هذا النسق الركن الاخير من نسق الضبط الاجتماعي الرسمي. اي انه نسق فرعي يقوم بمهمة متابعة الافراد الذين يخترقون نصوص القانون وروحه، أو الذين يخترقونه.

يتضمن هذا النسق الفرعي، السجن ومراكز التوقيف ودور الاصلاح ومراكز حجز المدنين على المخدرات ومؤسسات الافراج الشرطي (المشروط) وبرامج الاحكام الخاصة. انظر شكل رقم - الذي يمثل اركان النسق الرسمي للضبط الاجتماعي.

شكل رقم - يمثل اركان النسق الرسمي للضبط الاجتماعي

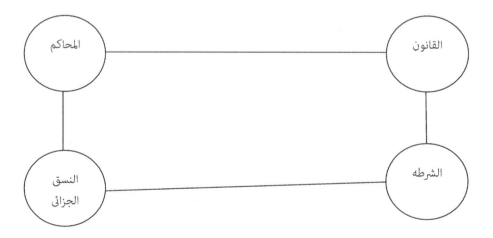

ومن باب الاغناء والافاضة والتثمير العلمي ندلف الى مدار تطوير الضوابط الاجتماعية الرسمي لكي يلم القارئ بكيفية وصولها الى هذا الشكل أو الصورة. في الواقع تمارس الضوابط الاجتماعية سلطتها على الخارجين والمارقين عن معايير الجماعة أو المجتمع مالت (الضوابط) الى المرونة والمعالجة وابتعدت عن الصرامة والردع. لكنها لا تخرج عن كونها سالبة للحرية الفردية كتعبير عن روح التأثر والانتقام من كل فرد يتجنى على حرمة المجتمع في معاييره وقيمه وقوانينه. بذات الوقت لايقاف تطاول الجاني، ولحماية الضحية منه وهنا يمكن القول بان العقوبة لا تخلو من الام نفسية وجسدية لتخويف الجاني وازالة الانزعاج والقلق عند الضحية. كل ذلك يهدف الى ايقاف تكرار حدوث انحرافات مستقبلية وخروقات قانونية عند الفرد وعند الاخرين لانه تتم رؤية المنحرف على انه عقلاني ويدرك ما يفعله لذا فانه يحتاج الى عقوبة لكي لا يكرر انحرافه ثانية او يستمر فيه. علاوة على عدم ضرب المعايير والقيم الاجتماعية عرض الحائط وتفقد معناها وجدواها ويقل وزنها في ميزان الضبط الاجتماعي. قصارى القول في هذا الخصوص من ان ذلك ينعكس سلبا على المعايير الثقافية اذ ان تكاثر اعداد المنحرفين في المجتمع يشير الى عدم احترام الافراد لمعايير ثقافتهم علاوة على الانفلات الامني وان هذه المعايير الثقافية عاجزة عن معاقبة الخارجين عنها ولا توجد لدى الثقافة الاجتماعية بدائل تعاقب عليها الخارجين عنها. ومن هنا جاء معاقبة المجتمع للخارجين عن نواميسه لكي يعزز وجودها في ثقافته بذات الوقت لتدعيم المستوى العام للسلوك المقبول فيه.

على الجملة: يمكن القول بان انزال العقوبة تعني الحفاظ على ثقافة المجتمع وتوازنها.

ثمة حقيقة مفادها، انه لا يمكن قياس العقوبة بشكل عقلاني لانها احيانا قد تقود الى الموت غير المتعمد مع ذلك فانها من المواضيع التي ينفر منها الناس ولا يميلوا لها.

الحبس أو السجن:

تاريخيا ساد استخدام حبس المذنب او المجرم كعقوبة في المدنيه الغربية منذ بداية القرن السابع عشر. الا ان ذلك لا يعني إنها لم تكن معروفه في الازمنة القديمة، بل كانت معتمدة مع الاشخاص المراد اعدامهم أو نفيهم او تعذيبهم جسديا لحين تأتي فترة تنفيذ العقوبة. ببساطة، كانت المجتمعات الأولية (البدائية) غير قادرة على تقديم الخدمات الغذائية

والصحية للمسجونين لفترة طويلة من الزمن فكانت تميل الى نفي المجرم الى خارج المجتمع بعيدا عنه. أي كانت تستخدم ارخص الطرق وأقلها كلفة في سجن المذنب ولا تميل للصرف عليه طيلة حياته داخل السجن وانها كانت تعتقد انه من السخف والحماقة في حبس شخص ما ولا يوجد أمل من إبقائه على قيد الحياة اذا كان يهدد سلامة المجتمع وامنة مرة ثانية. وانها ترى ايضا ان الحبس لفترة زمنية قصيرة لا معنى له الا في حالة وجود أمل في اعادة تأهيله ودمجه في المجتمع.

الغرامة المالية:

لها نفس وظيفة الحبس في حيث حرمانه. ففي الاخيرة تحرم حرية الفرد وفي الثانية الحرمان من مشاركة المذنب من الانشطة الاجتماعية كرغبته في شراء بعض الاشياء والحاجات أو الحصول على خدمات يحتاجها او يرغب بها.
ضوابط لاعادة المذنب الى مجتمعه المحلي: هذه أحد الاشكال الحديثة للعقوبات ومن نوع الغير عقابية من أجل إعادته الى الحياة الاجتماعية السويه وذلك عن طريق توجيه المنحرف وتعليمه السلوك القويم مثل ايوائه في مآوى خاص أو تدريبه في دورات ومدارس وبرامج تدريبه مهنية وإكسابه مهارة يفتقدها لكي يعيش عيشة شريفة ونزيهة انها أشبه بالعمليات الجراحية التجميلية (لتغير مظهرا قبيحا او بشعا بارزا على هيئته) تساعد الفرد بالمشاركة في المجتمع بطريق اكثر سهولة وبناء علاقات اجتماعية ودية وحميمة. انما مثل هذه الممارسات الضبطية التأهيلية عادة ما تكون مكلفة حاليا أكثر من أي تقنية اخرى أكثر من كلفة العزل. كذلك التكييف له كلفة مالية واجتماعية عالية بسبب متطلبة من المذنب والمجتمع على السوء. أي يطالب المجتمع بان يغير نظرته الوصمية للمذنب وعلى الاخير أن يتخلى عن سلوكه الاجرامي ويتبنى سلوكا سويا مقبولا من قبل المجتمع الذي يعيش فيه. لذلك ظهر برنامج الافراج المشروط وبرنامج المراقبة وما لهذه البرامج من جماعات أمنية وضبطية متخصصة بها تتطلب الاعتماد المالي لها من أجل تنفيذ متطلباتها العلاجية والتكيفية.

زبدة القول:

يتطلب من المجتمع التعايش مع المفرج عنه وذلك حفاظا على عدم تمزق النسيج الاجتماعي وفقدان افراد ظلوا الطريق وبالامكان اصلاحهم وارجاعهم الى جادة الصواب. انه اسلوب مميز في الضبط الاجتماعي ولكونه مميز فانه مكلف ماليا ومعنويا. (Stover, 1980 PP. 367-387).

هذا على الصعيد المجتمعي، الا ان آليات الضبط الرسمية في التنظيمات الرسمية مثل الشركات والمستشفيات ودوائر الدولة والاحزاب السياسية والمعامل والمصانع والجامعات تتباين ولا تختلف عن اليات الضبط التي تمارس في المجتمع مثل الشرطة والمحاكم والقوانين (وقد تم شرحها انفا).

حيث لا يوجد تنظيم اجتماعي رسمي لا هدف له بل أهدافا متعددة يعمل على تحقيقها لانها تخدم وجوده ووظائفه وتمثل حلقة مهمة وضرورية تمثل مرامية الاخيرة بسبب تضمن استمرار وجوده في المحيط الاجتماعي ومن أجل تحقيقها عليه أن يضع معايير ضبطية حتى لا يجنح عن مساره ويبتعد عنها أو ينحرف عن غايته.

بذات الوقت لا يوجد تنظيم اجتماعي رسمي بدون مجموعة افراد يقتدون به ويلتزمون بمعاييره لكي ينسقوا مناشطهم الاجتماعية على شكل سلوكيات ادائية تعكس طبيعة التنظيم في هذا الخصوص قال أمتاي اتزيوني(عالم اجتماع التنظيم المعاصر) >ان موضوع الضبط في التنظيمات لا يمثل موضوعا سهلا بل يعكس وضعا حادا ومتأزما (أحيانا) لان يعتمد على عدة آليات رسمية تنظم سلوكيات اعضاء النسق وهي:

١- الادارة.

٢- السلطة.

٣- الاجهزة الآلية التلقائية ذات الاداء الاوتوماتيكي.

٤- الجهاز البيروقراطي.

٥- السلطة المركزية.

٦- العقود

٧- اتخاذ القرارات.
٨- التدرج الهيكي.
٩- برنامج الاداء.
١٠- النفوذ.
١١- الاجهزة الروتينية.
١٢- القواعد القانونية.
١٣- العقوبات .
١٤- التنشئة الاجتماعية
١٥- الاشراف المهني. (Scott, 1987, PP.282.284)

يتضح مما تقدم أن التنظيم الاجتماعي يمارس عدة آليات في الحياة التنظيمية الرسمية لكي يجعل أعضائه منتظمين في سلوكهم وادائهم المهني حسب اهدافه التي رسمها له. وهذا يعني أن وسائل الضبط لا تمثل هدفا بل آليات لتحقيق اهداف معينة. ولما كانت متعددة ومتنوعة، فهي اذن حلقات متصلة بعضها ببعض متسقة ومتعاونة لا تتصارع ولا تختلف في جزئياتها ومكوناتها، بل كل حلقة تضبط سلوكية معينة وتمثل مرحلة تنظيمية تعكس جانبا من جوانب التنظيم الرسمي وجميعها تكون نسقا ضبطيا داخل التنظيم الرسمي.

١- لاجرام من توضيح بعض هذه الحلقات المتصلة المكونة نسقا ضابطا داخل التنظيمات الرسمية، لتأخذ على سبيل المثال حلقة (النفوذ power).

ينطوي هذا المفهوم على معنى اجتماعي - علائقي على الرغم من كونه مملوكا من قبل الفرد يمارسه ويتمتع به، الا انه مستمد من شبكة علائق صداقية وزمالية وقرابية ينسجها الفرد ذاته ويكتسبها بجهده ولباقته وكفاءته وشفافيته ومواقفه ومعاييره وقيمه التي يحملها.

يؤكد على هذه الرؤية أميرسون لانه يرى النفوذ مكمونا في العلاقات الاجتماعية وليس في الخصائص الفردية. فالفرد المتنفذ (على سبيل المثال) ذلك الشخص الذي يمتلك صداقات وزمالات عديدة ومتنوعة اكتسبها عبر تفاعلاته المتبادلة ولم يورثها كخاصية فردية.

وللاحاطة بهذا الموضوع نطرح القول التالي: عندما نقول بان الشخص الفلاني يمتلك نفوذا، علينا ان نحدد في قولنا هذا على من يمارس هذا الشخص نفوذه؟ لان امتلاك النفوذ يتطلب ممارسته على الآخرين وليس على الذات لانه لا يمثل مادة ملموسة، بل يحقق تأثيرا مرئيا على الموثر فيه وهذا يشير الى وجود فردين متفاعلين هما التابع والمتبوع الذي تربطهما علاقة نفوذية بحيث يكون نفوذ المتبوع مبني على قدراته ورغبته في معاقبة الاخرين أو إصدار اوامر منع وتحريم او منح مكافئات وايقاع عقوبات على الآخر او الاخرين.

عندئذ يمكن القول بان فلان يمثل المتبوع (المالك للنفوذ) وهنا تتضح لنا حالة الضبط الاجتماعي التي تصدر عن قدرة المتوبع في اصدار او منع عقوبات أو مكافئات للتابع. نقول ان التابع يتم ضبطة علائقيا من قبل قدرة المتبوع في الاصدار والمنع للعقوبات او المكافئات عليه.

بشيء من التفصيل، عندما نقول ان فلان يمتلك نفوذا اجتماعيا معنى ذلك إنه يمتلك:

١- الرغبة في اصدار الاوامر التي تمنح وتمنع العقوبات والمكافئات على الاخرين.

٢- القدرة على تنفيذ رغبة في المنع والمنح للعقوبات على الاخرين.

٣- وجود تنظيم يتضمن تدرجا مهنيا - وظيفيا يشغله افراد من ذوي الخبرة والاختصاص.

٤- وجود معايير وقيم تحدد هذا المنح والمنع بين المتبوع والاتباع وعند وجود هذه المقدرة النفوذية فان مالكها يتمتع بقدرة ضبطية في علائقية مع اتباعه داخل التنظيم.

ولكي لا نجول عكسا مع ما تقدم نورد ما استخدمه اميرسون في امثلة ليوضح معنى النفوذ الاجتماعي، اذ قال: الفرد الذي يحمل بندقية لا يكون لديه نفوذا على الفرد الذي لا يقيم وزنا لحياته لانه لا يهتم ببقائه حيا على قيد الحياة. ثم الفرد الذي لا يقيم وزنا للمال أو الذي لا يحترم المال أو لديه رغبات في شراء حاجات يحتاج الى المال لكي يشتريها.

من خلال هذين المثالين الذين أوردهما أميرسون يريد ان يقول لنا بان الطرف الثاني في معادلة النفوذ اذا كان لا يقيم وزنا أو احتراما لما يملك الطرف الاول، فان نفوذ الاخير (الاول) لا قيمة ولا وزنا له عند الطرف الثاني الذي يعير أهمية له ولا يحتاجه ولا حتى يشعر بأهميته وهذا يعني ايضا ان النفوذ الاجتماعي يظهر وينجلي اذا كان هناك طرفا آخر يهتم بما يملك الاخر ويتمناه أو يطمح بالحصول عليه أو يحتاج اليه.

بتعبير آخر. إن حاجة أحد الاطراف للآخر واهتمامه بما يملك الطرف الثاني يجعله خاضعا لتلك الحاجة التي لا يمتلكها والموجودة عند الاخر، الامر الذي يسمح له بان يستجيب ويخضع لأوامره أو توجيهاته او طلباته ومن هنا يبدأ نفوذ الطرف المالك على الفاقد فتصبح المعادلة مكونة من متبوع (مالك) وتابع (فاقد). انها معادلة تعكس وسيلة تحديد درجة النفوذ في علاقة فردين أ و ب التي تكون مباشرة تعكس اهتمام (ب) فاقد الامتلاك او حاجته لما يملك (أ) وتكون غير متكافئة في قيمتها.

ليس هذا فحسب، بل ان النفوذ الاجتماعي يتحدد من خلال مدى مساعدة أ الى ب أو اعاقة مساعدة أ الى ب أو عقوبة أ على ب. فالعمال في المصنع يقيمون وزنا لعمل الخبراء وتوجيهاتهم واوامرهم لانها تساعدهم من في عملهم واذا لا يستجيبوا لها فانه تقع عليهم عقوبات أو اعاقة ترقياتهم. وهذا يشير الى أن الخبراء يمثلون رموزا ضبطية في عملية الانتاج داخل المصنع.

هذا من جانب ومن جانب آخر، فان هناك حالة تمثل تبادل النفوذ الاجتماعي بين أ و ب عندما يدرك كل منهما ان نفوذه يحتاج احترام أو اعتراف أو تقدير الطرف الثاني وحرصا على ذلك يستجيب كل منهما للاخر وهذا يمثل اعتماد متبادل بين الطرفين وضبط علائقي عند كليهما أو خوف كل منهما لما يقوم به الطرف الاخر من حجز مصادر نفوذه وطاقته عندئذ يقوم الطرفان بتبادل اعتمادهما كل منهما على الآخر دون الدخول في مصادمات أو نزاعات او اشتباكات، وهذا ضبط علائقي متوازن يحصل بينهما.

بات واضحا الان ان النفوذ الاجتماعي يخضع لقوتين اساسيتين وهما:

أ- حاجة احد الاطراف لما يملكه الطرف الثاني.

ب- الاعتماد المتبادل بين طرفي النفوذ حرصا كل منهما بالمحافظة على نفوذهما. وقد يمثل اعتمادهما المتداخل وعدم استقلالهما التام بعضهما عن بعض.

زبدة القول:

إن تحديد مفهوم النفوذ الاجتماعي للفرد يعتمد على حيوية وطاقة تأثير الفرد على الاخر بحيث تكون حيويته هذه قادرة على معاقبة الشخص الاخر او التاثير على المصادر

التي يمتلكها سلبا أو ايجابا في حرمانها منها أو انعاشها وتكثيرها وهذه وسائل ضبطية صادرة عن مصادر النفوذ الاجتماعي.

نقول ان الفرد الذي يمتلك مصادر مالية أو طاقة حيوية لا تكون لها اية قيمة اذا لا يتوفر طريق آخر لا يمتلكه، أو يمتلك أقل منها أو أن مصادره تخضع لتحكم طرف آخر. اي ان الامتلاك وحده غير كاف مالم يتوفر طرف آخر لا يمتلك او ان مصادر امتلاكه نخضع لطرف آخر (Scott, 1987, PP.282-292). هذا على صعيد النفوذ الفردي - الاجتماعي الا ان هناك نفوذا تنظيميا يمارس داخل التنظيمات الرسمية مثل الشركات والمصانع والمعامل والمستشفيات والجامعات والمعكسرات العسكرية والاحزاب السياسية وسواها وقد استطاع علماء الاجتماع ان يميزوا بين ثلاثة انواع من النفوذ في هذه التنظيمات وهي:

١- نفوذ الزامي يستخدم الايذاء الجسدي أو استخدام وسائل قمعية لكي يتماثل اعضاء التنظيم مع قواعده ومعاييره ولوائحه.

٢- نفوذ نفعي يستخدم المكافآت المادية للاعضاء او حرمانهم منها.

٣- نفوذ تماثلي الذي يستخدم الرموز لكي يلزم اعضاء التنظيم ليتماثلوا مع قواعده مستخدما مصالحهم للتأثير عليهم.

في الواقع تختلف التنظيمات باختلاف النفوذ السائد فيها. اذ ان معظم التنظيمات تستخدم اكثر من نوع واحد من النفوذ ويكون ضمن التنظيم الواحد عدة وسائل نفوذية تستخدم على عدة مواقع مختلفة من نظام التنظيم. فمثلا يستخدم النفوذ الالزامي القمعي على اعضاء التنظيم الذين يحتلون او يشغلون مواقع ادارية واطئة. بينما يستخدم النفوذ الالزامي مع اصحاب المواقع العليا بشكل مباشر بل ينبهون الى وقوع النفوذ الالزامي عليهم قبل وقوعه عليهم (مرة واحدة أو أكثر) وكلما كبر المجتمع في حجمه مال الى استخدام النفوذ القسري والالزامي، لذلك تميل حكومات هذه المجتمعات الى وضع قوانين الزامية وقسرية عديدة من أجل المحافظة على النظام.

اضافة الى ذلك، اذا كانت هناك أزمات اقتصادية فلا تمارس التنظيمات بشكل مستمر النفوذ النفعي وهذا يعني ان استخداما النفوذ يتأثر بالمحيط الذي يعيش فيه.

161

علاوة على ذلك، فإن استخدام انواع متعددة من النفوذ يعطي تبعيات متباينة. وان استعمال النفوذ القسري يكون أحد تبعياته استلاب اعضاء التنظيم وزيادة اذعانهم وخنوعهم وطاعتهم. أماالنفوذ التماثلي فيؤدي الى استلاب اقل عند اعضاء التنظيم ويكون موقع النفوذ التماثلي بين النفعي والقسري.

في الواقع ان حاجة التنظيم لاستعمال النفوذ يعتمد على فعالية ونشاط التنظيم وطريقة تنشئته لاعضائه. ففي التنظيمات الالزامية القسرية يكون النفوذ مقسما بين قادة التنظيم الالزامي والاعضاء غير الرسميين الذين يعارضون نفوذ الالزام، بينما يكون نفوذ التنظيمات التي تعتمد على المنفعة موزعا بين القادة الرسميين وغير الرسميين والاداريين المكتبيين، اذ يحصل اختلاف واضح بينهما حول تطبيق وممارسة النفوذ داخل التنظيم. اما التنظيم التماثلي فيطبق النفوذ من قبل قائده. وتجدر الاشارة في هذا المقام الى أن الكثير من التنظيمات تمارس نفوذها خارج حدودها التنظيمية والادارية امام الرأي العام.

أخيرا يمكن تصنيف ممارسة النفوذ من قبل اعضاء التنظيم كالآتي:

١- يصدر من مراكزهم الادارية مباشرة ويسمى نفوذا اداريا مكتسبا الذي بدوره يمارس ضغوطا ادارية على اعضاء التنظيم.

٢- اعضاء يملكون نفوذا قائما على قدراتهم الشخصية في الانتاج ويسمى بالنفوذ القيادي غير الرسمي الذي يمارس ضغوطا على الاتباع بشكل غير رسمي.

٣- اعضاء يملكون النوعين من النفوذ الصادر من مواقعهم الوظيفية وقدراتهم الشخصية ويسمى بالنفوذ القيادي الرسمي الذي يتصف بممارسة ضغوط وضوابط قوية أقوى من النوعين السابقين. (العمر ١٩٨٠ص.ص ٣٠٧-٣٠٦).

هناك حالة شاذة ومتطرفة تعكس حالة مبالغ فيها يتصرف فيها فاقدي النفوذ بشكل مبالغ في خنوعهم وانصياعهم وانقيادهم واستجاباتهم لمالكي النفوذ حتى لو لم يمارس مالكي النفوذ سلطانهم عليهم وذلك بسبب ضعف نفوسهم او انحطاط مستواهم الاجتماعي (العرقي او الطائفي أو الطبقي) لدرجة أنهم يميلوا الى المداهنة الرخيصة والنفاق والتزلف والمراءاة ليتقربوا بتبرع منها لملاك النفوذ لكي يغطوا على فقدانهم لما لا يملكون من مؤهلات مهنية ومهارات وظيفية ومن أجل التقرب (اللامشروع) من اصحاب النفوذ حتى

يحصلوا على مكاسب مادية أو معنوية لا يستطيعوا الحصول عليها في الاوضاع والحالات السوية والطبيعية وللاسف هذه الحالة الشاذة منتشرة في تنظيمات المجتمع العربي الرسمية (دوائر حكومية، جامعات، مستشفيات، شركات معامل ومصانع وسواها) بسبب التقلبات السياسية الحادة والتكلس القيادي السياسي والاقتصادي والفساد الاداري والمالي والاخلاقي وعدم نضج واستقرار معايير الاداء الموضوعية في العمل وطغيان المعايير الذاتية والاقليمية والعشائر والطائفية.

٢- السلطة Authority

قبل الولوج في تفاصيل هذا المفهوم نقول انه لا يوجد تنظيم بدون نفوذ وسلطة وان الاخير (السلطة) تعد في نظر علماء الاجتماع نفوذا شرعيا - قانونيا. والشرعية هنا تعني أحقية الوضع التنظيمي في تنظيم سلوك أعضاد التنظيم متمثلة على شكل معايير اجتماعية مناسبة للتنظيم وهذا يشير الى :

١- وجود مجموعة من الافراد ومواقع هرمية مترابطة بوشائج نفوذية.

٢- وجود مجموعة معايير وقواعد تنظيمية تتحكم في توزيع النفوذ على أصحاب المواقع الهرمية وكيفية ممارستهم واستجابتهم له كوسيلة من وسائل الضبط الاجتماعي الرسمي.

حديثنا في هذا المقام يدور حول ممارسة النفوذ الشرعي داخل الجماعات الرسمية (المجالس واللجان) والتنظيمات الرسمية وينظر اليه من قبل الاتباع (الاعضاء) على انه يمثل سلطة قانونية مشروعة مقبول بشكل جماعي تحدد علاقة التابع بالاتباع عاكسا مجموعة المعايير والمعتقدات السائدة بينهم.

بتعبير ادق، انها تمثل مجموعة علاقات نفوذية حيوية تربط اصحاب المسئولية العليا بالاتباع وتخضع للتحول والتبدل بين الفينه الاخرى بسبب ظهور معايير وقواعد مشروعة داخل الابنية الضبطية من أجل ضبط اعضاء التنظيم بالمعايير المرعية، كذلك تعمل على عدم حدوث توترات أو تشنجات بين الاتباع وتساعد القائد (المتبوع) على توجيه وقيادة توقعات اتباعه. ليس هذا فحسب بل ان المعايير الجديدة تجعل العلاقة النفوذية بين التابع والاتباع اكثر وضوحا وتسطحا. اي لا تكن من النوع القريب والمباشر والمستمر بل البعيد وعبر قنوات

عديدة وعند الحاجة وما تقتضيه ضرورة العمل. نعني لا تكون علاقة شخصية أبدا، بل علاقة عمل ومصلحة التنظيم فقط وهذا يؤدي الى استقرار السلطة عندهما وعدم تقبلها أو خضوعها لا مزجة ورغائب ذاتية - فردية لان سلطتها وشرعيتها تستقى من النسق الضبطي الرسمي وهنا يكون النفوذ الشخصي للمسئوول (المتبوع) نفوذا رتيبا متطبع بالطابع السطحي والرسمي وليس الفعال - المؤثر والشخصي.

لذا فان الاتباع لا تعتريهم المخاوف والتوترات والقلق من نفوذ المتبوع لانه غير شخصي ومحدد حسب معايير وقواعد رسمية متجددة تخدم روح العصر وليس العبق التاريخي.

بذات الوقت فان وجود هذه المعايير الضبطية تبلور خبرة نفوذية عند المتبوعين (اصحاب المواقع العليا) تقوم بتنظيم وتنسيق تصرفاتهم وتعاملاتهم مع الاتباع وفي الآن ذاته فانها تعلم الاتباع بكيفية التصرف بانسجام وائتلاف مع بعضهم البعض ومع المتبوعين . ليس هذا فقط، بل ان المعايير القانونية تحدد توقعات الاتباع في تعاملهم مع الاخرين الذين هم خارج حدود التنظيم وتقوم ايضا بدعم نفوذ المتبوعين. (Scott, 1987, PP. 288-292)

باختصار، إن السلطة داخل التنظيم التي يمارسها اصحاب المواقع العليا (المتبوعين) تمثل نفوذا شرعيا - قانونيا وان النفوذ الشرعي ما هو سوى مجموعة معايير تنظم النفوذ وكل ذلك يعكس الضبط الرسمي الذي يمارس داخل التنظيمات الرسمية.

اما أنواع السلطة: فهناك نوعان رئيسيان من السلطة هما النفوذ المصادق عليه endorsed Power والاخرى نفوذ سلطوي authorized Power اي النفوذ المخول من قبل قانون التنظيم للمسئوولين فيه وغالبا ما يكون نفوذا تدرجيا، اي متدرج بشكل متسلسل، الادنى يخضع لنفوذ الاعلى والاعلى للاعلى وهكذا. بينما المصادق عليه يكون نفوذا مبررا ومخولا ومصادقا عليه من قبل المعتقدات المعيارية. وسلطة المكتب (البيروقراطية) وسلطة الكارزما (اي سلطة القائد التاريخي الملهم). الى هنا نكتفي بطرح أنواع السلطة دون الخوض في تفاسيرها وشرح مضامينها لكي لا نتشعب ونبتعد عن صلب موضوعنا في الضبط الاجتماعي.

٣. البيروقراطية (السلطة المكتبية)

أصلها (بيرو- كرات) لفظ لاتيني يتكون من مقطعين الأول يعني مكتب والثاني يعني سلطة ومعناها على الجملة سلطة المكتب أو التحكم الإداري وأبشع معانيها الإقطاع الوظيفي.

يمر الإنسان - في المجتمع الحديث- في مراحل تطورية بايولوجية مختلفة تبدأ من مرحلة الولادة وتنتهي بمرحلة الوفاة. وكل مرحلة يمر منها الإنسان يشترك فيها في تنظيمات رسمية لكثرتها وتنوعها وضرورتها في المجتمع الحديث.

ففي مرحلة الولادة يولد الإنسان في مؤسسة طبية وهي المستشفى التي تمارس السلطة المكتبية على المولد الجديد ووالديه من قبيل إصدار شهادة الميلاد ومعرفة أبويه ومكان سكنهم وفي المرحلة الثانية يذهب إلى المؤسسة المدرسية (المدرسة) وهي الأخرى تمارس سلطة المكتب فيما يخص تسجيله وحضوره ودرجة خضوعه والتزامه بضوابط المدرسة، وفي المرحلة الثالثة بعدما ينتهي من المدرسة والجامعة يذهب إلى العمل أو الشركة أو إحدى دوائر الحكومة للعمل فيها وهذه التنظيمات تستخدم أيضا ضوابط مكتبيه، وقد ينتمي إلى تنظيمات سياسية كالأحزاب السياسية أو ينتمي إلى نقابات مهنية وهي بدورها تمارس على أعضائها ضوابط تنظيمية بيروقراطية وأخيرا عندما يتوفى يجب عليه (أو على أهله) إذ يحصل على أوراق الوفاة من المستشفى التي بدروها تخضع لضوابط إجرائية مكتبية.

مغزى قولنا أو آيتنا مما تقدم هو القول بأن الفرد في المجتمع الحديث تخضع حياته الخاصة والعامة إلى ضوابط وضغوط وممارسة مكتبية بيروقراطية منذ ولادته وإلى نهاية حياته في المجتمع. لأن الفرد في المجتمع الحديث ينخرط في تنظيمات اجتماعية رسمية لكي يثبت ارتباطه بمجتمعه بشكل قوي وفعال وإن هذه التنظيمات تملك نفوذا وسلطة وبناءا واسعا وضخما ومعقدا. وهذا يعني أيضا أن تنظيمات المجتمع الحديث تكون رسمية في نموذجها ومتضمنة أدوارا ومواقع وظيفية محددة وتكون طريقة اتخاذ قراراتها بعيدة عن تدخل العاطفة والوجدان الإنساني. أي يجب أن تكون منطقية وعقلانية رشيدة ويجب أن يخضع سلوك أعضائها إلى ضوابط مقننة وموجهة من قبلها.

وقد تحدد سلطة المكاتب (البيروقراطية) على أنها بناء رسمي متضمن نظام تقسيم عمل قائم على التخصصات الفنية والعلمية أو حاملا سلما إداريا توزع عليه المواقع الوظيفية حسب شروط ومستلزمات معينة منيمة العلاقات السطحية ذات الصفة المجهولة ومستخدمة الأجهزة الالكترونية لتمكن أعضائها من إنجاز أعمالهم بشكل دقيق ومتزامن. بمعنى آخر، تعرف سلطة المكتب (البيروقراطية) على أنها طريقة للحصول أعمال منجزة بأسلوب منظم ومنسق ومنطقي في تنظيمات رسمية كبيرة.

أما الظروف الاجتماعية التي عملت على تكوين أو ساعدت على ظهور السلطة المكتبية في أوروبا في الفترة ما بين سيادة المذهب البروتستاني وإلى حد الآن هي ما يلي:

١. سيطرة النظام الرأسمالي الذي أدى إلى اهتمام الشركات والمعامل بالإنتاج الواسع والكبير واستخدام المحفزات المالية من أجل ذلك وأدى النظام الرأسمالي أيضا إلى سيادة الآلة على القوى البشرية واستغلاله لصالحها وليس العكس.

٢. المبادئ البروتستانية: إن التطور البروتستانتي الروحاني يسير جنبا إلى جنب مع نظام الشركات الرأسمالية والاثنان يؤكدان على النظم العقلانية وإعطاء قيمة عالية للعمل المجد.

٣. توسيع التنظيمات الاجتماعية في حجومها وإنتاجها بسبب التوسع والزيادة السكانية في أوروبا الغربية وأمريكا.

٤. الاهتمام الكبير بالاقتصاد المالي داخل التنظيمات الاجتماعية لفائدة المنتج لا المستهلك.

ويرجع بيتر بلا وسلطة المكتب إلى الفترة التقليدية التي مرت بها التجمعات المنظمة في الوقت الحاضر إضافة إلى تطور العوامل الاقتصادية والمادية وتضخم حجم التنظيمات الرأسمالية والعوامل الدينية.

أما الفن كولدنر فقد أرجعها إلى حاجة مديري الأعمال وأصحاب رؤوس الأموال ورغبتهم في تكثير أموالهم وثرواتهم.

أما وظائف البيروقراطية التي تتضمن وظائف إيجابية وسلبية معا في المجتمع. إذ كلما توسع المجتمع في حجمه وكثره تنظيماته الاجتماعية والصناعية مال إلى استخدام

الوسائل البيروقراطية لتنظيم أعمالهم وانتاجهم والعكس صحيح. بمعنى آخر، كلما زاد المجتمع في سكانه وتكثف في المدن الكبرى ظهرت تنظيمات اجتماعية لتنظيم حياتهم اليومية ولتنسيق مناشطهم الحياتية، وتزداد حاجة التنظيمات إلى استخدام المكائن والآلات والأجهزة الدقيقة لإنجاز مهمات وأهداف التنظيم في اتصالات أعضائه حسب تدرجاتهم المكتبية الوظيفية. لذا يتطلب من هذه التنظيمات الكفاءة والدقة في العمل والاستفادة القصوى من قدرات وتخصصات المصادر البشرية لصالح المصالح الاقتصادية التي يصبو إليها التنظيم، وبنفس الوقت تحدد مكانة الفرد الوظيفية داخل بنائها من خلال إعطائه مسؤوليات وصلاحيات محددة ومرتبطة مع وظائف التنظيم كافة حسب تدرجها السلمي وتحديد دخله الاقتصادي ومكانته الاجتماعية داخل التنظيم.

إضافة إلى ما تقدم فللبيروقراطية وظائف سلبية تسمى بالاختلال الوظيفي، التي يدفع ثمنها الفرد داخل التنظيم البيروقراطي، والمجتمع الذي يتضمن التنظيمات البيروقراطيةوالمجتمع الذي يتضمن التنظيمات البيروقراطية فعدم تطابق الحاجات الوجدانية الفردية مع حاجات التنظيم الفكرية يولد تصارعا بين الفرد والتنظيم لأنه (أي الفرد) لا يستطيع في هذه الحالة المحافظة على ذاته الوجدانية بسبب أولوية إشباع حاجات التنظيم ومن ثم إشباع جزء من حاجاته وليس جميعها. ويشير الاختلال الوظيفي إلى مفهوم الروتين الذي يتضمن تأخيرا مستمرا وتافها لسير المعاملات الرسمية وإلى تجنب مسؤولية وتحويل المعاملات والطلبات الرسمية من مكتب إلى آخر. نستطيع الآن توضيح الروتين بالنقاط التالية:

١. تعارضه مع قيم الفرد وأهدافه لذا فإنه غير ضروري.

٢. انتهاك سرية وكتمان الخصوصيات الفردية. فالفرد يجب ان يخبر البنك الذي يتعامل معه بسبب استلامه للمال الذي يحتاجه او يجب أن يخبر مديره المسؤول المباشر عن سبب طلبه للإجازة من العمل.

٣. يحمل الروتين الإداري الصفة المجهولة في علاقته مع الموظفين لأن البيروقراطية تمثل جماعة ثانوية رسمية منظمة لنشاطات الأفراد التي لا تستطيع الجماعات القيام بها.

٤. يكون الروتين الإداري غير ديمقراطي في تعامله مع الأفراد حيث يقف موقف المتحيز مع أصحاب المواقع الوظيفية العالية ضد أصحاب المواقع الوظيفية الواطئة إن لم يكن معوقا تجاه مطاليبهم وحاجاتهم.

٥. يكون الروتين مزعجا للفرد الذي يتعامل معه لأنه يخضع للمماطلة والتأخير في إنجازات معاملته، إضافة إلى أنه لا يعرف مصير طلبه مما يحبط عزيمته.

٦. يقوم الروتين بتحويل العضو التنظيمي الفعال إلى سلبي وبليد في العمل لا يستطيع استخدام ذكائه ومقدرته المبدعة الخلاقة لصالح المجتمع إنما لصالح النظام البيروقراطي ويصبح هذا العضو مخلصا لتنظيمه ومتعودا على مسايرة أوامره وتعليماته.

نستنتج من ذلك أن البيروقراطية تبني مفهوم المجهولية في بنائها المعقد التركيب مما يصعب على أعضائها التكيف لها بشكل كامل ويمكن إرجاع بعض المشاكل الاجتماعية كنتيجة لممارسات النظام البيروقراطي كالبطالة المزمنة والفقر والبطالة المقنعة وعدم توازن الانتاج الزراعي مع قدرة البلد على الإنتاج الزراعي وصراع مدراء العمل مع العمال وتبذير المصادر البشرية والاقتصادية إضافة إلى استخدامها للخداع والاحتيال والتواطىء والمنافسة غير الحرة والجائرة والتزيف.

نستطيع أن نلخص اختلال وظائف البيروقراطية بالنقاط الآتية:

١. تضخم عدد موظفي التنظيم.

٢. الازدواجية الوظيفية لوحدات التنظيم المختلفة.

٣. المحسوبية السياسية في تعيين الأفراد لأشغال مواقع تنظيمية دون اللجوء إلى الإجراءات البيروقراطية التي تؤمن بها.

٤. عدم تناسب رواتب الموظفين مع اختصاصاتهم التي تؤكد عليها.

٥. التذبذبات في وضع وتنفيذ سياستها.

٦. المنافسة الداخلية بين موظفي التنظيم.

٧. ركود نشاطات التنظيم بسبب الروتين.

جميع هذه الظواهر تعمل على إخلال أو إعاقة تطبيق النظام البيروقراطي وهي في الواقع داخلية تنظيمية تخلقها البيروقراطية لنفسها وليس النظم الاجتماعية الأخرى كالنظام السياسي أو الاجتماعي أو الديني وهذا يعني صعوبة الحكم على بقاء أو خلود النظام البيروقراطي في المجتمع الإنساني.

ومن المعروف بعد أن بينا وظائفها أن نقول البيروقراطية تتضمن ضوابط تنظيمية عديدة ومتدرجة وجافة وصماء لا تراعي أحاسيس ومشاعر العاملين فيها لأنها تخدم الجهاز البيروقراطي نفسه وعلى الرغم من معاناة الموظفين فيها من جهودها ومن تصلب قواعدها الضبطية إلا أن المجتمعات الإنسانية تستخدمها في تنظيم حياتها المكتبية.

إن أفضل من أوضع مفهوم البيروقراطية في التنظيمات الرسمية هو ماكس فيبر الذي قال عنها إنها الممارسة الحقة للسلطة الشرعية التي تكمن في الإدارات البيروقراطية حيث يكون رئيس التنظيم شاغلا موقعا سلطويا حصل عليه عن طريق الانتخابات أو عن طريق التعين من قبل سلطة أعلى منه لإشغال هذا المنصب أو عن طريق الكفاءة المتخصصة التي يتمتع بها حيث يقوم بالقيادة والتوجيه والضبط والسيطرة على كافة المواقع المهنية التي هي أقل من درجة.

أما طبيعة التنظيمات البيروقراطية فتتصف بالخصائص التالية:

١. يكون الموظفون الإداريون مستغلين شخصيا إلا أنهم مسؤولون أمام القانون في عملهم الرسمي والمكتبي.

٢. يكون الموظفون الإداريون منظمين حسب تدرج وظيفي ومكتبي واضح ومحدد.

٣. تكون لكل مكتب صلاحيات مكتوبة واضحة ومعلومة لدى جميع أعضاء التنظيم تعكس نظم التنظيم البيروقراطي.

٤. تشغل المواقع التنظيمية الإدارية من قبل أفراد اختصاصيين يعينون فيها حسب اختبارات خاصة ومقابلات حرة لجميع المتقدمين لإشغالها دون اعتبارات شخصية، بل حسب كفاءاتهم وقدراتهم التخصصية .

٥. تكون العلاقة عقدية بين الموظفين المعنيين والتنظيم البيروقراطي أي تتسم العلاقة بينهما استنادا إلى عقود مكتوبة ومعلومة لدى الطرفين.

٦. يتم اختيار المرشحين لإشغال الوظائف مبني على اساس نوعياتهم الفنية والمهنية المختصة وخبراتهم وشهاداتهم التخصصية.

٧. تخصيص رواتب محددة للموظفين المعنيين وأخذ نسبة معينة من رواتبهم لضمان تقاعدهم عند إحالتهم على المعاش.

٨. تحت ظروف خاصة تستطيع إدارة المكاتب (خاصة في التنظيمات الخاصة) تعين موظفين دون الرجوع إلى مستلزمات وشروط الإدارة وعدم الأخذ بنظر الاعتبار التحصيل العلمي التقني والخبرات السابقة، بل يعين حسب رغبة المكتب نفسه. لكن يبقى المكتب متخصصا بحق عزله أو فصله في أي وقت يشاء ويكون معيار الرواتب قائما على اساس التدرج المتسلسل آخذا بعين الاعتبار مسؤوليات المراتب ومتطلباتها المرتبطة بالمكانة الاجتماعية للمواقع العليا. أي إعطاء مخصصات سكنية وصحية واجتماعية لأصحاب المواقع العليا لكي يستطيعوا أن يعيشوا بنفس المستوى الذي يتناسب مع مواقعهم الإدارية العالية.

٩. يكون نظام ترقية الموظفين قائما على الأولوية في الأداء والإنجاز الوظيفي قائما على الاثنين معا ويخضع هذا إلى حكم وتقييم الرؤساء.

١٠. تكون الأعمال الإدارية منفصلة بشكل تام عن مالك التنظيم أو وسائل الإدارة. فالوظيفة الإدارية أو المواقع الإدارية لا يملكها الموظفين لأن المواقع لا تخضع للامتلاك بل للإشغال حسب متطلباته وشروطه.

إن هذه النقاط العشرة التي طرحها ماكس فيبر تكون مناسبة لإدارة تنظيمات تبحث عن الربح أو الفائدة المادية وتمثل النموذج الأمثل للبيروقراطية الإدارية. وهي بهذا المعنى تمثل الحكم المطلق لكنها تختلف بالدرجة لا بالنوع مستهدفة تطبيق درجة عالية من الدقة والسيطرة على أعضائها في تطبيق نظمها وقواعدها. وقد نجد مثل هذا النموذج- حسب قول فيبر- في المكاتب الحكومية والجيوش العسكرية والكنيسة والأحزاب السياسية والمصالح الاقتصادية وجميع التنظيمات الخاصة كالنوادي، ومع ذلك فهناك تنظيمات لا يشملها النظام البيروقراطي مثل اللجان البرلمانية ومكاتب ذات المكانة الشرفية والحكام العلمانيون واللجان التمثيلية (أي تمثل دوائر ومكاتب مختلفة) ويضيف فيبر إلى ما تقدم فيقول أن الأساس الأول لسيادة النظام البيروقراطي يكمن في درجة المعرفة التقنية التي تتمثل في السيادة التكنولوجية والأساليب الإدارية المتقدمة في إنتاج السلع التي أصبحت في الوقت الحاضر صفة لازمة وضرورية وفي هذا الاعتبار لا يوجد فرق جوهري سواء كان النظام الاقتصادي قائما على القاعدة الرأسمالية أو الاشتراكية طالما يبحث النظامان عن

الدقة في العمل التقني والتخصص العلمي- حسب رأي فيبر- إن سيطرة الحكم المطلق يشير إلى حصر السيطرة بيد شخص واحد غير متخصص في الأمور التنظيمية ومما لا شك فيه أن النظام الرأسمالي يلعب دورا مهما في تطوير النظام البيروقراطي.

فالنظام الرأسمالي يمثل إذن القاعدة الاقتصادية المنطقية للإدارة البيروقراطية من أجل زيادة ثروتها المالية. إذ أن الإدارة البيروقراطية تعني أساسا ممارسة الضبط والسيطرة على قواعد المعرفة وهذه الصفة تمنحها التخصصات لكل عقلاني من أجل بلورة النفوذ والسلطة في مواقعها الإدارية لذلك نجد موظفي النظام البيروقراطي يمارسون نفوذا عاليا ويعملون على زيادة ومضاعفته داخل مكاتبهم. أما تبعيات الضبط والسيطرة البيروقراطية فإنها تتضمن ما يلي:

١. ترتيب المواقع لصالح الرئيس أو المدير العام.

٢. الميل إلى حكم الأغنياء والمتخصصين في المعرفة العلمية.

٣. سيادة روح العلاقات الرسمية المجهولة.

٤. تقديم خدمات واحدة لجميع أعضاء التنظيم دون الأخذ بنظر الاعتبار الاختلافات الفردية في التعامل (عمر، ١٩ ص. ص ٢٩٩-٣٠٠).

٤. السيطرة Dominance

أبرز أمتاي أتزيوني أهمية مفهوم السيطرة من قبل التنظيم الرسمي في المجتمعات الحديثة حيث قال أنه من المعروف لدى الجميع أن للتنظيمات حاجات اجتماعية خاصة بها تهدف اتباعها ولا يتم ذلك من خلال أعضائها ولأعضاء التنظيم أيضا حاجات يهدفون إلى إشباعها فيمارس التنظيم بعض الضغوط لاشباع حاجاته ونفس الشيء بالنسبة للأعضاء فهم يمارسون تأثيراتهم الخاصة على التنظيم لإشباع حاجاتهم. وإذا تعمقنا في معرفة هذه الحاجات نجدها متلازمة ومترابطة ومكملة الواحدة للأخرى على الرغم من الضغوط التي تمارسها الواحدة على الأخرى. فمثلا، إذا زاد دخل الشركة التعاونية فإن ذلك يؤدي إلى زيادة دخل أعضائها ولأعضاء التنظيم أيضا حاجات ونفس الشيء بالنسبة للأعضاء فهم يمارسون تأثيراتهم الخاصة على التنظيم لإشباع حاجاتهم. وإذا تعمقنا في معرفة هذه

الحاجات نجدها متلازمة ومترابطة ومكملة الواحدة للأخرى على الرغم من الضغوط التي تمارسها الواحدة على الأخرى. فمثلا إذا زاد دخل الشركة التعاونية فإن ذلك يؤدي إلى زيادة دخل أعضائها تباعا، وإذا زاد اعتبار أحد المدارس اجتماعيا فسوف يزداد اعتبار مدرسيها أيضا ومن هنا نرى حاجات التنظيم وحاجات أعضائه تكون مكملة للأخرى ومتصلة بها إنما لا يتم ذلك إلا من خلال وجود سيطرة تنظيمية (أي إدارة محكمة لتنظيم وتنسيق مثل هذه الحاجات) وإلا فسوف يحصل تضاربا وتنازعا بدلا من التكامل والتكافل. أي يستطيع التنظيم أن يقوم بعملية السيطرة من خلال وضع قواعد أساسية لنظام المكافئات وقواعد أخرى خاصة بنظام العقوبات ويكون الأول خاصا بالأعضاء الذين ينفذون أوامر التنظيم ويقدمون خدمات له ويشاركون في نشاطاته، ويكون النظام الثاني خاصا بالأعضاء الذين ينحرفون عن تطبيق قواعد ونظم التنظيم وعدم المشاركة في مناشطه. ومن خلال هذين النظامين (نظام المكافئات والعقوبات) يستطيع التنظيم أن يفرض نظام السيطرة على أعضائه وبالوقت نفسه يقدر على إشباع حاجاته وحاجات أعضائه.

وجدير بالذكر في هذا الخصوص تميز اتزيونيي بين نوعين من التنظيمات الأولى سماها بالتنظيمات الطبيعية مثل العائلة والجماعات العرقية والقومية والمجتمع المحلي (التي تشبه إلى حد بعيد الجماعات غير الرسمية في تحديد جارلس كولي) والتنظيمات الثانية سماها بالتنظيمات المبدعة كالتنظيمات البيروقراطية والشركات والنقابات والأحزاب السياسية (التي تشبه إلى حد بعيد التنظيمات الرسمية في تحديد كولي) التي تكون هياكلها التنظيمية مخططة ومقصودة ويخضع بناؤها إلى ظروفها الخاصة وتهتم بالإنجاز العلمي والتقني مما تكون هياكلها معقدة وقائمة على مواقع محددة ومتسلسلة ومتدرجة وتركز على السيطرة المركزية المباشرة مؤكدة على تماثل الأعضاء مع أعمالهم ووظائفهم التي يقومون بها داخل التنظيم. من هذه الوضعية نرى أن التنظيم لا يعتمد بشكل كلي على أعضائه فقط بل على قواعد وقوانين خاصة بالسيطرة على الأعضاء ولإخضاعهم لأهدافه عن طريق الترغيب واشباع حاجاتهم لكل من يمتثل لقواعده ونظمه وأهدافه والترهيب لكل من لا يمتثل لقواعده ونظمه وأهدافه.

إضافة إلى ذلك، فالتنظيم يؤكد على فكرة الإنجاز العلمي والتقني في كفاءات ومعطيات أعضائه من أجل خدمة أهدافه ونظمه فهو (التنظيم) يكافئ العضو المبدع والخلاق

(من زاويته) وليس من زاوية حاجات العضو وبهذا العمل يحقق التنظيم ويشبع نوعين من الحاجات الأولى تنظيمية والثانية فردية (خاصة بالعضو).

أما أنواع السيطرة التنظيمية فقد صنفها اتزيوني إلى ثلاثة أنواع هي :

١- السيطرة الجسمية التي تعني الايذاء الجسدي أو الحرمان العاطفي والوجداني التي تمارسه التنظيمات القسرية والإلزامية مثل السجون والمؤسسات العقابية ومستشفيات الأمراض العقلية والعصبية ومعسكرات أسرى الحرب ومعسكرات التعذيب.؟

٢- السيطرة المالية: التي تقدم المكافآت والعقوبات المالية والمحفزات غير المعنوية التي تمارسها المعامل والمصانع وشركات التأمين والبنوك والدوائر التي تقدم الخدمات المدنية والتنظيمات العسكرية في وقت السلام.

٣- السيطرة الرمزية التي لا تمارس الايذاء الجسدي أو المكافئات أو العقوبات المادية، بل تستخدم الاعتبار الاجتماعي والسمعة الاجتماعية كأداة الترغيب والترهيب من أجل السيطرة والتحكم والتوجيه وإلزام الأعضاء بالتمسك بقواعد ونظم التنظيم. فأصحاب المواقع العليا داخل التنظيم يمارسون السيطرة الرمزية على الأعضاء الذين يحتلون مواقع أوطى منهم، نجد مثل هذه الحالة في التنظيمات الدينية والسياسية والعقائدية والكليات والجامعات والمعاهد التقنية والمنظمات الاختيارية والمدارس ومستشفيات الأمراض العصبية.

ويضيف اتزيوني إلى ما تقدم فيقول (إن استخدام السيطرة القسرية والإلزامية مقترنة ومستمدة مع استعمال السيطرة المالية التي تقترن أيضا مع استعمال السيطرة الرمزية بمعنى آخر أن قواعد النفوذ والسيطرة الجسدية تتجه نحو إلزام وإجبار العضو للخضوع والإذعان.

أخيرا يشير اتزيوني إلى حقيقة أخرى مفادها أنه ليس من الضروري أن يكون لكل تنظيم نمطا للسيطرة أو ممارسة أحد أنواعها كما ذكرناه أنفا بل هناك نقابات مهنية وحرفية لا تمارس أي نوع من هذه الأنواع الخاصة بالسيطرة لأنها تقدم خدمات للأعضاء من أجل إشباع حاجاتها الخاصة بسبب اندماج حاجاتها وأهدافها مع حاجات وأهداف أعضائها.

٥- التدرج السلطوي Hierachy

يشير هذا المفهوم إلى نظام ترتيب المواقع التنظيمية المتدرجة من الأعلى إلى الأدنى حسب موازين معينة ويحدد علاقة هذه المواقع اكثر مما يحدد الإداريين بالمتخصصين.

يرى فكتور توماس إن السلطة الكارزماتيكية تكون قوية ومترسخة في التنظيمات الحديثة بسبب التدرج السلطوي والاعتبار الاجتماعي الملتصق بمواقع التنظيم خاصة عندما يكون دور العضو غير واضحا أو محددا وهذا الغموض في الواقع هو أحد الاختلافات الجوهرية بين أدوار المتخصصين وأصحاب المواقع في التدرج السلطوي، فكلما كان العضو في التنظيمات الكبيرة بعيدا عن أصحاب المواقع العليا زادت عقوباتهم ومحاسبتهم وقل نفوذهم. السلطوي والعكس صحيح. فالتدرج السلطوي يختلف في توزيع المواقع الاجتماعية والنفوذ السلطوي والدخل المالي على أعضائه. ولكن تسلق عضو التنظيم سلم التدرج السلطوي زادت مسؤولياته ومناشطه على عكس المتخصص داخل التنظيم الذي تكون مناشطه محددة من قبل تخصصاته أكثر من سلطة التدرج السلطوي . إضافة إلى ذلك يعطي التدرج السلطوي للمواقع العليا اتصالات رسمية مع جميع المواقع التي تحتها أو أقل منها قوة وسلطة، وتملك الصفوة المختارة داخل التنظيم معلومات غزيرة وكافية حول سياسة التنظيم ونوعية أعضائه. لذلك تكون لها القدرة الواسعة على طرح أي موضوع يريدون مناقشته أو التي تهم أهداف التنظيم وتكون لهم صلاحيات واسعة لمواجهة المشكلات والمعضلات التي تحصل داخل التنظيم ولهم القدرة الكافية على ممارسة الضغوط والتأثيرات على أعضاء التنظيم ونستطيع ملاحظة ذلك داخل اجتماعات وندوات ومؤتمرات التنظيم.

أما أصحاب الخبرات الغنية والتخصصات العلمية فيكونون منسجمين مع عملهم، وتبرز بينهم جماعات مبدعة وخلاقة لتنمي وتطورممارستها ومعرفتها وإبداعها ورغبتها من أجل السيطرة على نشاط التنظيم الخارجي لكي تحمي مكانتها ومهاراتها وتخصصها ويدفع بالوقت ذاته إلى مساهمات التنظيم في حقول جديدة وتعطي سمعة واعتبار علميا عاليا لتنظيمها. بينما تؤكد الصفوة المختارة داخل التنظيم على ما إذا يجيب ان ينجز أو ينفذ وبالوقت نفسه يحافظون على مكانتهم ومواقعهم وتقدمهم.

بينما يؤكد المتخصصون على سياسة التنظيم الفنية . فالمعرفة التخصصية تتنافر مع دور السلطة التنظيمية ومواقع التدرج السلطوي في أغلب الأحيان وكنتيجة لهذا التنافر يحصل تنافسا بين أصحاب السلطة والمتخصصين داخل التنظيم في اتخاذ القرارات وتحديد سياسة التنظيم. وبالتالي يؤدي إلى اختلافات وتصارعات فيما بينهما. وفي حالة وجود أساليب غير ديموقراطية تمارسها الصفوة المختارة داخل التنظيم فإن ذلك يسبب مقاومة ومعارضة من قبل أعضاء التنظيم ضدها.

نستنتج من ذلك أن التدرج السلطوي يتضمن أربع جماعات اجتماعية رئيسية هي : الصفوة المختارة وأصحاب التخصصات الفنية والعلمية، وأصحاب المواقع الرسمية العليا والاتباع . وما دمنا في صدد توضيح التدرج السلطوي فلا بد أن نشير إلى مفهوم (حكم الأقلية) الذين يشكل موضوعا مهما في التدرج ولعدم خلو التدرج من هذا المفهوم في أغلب التنظيمات الرسمية الكبيرة فإن حكم الأقلية يعني تحديد السلطة والمواقع الإدارية داخل التدرج السلطوي الذي يؤدي في النهاية داخل التنظيم إلى بلورة حكم الأقلية. ويعني هذا المفهوم أيضا حكم الأغنياء والمفهوم الجديد لحكم الأقلية يتضمن أصحاب الرواتب العالية من موظفي التنظيم التي تكون مكاناتهم ونفوذهم قائمة على السيطرة والتوجيه وإصدار الأوامر، وليس على امتلاكهم لمصادر التنظيم الكثيرة. إضافة إلى ذلك يكون نفوذ (حكم الأقلية) محدودا من خلال علاقتهم الخارجية مع نفوذ الأقليات السلطوية في تنظيمات أخرى. وقد نجد ظاهرة حكم الأقلية بارزة في التنظيمات الصناعية اكثر من التنظيمات السياسية بسبب وجود القوى المضادة (في العدد والمصالح) في التنظيمات السياسية ضد حكم الأقلية لاحتواء أو لتضمن أعضاء التنظيم السياسي مصالح متعددة ومتنوعة وقد نجد حكم الأقلية في المجتمعات النامية التي يكون فيها الساسة والمتخصصين من فئة اجتماعية معينة ومحددة. بينما نجد الأفراد في المجتمعات المتقدمة ينتمون إلى عدة تنظيمات مختلفة ومتنوعة تؤدي بدورها إلى انتشار حكم الأقلية في أكثر من جماعة واحدة.

إن حكم الأقلية يعطي نفوذا واسعا للأقلية على الأغلبية إنما هذا لا يعني أن الأغلبية لا نفوذ لها. ويشير حكم الأقلية إلى عدم تكافؤ وتوازن النفوذ داخل التنظيم ويظهر ذلك جليا في عملية إنجاز قرارات التنظيم ومتعلقة بسياسة وتنفيذ أهدافه. فعندما يكون التنظيم كبيرا

وتكون اتصالات أعضائه غير مباشرة وتكون الاتصالات مباشرة بين الأقلية الحاكمة وتتجه عملية اتخاذ القرارات لتكون بيد الأقلية. وقد يشكوا المتخصصون داخل التنظيم من حكم الأقلية خاصة عندما تبرز أصحاب جماعة متخصصة ذكية وعبقرية لتقوده وتقدم له إبداعات جديدة ولكي تتسلق على التدرج السلطوي بسرعة على اتخاذ قراراتهم وسياسة التنظيم وتزيد من شكوى بقية المتخصصين من حكم الأقلية. أما سبب حكم الأقلية فإنه يكمن في الحاجة إلى سيطرة وممارسة الضغوط من أجل التأثير على بناء التدرج السلطوي .

إضافة إلى ما تقدم فإن أعضاء الفئة الحاكمة داخل التنظيم تستخدم المنطق العقلاني الرشيد لتبرير قراراتهم وأوامرهم ويبحثون عن سلطة مكتوبة في نظام التنظيم الداخلي لدعم أنشطتهم التنظيمية ولكي تستطيع مواجهة تساؤلات واستفسارات أعضاء التنظيم.

٦- اتخاذ القرار Decision Making

إن عملية اتخاذ القرارات تتم لمعالجة مشكلات قائمة أو لمواجهة حالات أو مواقف محتملة الوقوع أو لتحقيق أهداف موسومة. وقد تكون المشكلات القائمة واضحة ومعروفة الأبعاد والجوانب أو قد تكون غامضة بالنسبة لعمقها وأبعادها والأسباب المكونة لها أو قد تكون غير موجودة في الأساس لكن حذر الإدارة واستطلاعها للظروف المحيطة تجعلها تتنبأ بتوقع حدوثها. لذلك تقوم الإدارة في كل الحالات التي تستدعي اتخاذ القرارات بتجميع كل ما يلزمها من بيانات ومعلومات وتحليل ما يحيط بها من ظواهر وعوامل مختلفة لتساعدها في الوصول إلى القرار الرشيد بعد تحديد البدائل وتقييمها من أجل أن يكون القرار مناسبا لتحقيق الهدف الذي أتخذ من أجله.

هذا على الصعيد النظري، أما على الصعيد العملي فإن متخذي القرار يخضعوا بشكل مباشر أو غير مباشر إلى ضغوط عديدة ومتنوعة من العناصر التي تحيط بالمشكلة المراد معالجتها واتخاذ القرار بشأنها وأن تجاهل هذه الضغوط (التي تمثل أصحاب المصالح الذاتية أو المجتمعية) أو تجنبها لأنها سوف تخلق مشاكل لمتخذي القرار وإزاء هذه الحالة فإنهم يحاولوا أن يوازنوا بين هذه الضغوط الممارسة عليهم أو ينتهي بهم الأمر إلى مجاراة ومحاباة الضغوط القوية وإهمال الضغوط الضعيفة.

هذا من جانب ومن جانب آخر، فإن اتخاذ القرار الجمعي أو المؤسس يمثل قوة ضاغطة

وضابطة على أعضاء التنظيم الرسمي لأنه لا يمثل قرارا فرديا أو مزاجيا بل لجينيا من أصحاب الاختصاص، أو العلاقة لذا يمسي الالتزام به واجبا تنظيميا.

وغالبا ما يعترض متخذي القرار مشكلة تتطلب منهم تحديد موقفهم إزائها وقد تتضمن المشكلة أهدافا متناقضة إلى جانب العديد من البدائل المطروحة للاختيار. فالتوصل إلى أفضل البدائل يتطلب وجود أسس وضوابط لقياس العائد أو النتيجة المتوقعة من كل بديل ومقارنة تلك النتائج المتوقعة لانتقاء العائد الأمثل .

ومن الصعوبات التي تعترض عملية اتخاذ القرار هي:

١- الخضوع لمؤثرات وضغوط محلية مرتبطة بالبيئة التقليدية والعادات والعلاقات القرابية.

٢- ارتباط بعض أعضاء متخذي القرار بمصالح متضررة من اتخاذ القرار الأمر الذي يجعلهم الخضوع لضغوط ذاتية تخدم مصالحهم التي سوف تتضرر منه.

٣- شخصية متخذ القرار . قد يكون المدير واقعا عند اتخاذ قراره تحت تأثير بعض العوامل الداخلية التي تشمل التنظيم الهرمي الذي تقرره السلطة السياسية وما ينجم عنه من بيروقراطية وجمود وضرورة التقيد بالإجراءات الداخلية أو قيود خارجية وبالتالي ينجم عنها خضوع الإدارة لسلطة أعلى كالسلطة السياسية التي تحدد الغايات الكبرى الواجب تحقيقها مما تنعكس سلبا على أفكاره وتطلعاته مما يؤثر على المسؤسسة ونجاحها.

عموما يمثل اتخاذ القرار قوة تنظيمية تلزم الأعضاء بالالتزام به والخضوع له وممارسته لأنه يخدم هدف أو أهداف التنظيم والذي لا يلتزم به يعد متجاوزا قرارات التنظيم أو غير ملتزمة به ويعرض وظيفته للخطر.

٧- القانون

ما دام القانون يهتم بقواعد الأخلاق والقوى التي تعمل على ضمان احترام هذه القواعد، فإنه ينتمي إلى الضبط الاجتماعي. لأنه (القانون) هو العمليات التي يحافظ بها على كل القواعد المعترف بقوة إلزامها ويفترض تطبيقها بما في ذلك الدوافع والقيم التي تؤثر

في القضاء وكل القوى المتشعبة الجوانب التي تمنع أغلبية الناس من المثول أمام القاضي بصورة مطلقة (مير ١٩٨٥ ص ١٥٨).
ثمة حقيقة تشير إلى أن المجتمعات البسيطة ليس لها قوانين إنما هي تملك أعرافا فحسب والأخير يختلف عن الأول لأن العرف في كونه ينفذ ويطاع تلقائيا دون الحاجة البتة فرصة . وقد وجد الفقيه القانوني الأمريكي روسكو باوند القانون هو الضبط الاجتماعي الذي يمارس من خلال التطبيق النظامي لقوة مجتمع منظم تنظيما سياسيا (مير ١٩٨٥ ص١٦١) إلا إننا نضيف إلى ما قاله باوند ونقول أن العرف أيضا يمثل ضبطا اجتماعيا إنما يمارس من خلال التطبيق العرفي لقوة مجتمع منظم تنظيما عشائريا وقبليا.
لا يقتصر القانون على الأحكام التي يضعها المشرع أو القاعدة الخلقية بل يشمل العادات الجمعية والأعراف الاجتماعية والسنن الدينية من أجل تحقيق الأمن الاجتماعي وتوزيع الفرص على الناس بشكل عادل والتوفيق بين المصالح المتنازع عليها بين الأفراد والجماعات. وهذا يعني أنه يتصف بالتكيف للتطورات الاجتماعية والمرونة في مواجهة الأحداث الاجتماعية والصلابة والصرامة أمام الانحرافات السلوكية الخارجية عن فقراته المكونة له.
بهذا الصدد يرى إميل دوركهايم القانون على أنه رمز مرئي يشير إلى التضامن الاجتماعي ولا يمكن أن تستمر حياة المجتمع دون وجود قانون يضع الحدود ويرسم العلاقات ويحدد جميع المتغيرات الضرورية للتضامن الاجتماعي.
بينما وضع نيقولا تيماشيف (منظر امريكي حديث) معادلة قانونية تتضمن الأخلاقيات والقوة لكن ليس معنى ذلك أن هاتين الظاهرتين لا بد أن توجدا معا في كل زمان وكل مكان، بل يمكن أن توجد كل منهما على حدة فمن الممكن أن نجد مجتمعا يعتمد تنظيمه على النمط الأخلاقي دون أية مشاركة من القوة أو يعتمد على النمط الإلزامي دون وجود العنصر الأخلاقي وكل ظاهرة من تلك الظاهرتين تعتمد على ظاهرة أخرى. فالأخلاقيات تقوم على أساس الاقتناع الجماعي. أما القوة فهي تعتمد على الاستقطاب .
ولكن إندماج القوى الإخلاقية مع مجموعة الأوامر التي تشكل بناء القوة يكون نسقا من قواعد السلوك الإنساني في المجتمع وهو القانون.
يتميز القانون الناضج في نظر تيماشيف بالخصائص التالية:

١- إن السلطة تحتكر الجزاءات القانونية بطريقة تسلسلية
٢- تمايز الجزاءات وتنوعها.
٣- خضوع الجزاء البدائي العقابي لعمليات التحول السريع.
٤- إضافة صور جديدة إلى الممارسات البدائية للجزاء
٥- خضوع السلطة للعمليات التشريعية .

بينما يرى بيترم سروكن (عالم اجتماع روسي الأصل) أن وجود الدولة يدل على وجود قانون وأنه بدون المعايير القانونية لا يمكن أن توجد الدولة (إلا أننا نجد في وقتنا الحاضر وبالذات في بعض الدول العربية لا تتضمن قوانين فيها إلا أنها تحسب على الدولة!! معنى ذلك أن وجود القانون سابق على وجود الدولة. في حين عرفه جيرفيتش (فرنسي) على أنه محاولة لتحقيق العدالة في محيط اجتماعي معين (جابر ١٩٨٢ ص ٣٢٠-٣٢٣) وبدورها هنا نتفق مع تعريف جيرفيتش لأنه فعلا في هذه الدول العربية التي لا يوجد فيها قانون وضعي ولا توجد فيها عدالة اجتماعية.

معنى ذلك أن القانون اعتمد في بداية تكوينه على التعاليم الدينية والأعراف الاجتماعية لكي يقيم العدالة بين الناس ويحقق التضامن الاجتماعي داخل المجتمع لذلك نجد الدولة تقف موقف الداعم له بواسطة استخدام القوة والإلزام في تطبيقه وتنفيذه . فالقانون إذن اداة ضبطية أخلاقية وأمرية (الزامية) بالوقت ذاته.

واجد من المفيد أن ألفت انتباه القارئ في هذا المقام إلى تميز رينيه هوبير بين القاعدة القانونية والقاعدة الأخلاقية، إذ أن الأولى لا تظهر إلا بظهور قوة سياسية يكون هدفها الأساسي تثبيت العرف بقواعد ثابتة مدونة على شكل لوائح وأحكام مدعمة بجزاءات محددة. إلا أن هذه الصفات لا تظهر في القاعدة الأخلاقية التي لا يلتزم الأفراد جميعا باتباعها كما ان الخروج عنها لا يستوجب توقيع عقوبات محددة. ولا تعني هاتان الصفتان صفة الإلزام وصفة التنظيم اللتان تتصف بهما الظاهرة القانونية أن الدولة هي التي تخلق القانون لأنه ينبع من مصدر أكثر عمقا وهو العقلية الجمعية وحين تتكون الدولة في مرحلة متأخرة تضفي عليه طابع التقنين والتنظيم .

وإذا رجعنا إلى تاريخ البشرية نجد أن القانون قد نشأ من المرحلة الدينية الجماعية ثم

وصل إلى المرحلة المدنية - الفردية. إذ كانت الأسرة الرومانية بأكملها تتكفل بأداء الدين المطلوب من أحد أعضائها وكانت تدفع دية للسجين والغرامة التي يحكم بها على من يتخطى نطاق القانون. بل إذا أصبح واحد من أعضائها قاضيا قام كل فرد في الأسرة بدفع نصيب من المال لمواجهة أعباء تلك الوظيفة السامية ويصحب المتهم إلى المحكمة جميع أفراد أسرته. توضح هذه الأمثلة أن القانون يخلق نوعا من التضامن الاجتماعي والوحدة الاجتماعية. ثم جاء السحر كحلقة وسيطة مر بها القانون في تطوره من المظهر الديني الجماعي إلى المظهر المدني الفردي. إذ كان السحر أول مظهر لتثبيت شخصية الفرد بعد أن كان يفنى في سبيل الجماعة البدائية .

وكانت أول محاولة جريئة لتحدي سلطان الآلهة وإثبات قوة الفرد إذ كانت شعائر السحر تقام لتحويل الشعائر الدينية من غرضها الاجتماعي لتحقيق رغبة فردية، أو معتقد شخصي وهذا يدعونا للقول إلى أن فكرة القانون الفردي قد نبعت من النشاط السحري ثم بدأ التحول عن نطاق الدين يظهر حين أخذ الناس يلجأون إلى السحرة للاستدلال على سارق أو الكتابة حجاب يحميهم من خطر أحد الأشرار، كما كان السحرة بتعاويذهم يصبون اللعنة على المتهم ويتوعدونه بسوء المصير.

أما الحلقة الثانية في تطور القانون نحو المظهر الفردي فقد تمثلت في تطور النشاط الاقتصادي إذ أن ازدياد حركة التبادل بعد تخطي مرحلة الاكتفاء الذاتي للأسرة أو للقبيلة أدى إلى ظهور فكرة الالتزام وإلى التعاقد بين الأفراد وإلى نظام الودائع بل إلى نظام الدفع المؤجل.

وكان من نتيجة هذا التحول من الشكل الديني الجماعي إلى الشكل المدني الفردي أن أصبح القانون أكثر مرونة وأقل صرامة، فلم يعد يقوم على تلك الصيغ الجامدة التي ما كان أحد يجسر على مناقشتها. وبعد أن اعترف له بالطابع الإنساني أصبح قابلا للتهذيب والتعديل . فكما أن إرادة الناس في المجتمع هي التي صنعته فكذلك تستطيع هذه الإرادة ممثلة في الهيئة التشريعية أن تعد له لصالح المجتمع وليكون أكثر تمشيا مع ما يطرأ على المجتمع من تغيرات ثقافية واقتصادية.

كما أن القانون في تحوله إلى المظهر الفردي إلى المظهر الإنساني أصبح يحترم لروحه ومعانيه لا لنصوصه فقد كانت قيمة القانون البدائي في الكلمات التي يصاغ فيها ولك يكن أحد يهتم بالبحث عن المبادئ الخلقية التي ينطوي عليها، كان الناس يلتزمون به لأن صيغته

مقدسة لا لشعورهم بأنه يحقق العدالة. وهذا التحول من (الشكل) إلى (الروح) جعل للنية القصد وزنا في تقدير المسؤولية والعقوبة (بدوي ١٩٦٩ ص ٢٤٨-٢٥٥).

أخيرا يمكن القول بأن القانون ينطوي على جميع الرسائل التي تؤهله لمنع الإنحراف وعقابه فإنه ينطوي بالضرورة على مركز من شأنها التحري عن المنحرفين والحكم عليهم وعقابهم. وكلما زادت قواعد القانون دقة وزادت ضرورة التخصص فيه لمواجهة كل أنواع الانحراف والمنحرفين. ولما كان القانون يتضمن العقوبات فإنه يكون عاملا مانعا عن الانحراف وله فاعلية في ظل أربعة شروط هي:

١- أن يكون العقاب قاسيا بدرجة كافية ليعيد التوازن بهدف الوصول إلى الامتثال .

٢- أن يكون مباشرا وفوريا بدرجة كافية ليربط في الأذهان العلاقة الوثيقة بين العقاب والانحراف.

٣- أن يكون واحدا نسبيا. بمعنى أن يطبق على جميع الأشخاص الذين يرتكبون انحرافا معينا.

٤- أن يكون مؤكدا وموثوقا به لتصبح للشروط الأخرى فاعلية محققه.

ولما كانت هذه الشروط متساندة فإن تطبيقها يتوقف على اعتبارات متعددة يتعلق بعضها بالقيم. فإنه من الصعب أن تحدد الفاعلية النسبية لأي منها أو امكان تطبيقها جميعا إلى أقصى درجة من درجات الكفاية (غيث ١٩٨٧ ص ٣٩٨).

وظائف آليات الضبط الاجتماعي

إذا اردنا أن نغرف من الحياة اليومية معلومات وحقائق وظواهر عن الضبط الاجتماعي، علينا الخوض في موضوع ابتغاء وما تؤول إليه من وظائف إيجابية تقدمها للأفراد خاصة والمجتمع عامة وسوف نعرضها كالآتي:

١- مساعدة الأفراد في تشكيل تنظيمات اجتماعية

٢- اختزال الضوابط القسرية والقمعية.

٣- تحقيق العدالة الاجتماعية بين الأفراد

٤- حماية النظام الاجتماعي

٥- المحافظة على التضامن الاجتماعي
٦- وقاية الأفراد من الانخراط والانزلاق في مهاوي الانحراف والاجرام.
نأتي الآن لشرح كل وظيفة بشكل مفصل ..
١- مساعدة الأفراد في تشكيل تنظيمات اجتماعية من خلال تقديم أو طرح معايير ومبادئ وقيم اجتماعية ضابطة للسلوك وحق الأفراد على الالتزم بها إذا أرادوا تحقيق أهدافا معنوية - لا مادية تخدم المجتمع وعادة ما تكون هذه المعايير والمبادئ والقيم الضابطة غير معتمدة على الثقافة النسبية أو بالرؤية السياسية المحافظة ولا حتى بالمنفعة الاقتصادية الذاتية لمجموعة أفراد معينين أو متميزين بل هي آليات تشجع الأفراد على التماسك والتضامن لكي لا تنفرط علائقهم أو يتمزق نسيج وحدتهم الاجتماعية دون محاباة شريحة اجتماعية على حساب شريحة أخرى وهذه وظيفة اجتماعية إيجابية موحدة لا مفرقة. أقول وظيفة بنائية.
٢- اختزال الضوابط القسرية والقمعية : عادة ما ينطوي النسق القانوني على قواعد ومبادئ عادلة تقوم بتنظيم حقوق وواجبات الأفراد، ويضع هذا النسق بذات الوقت عقوبات لازمة وقسرية على كل من يخترقها أو ينحرف عنها. لكن عند وجود آليات عرفية ضبطية وتنظيمية توجه أفراد المجتمع في تعاملهم اليومي وحياتهم المعاشية فإنها وبلا ريب تساعد قواعد ومبادئ النسق القانوني في تطبيقها وعدم اللجوء إليها إلا وقت الاختراق التي تعكس عدم التزام الأفراد بآليات الضبط العرفية، وهنا تمس (هذه الآليات) آلياتا وقائية ومساعدة بشكل غير مباشر في تطبيق قواعد النسق القانوني مما جعل الأخير بعيدا عن الخوض في بحر العقوبات الرادعة والقسرية بل تقلل من مهامه الضبطية. آتيك بمثل المحرمات الاسلامية في الزواج إذ أن من أحد ضوابط الدين الإسلامي في الزواج هي تحريم الزواج من أخت الزوجة في نفس الوقت او جمعهما معا كزوجات.او الفتنة بين الأفراد إذ يوصم المجتمع الشخص الذي يقوم باشعال نيران الفتنة بين الناس بأنه فتان ومشاغب أو غير أمين ولا يصدق به أو لا يؤتمن فينفر الناس منه ويتجنبوه

وهذا ما يؤدي بالناس إلى عدم ممارسة الفتنة حرصا على اعتبارهم الاجتماعي ومكانتهم بين الناس وهذا يشير إلى وظيفة الواقية التي تقدمه آلية الضبط الاجتماعي العرفية المتمثلة في الوصم الاجتماعي.

لملاقاة هذه الوظيفة نورد الحقيقة التالية الملتصقة بالتنظيمات الرسمية التي تستخدم الأساليب القسرية والإلزامية في تنظيم مناشطها وهيكلها إذ أنها لا ترغب دائما باستخدامها على أطول الخط وإلى الأبد وحتى الأنظمة الدكتاتورية ذات الحكم الشمولي لا تستخدم القوة والعنف والقمع بشكل دائم ومستمر لأنها تخضع لمتغيرات وتطورات مستجدة تدعها استحداث معايير متغيرة تباعا الأمر الذي يجعلها مبتعدة عن استخداماتها السابقة ولو مر حليا.

على أن لا ننسى أن آليات الضبط الاجتماعي العرفية لا تستخدم الالزام والقسر بل تستخدمها في بعض آلياتها بين الفينة والأخرى (مثل النبذ الاجتماعي أو النظرة الدونية او المقاطعة الاجتماعية في العلاقات والمصاهرة والعمل) إنما تستخدمها بشكل محدود وحسب المعايير العرفية المقبولة عندهم آيتنا في هذا التبصير هو القول بأن الضوابط العرفية تستطيع امتصاص التوترات والاضطرابات والانقسامات التي تحصل بين الأفراد والجماعات التي تحصل بين الفينة والأخرى بغض النظر عن نوع المجتمع سواء كان بدويا أو ريفيا أو حضريا أو صناعيا أو معلوماتيا ولا تتوقف عند حالة الامتصاص، بل تتدخل في تنظيمها وتحويلها إلى حالة إئتلاف وجوده ومصالحه بينهم من أجل المحافظة على وحدة وتضامن المجتمع دون التفريط بأحد من أعضائه أو جماعته قدر الإمكان وهذا يعمل على ابتسار أو اختزال أو حتى الابتعاد عن استخدام النسق القانوني والتنظيمات الرسمية للقوة والوسائل الردعية والقسرية فالضوابط الاجتماعية العرفية في هذه الوظيفة تكون من النوع الوقائي.

٣- **تحقيق العدالة الاجتماعية بين الأفراد** موقعيا وأدواريا وطبقيا وطائفيا وعرقيا دون محاباة ومجاملة سواء كان ذلك في تفاعلهم أو تعاملهم مع مفردات الحياة الاجتماعية اليومية. نقول خضوع الجميع دون تمييز بين الفقير والغني أو الكبير والصغير أو بين الحاكم والمحكوم أو بين المثقف والجاهل أو بين الذكر والانثى أو

بين الحرفي والمهني. مثل ضوابط حول تبادل الهدايا في المناسبات الأسرية والاجتماعية أو تبادل الزيارات في مناسبات الأعراس والعزاء أو التزامات الأب والأم تجاه أبنائهم والتزامات الأبناء تجاه والديهم والتزامات الزوج نحو زوجته والتزامات الزوجة أمام زوجها وهكذا. بتعبير مختصر إنها وظيفة موضوعية محايدة وليست شرائحية أو متحيزة.

٤- حماية النظام الاجتماعي: لملاقاة هذه الوظيفة نقول أن لكل مجتمع خبراته الاجتماعية تبلورت عن أحداث ومشاكل وصراعات سبق له وأن مر بها وعايشها وتجاوزها واكتسب منها خبرة ثرة(بعد أن دفع ثمنها نفسيا وعلائقيا وأخلاقيا) يستخدمها لحماية نظامه الاجتماعي من تهديدات ومقوضات تأتي له من الداخل والخارج وغالبا ما تترجم هذه الحماية على شكل التزام واحترام مبادئه وأهدافه في العلاقات والتعامل مع الآخر بشفافية رقيقة ومن خلال ممارسة أنشطته في الحياة الاجتماعية العامة.

وعلى الجملة فإن وظيفة الضبط الاجتماعي في هذا السياق توازي فكرة الاستقرار وليس الثبات إذ أن الأخيرة تعني الجمود أو السبات بينما تعني الأولى (الاستقرار) عدم الاضطراب والتشنج والتصارع بين عناصر النظام الاجتماعي التي تساعد على النمو الهادئ والتطور المتدرج والمتسلسل وليس المفاجئ والقافز وهذه وظيفة بنائية وليست وقائية.

٥- المحافظة على التضامن الاجتماعي . وظيفة الضبط الاجتماعي هنا هو ابتغاء اللحمه والتآزر والتضامن بين الأفراد لكي يلتفوا حول معايير ومبادئ وقيم المجتمع وأن لا يعيشوا على هامشه أو منفرطين ومعزولين بعضهم عن بعض وبالآن نفسه عدم التفكير بتهديد وإيذاء المجتمع بانحرافات سلوكية وخروقات قانونية وليس بالضرورة أن يكون هناك تضامنا ميكانيكيا محبكا يتحرك وكأنه ماكنه إنما لا بأس أن يكون تضامنه عضويا يتمتع أفراده بقدر معين من الحرية في التصرف والتفكير مع الالتزام المحوري بآليات النظام الاجتماعي. ونقيض ذلك يعني انفراط الحلقات الاجتماعية في اتصالاتها وكل حلقة أو شريحة تعزف على هواها ودندنتها أو لحنها الذي يذهب فيما بعد إلى تبلور جزر اجتماعية وثقافية

متباعدة ومنعزلة على الرغم من عيشها في مجتمع واحد. باختصار شديد إنها وظيفة بنائية.

٦- **وقاية الأفراد من الانخراط والانزلاق في مهاوي الانحراف والإجرام:** للاحاطة بهذه الوظيفة الضبطية نسجل ما توقع به آليات الضبط العرفية من عقوبات معنوية على الأفراد المارقين عنها مثل الوصم الاجتماعي ولغط الناس والإشاعات والفضائح والنبذ الاجتماعي في التفاعل والعلاقات والعمل والمصاهرة ونظرة الناس الدونية لهم عندما تصيب هذه العقوبات الاجتماعية للمارقين عنها (مثل المحرمات والتقديسات والممنوعات والاحتشامات والاحترامات والالتزامات الأخلاقية ... جميعها تكون بمثابة دروس وعبر اجتماعية ذات صفة وقائية يتحاشاها الأفراد العاديين لكي لا يكونوا مارقين لها وتقع عليهم عقوبات اجتماعية عرفية. أي تضحى دروسا حصينة يتحصن بها الفرد لكي لا يوصم أو ينبذ أو ينحرف عن ضوابط مجتمعه نقول يمثل المارقين هنا رموزا سيئة وسلبية لا يقتدي بها الفرد العادي ويتجنب التفكير بخرق معايير ومبادئ ضوابط مجتمعه حتى لو خضع لظروف اجتماعية أو مادية قاسية وشاذة.

على الجملة يكون وجودها مفيدا لكي يتعض الناس من آثارها الاجتماعية السلبية لكل من لا يحترم ويلتزم بضوابط مجتمعه.

مثال على ذلك المعتدي على حقوق الآخرين والمفتري والكذاب والمنافق والمحتال، جميعهم لا يحصلوا على احترام اجتماعي بل يوصموا بوصات وصفات سيئة ومكروهة يضرب بها الناس أمثلتهم السلبية والقبيحة وعندما يتعرف الأفراد العاديين على هذه الوصمات لهؤلاء الأفراد فإنهم سوف لا يتجرأ أو يمارسوا نفس السلوك أو الأسلوب لكي لا يحصلوا على نعوتا جارحة وقدح مؤلم من الآخرين إذاك يمتنعوا عن ذلك وهذه وقائية قبلية لا بعدية. أي يخطأ وبهذه الأخطاء المعيارية ويحصلوا على نعتا جارحا ومن ثم يتجنبوها أو يكرر وهابل يفهموها من خلال ملاحظاتهم لهذه النماذج السيئة.

بمعنى آخر أن آليات الضبط الاجتماعي تقدم وظيفة إيجابية تحقق الوقاية القبلية للأفراد

لكي لا يسيئوا إلى أنفسهم وإلى الآخرين ويلوثوا أخلاقية المجتمع ذلك من خلال احترامهم والتزامهم بمعايير الضبط الاجتماعية والدينية والأخلاقية والعرفية. باختصار دقيق أن هذه الوظيفة تمثل الوقاية القبلية التي تقوم بها آليات الضبط الاجتماعي العرفية.

من خلال استعراضنا للوظائف الاجتماعية العرفية للضوابط ، استطعنا أن نميز بين نوعين رئيسيين منها وقد صنفناها إلى صنفين هما:

١- الوظيفة البنائية: التي تمثلت في الوظائف التالية

أ- مساعدة الأفراد في تشكيل تنظيمات اجتماعية.

ب- تحقيق العدالة الاجتماعية بين الأفراد

ج- حماية النظام الاجتماعي

د- المحافظة على التضامن الاجتماعي.

لكي تعمل على إبقاء وإنماء ما هو مشيد من نظام اجتماعي وتحفز الأفراد - في ذات الوقت - على الالتفاف حوله من خلال تحقيق العدالة الاجتماعية في مكافئتهم ومعاقبتهم حتى لا يعيشوا متصارعين حول مصالحهم الفئوية ، بل عليهم أن يضعوا مصلحة المجتمع العامة قبل كل شيء وبالدرجة الأساس لأنها تمثل وجودهم واحترام الآخرين لهم وتقديرهم على أحسن تنظيمهم وأخلاقهم ومبادئهم.

٢ - الوظيفة الوقائية: أي الاحترازية والتنبيهية والتحذيرية التي ظهرت في :

أ- وظيفة اختزال الضوابط القسرية والقمعية والاجرام إيمانا منها بالضوابط العرفية من توجيه انظار وانتباه الناس بما يؤول إليه خروق الخارقين ومروق المارقين عن مبادئها ومعاييرها وقيمها وما يقع عليهم من نبذ المجتمع وتقريضه لهم ونعتهم بنعوت قبيحة وسلبية وسيئة لا تفارق حياتهم الاجتماعية. فهي اذن بمثابة إنذار مسبق لأفراد المجتمع بما يحصل لهم إذا انحرفوا عنها.

انظر مرتسم رقم - - يوضح أنواع وظائف الضبط الاجتماعي

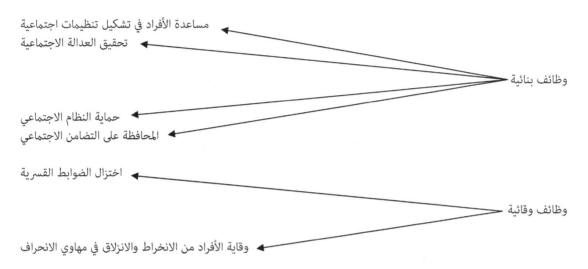

مساعدة الأفراد في تشكيل تنظيمات اجتماعية

تحقيق العدالة الاجتماعية

وظائف بنائية

حماية النظام الاجتماعي

المحافظة على التضامن الاجتماعي

اختزال الضوابط القسرية

وظائف وقائية

وقاية الأفراد من الانخراط والانزلاق في مهاوي الانحراف

مرتسم - - يوضح وظائف آليات الضبط الاجتماعي العرفية

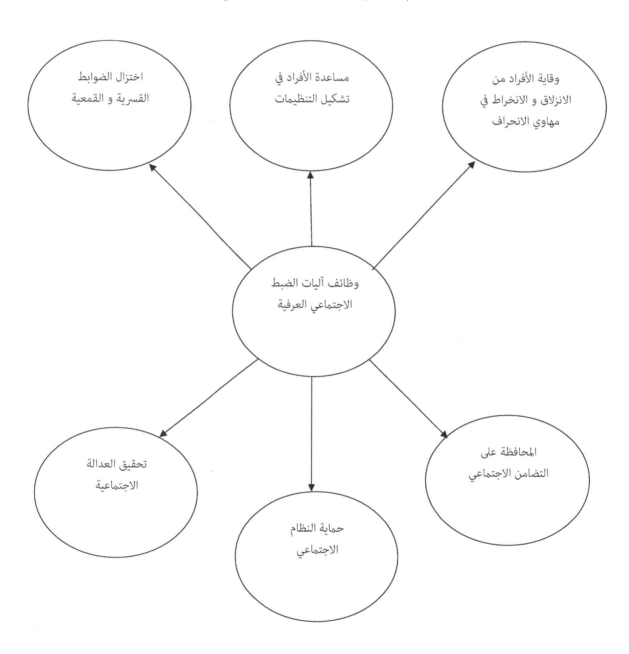

معوقات ومنميات الضبط الاجتماعي

ذكرنا آنفا أن لكل مجتمع عقوبات الرسمية وغير الرسمية (العرفية) والأخيرة يمكن أن تكون فاعلة بشكل مطلق إلا أن لها محدوديتها أو حدودها لا تستطيع الخروج عنها أو معرفتها بحيث لا تصل إلى حد المطلق مثل :

١- عندما لا تكون العقوبات العرفية واضحة المعالم وصريحة بشكل جازم فإن فاعليتها لا تكن محددة بحدود معلومة الأبعاد الأمر الذي تجعل من الفرد أن ينزلق انزلاقات منحرفة يجعل عقوبة انزلاقه المنحرف.

٢- هناك مشاعر شخصية - قرابية وصداقية تقلل من ممارسة الضوابط العرفية بشكل مطلق . أي تتسامح فيها احتراما لهذه المشاعر وتقديرا لها.

٣- هناك احتراما للمكانة الاجتماعية التي يشغلها الفرد مما تقلل من ممارسة الضوابط العرفية بشكلها المطلق بحيث يجعلها سمحة ومرنة عندما يخترق صاحب المكانة الاجتماعية المحترمة الضوابط الاجتماعية العرفية.

٤- هناك تضامنا اجتماعيا سائدا بين أفراد جماعة اجتماعية معينة (مثل وحدة الأسرة الممتدة أو تضامن القبيلة أو العشيرة أو المجتمع المحلي أو النقابة) يقلل أيضا من ممارسة الضوابط العرفية بشكلها المطلق على مخترقيها من تلك الجماعة مما يقلل من ممارسة ضوابطها على الأفراد المتضامنين.

٥- ضعف الرغبة في تطبيق العقوبات على أبناء جلدته أو أقاربه أو أبناء مدينته.

جميع هذه الحالات تعيق تطبيق الضبط الاجتماعية فهي إذن معوقات الضبط الاجتماعي ومن باب الإغناء والإفاضة نستعين بمجتمعنا العربي وما فيه من هذه الحالات التي تنتشر في المحافظات أكثر من العواصم العربية وفي الأقاليم والنواحي أكثر من المحافظات بسبب الروابط الأسرية والقبلية والإقليمية والطائفية التي تسود بينهم الأمر الذي يجعل حماية الضوابط الاجتماعية الرسمية والعرفية حماية متسامحة ومرنة مما يجعلها ضعيفة الأداء على الأفراد المتصفين بالمشاعر القرابية وأصحاب المكانات الاجتماعية العليا والمتضامنين اجتماعيا فتعيق تطبيق الضوابط الاجتماعية.

نقول: عندما نتكلم عن الضوابط الاجتماعية (العرفية والرسمية) فإننا نتكلم عنها بشكل نظري ومثالي لكن على الصعيد العملي - التطبيقي فإن هناك حوائل ومعيقات اجتماعية لخصناها بالنقاط الخمسة السالفة الذكر تعرقل تنفيذها بحذافيرها وبشكلها المطلق لذا تغدو مخففة ومرنة.

خليق بنا أن نشير إلى أن المجتمع يبلور عدة تنظيمات مواقع هرمية مترابطة ومتخصصة بأنشطة ضبطية لكي تساعده على استتباب الأمن والاستقرار وحمايته من الانحرافات المعيارية والقانونية مثل أجهزة الشرطة والقضاء والمؤسسات العقابية والإصلاحية وكليات القانون، التي تضم أفرادا متخصصين بهذه الميادين، يكون جزء من واجبهم عملية الضبط الاجتماعي، ممثلين شبكة من المواقع الضبطية المتخصصة الرسمية تحل محل شبكة المواقع الضبطية العرفية التي تسود المجتمعات البسيطة (البدوية أو الريفية أو التقاليدية أو المحافظة) غير المعقدة في بنائها الاجتماعي.

معنى ذلك أن الضبط الاجتماعي في الوقت الحاضر أمسى الآن أكثر موضوعيا وعقلانيا لا يعتمد على العلاقات القرابية - الدموية بسبب المجهولية التي تسود أفراد المجتمعات المركبة بنائيا، وتعدد وتنوع الانحرافات والسلوكيات الإجرامية.

حرى بنا أن نشير إلى أن هناك عدد من علماء الاجتماع أثاروا الانتباه إلى حقيقة الوسائل الرسمية للضوابط الاجتماعية بأنها تتأثر بالعوامل المحيطة بها فتتكيف لها. استقصى ريتشارد كووارد موضوع علاقة حراس السجن بالسجناء (نزلاء السجن) وكتب تقريرا عن الأسلوب الذي يتم التعامل به بين الحراس والسجناء الذي من خلاله يتسنى للحراس تعزيز وتنفيذ بعض القوانين المطلوب تطبيقها على السجناء داخل السجن في تعاونهم في ملاحظة السجناء الآخرين. مثل هذه الحالة تجعل من حراس السجن مفاضلة أنواعا خاصة من مخترقي القانون وكاسريه في تعاملهم معهم وحتى القاضي قد يخفف من عقوبة الجاني إذا اعترف بذنبه. ويقلل من عقوبته إذا تعاون مع هيئة المحكمة في إعطاء كافة المعلومات التي تتضمنها العملية الجرمية.

الملاحظ بشكل واضح في أيامنا هذه هو أن معدلات الإجرام في تزايد وبأنواع متجددة أيضا والسؤال الذي يطرح نفسه إزاء هذه الحالة المتزايدة هو هل يرجع ذلك إلى ضعف في

وسائل الضبط الاجتماعي؟ أم إلى قوتها في كشف أنواع وأعداد من الجرائم التي لم تكتشف سابقا من قبل المؤسسات الضبطية (شرطية وقضائية)؟ أم يرجع ذلك إلى تطور الحياة الاجتماعية وتفاقم المشكلات الاجتماعية مثل البطالة والفقر والإدمان على المخدرات والمسكرات والتفكك الأسري وسواها. فظهرت جرائم جديدة لم تكن معروفة سابقا مثل السطو المسلح وسرقة السيارات والتهريب البشري وبيع بعض الأعضاء الجسدية البشرية أو تأجير الأرحام وغسل الأموال والإرهاب وغيرها.

الجواب هو أن المجتمع قد تغير وأصبح معقدا في بنائه ومتنوعا في اختصاصاته ومتشعبا في تفرعاته ومتفككا في بضع شرائحه الاجتماعية وظهرت مؤسسات ضبطية متطورة تقانيا وإجرائيا وتبلورت نظريات ضبطية - أمنية ترصد السلوكيات المنحرفة معياريا ووضعيا وظهرت وسائل اعلامية سريعة الاتصال بالجماهير وبالمسؤولين، كل ذلك ساعد على كشف العديد من الجرائم التي قد لا تصل إلى يد ونظر المسؤولين في المؤسسات الضبطية ولم يكن مرد ارتفاع معدل الجرائم وتنوعها إلى ضعف في وسائل الضبط بل بالعكس إذ أن هذه الوسائل قد تطورت وتنوعت في وسائلها واختصاصها وهذا يشير إلى أن الجريمة دائما تسبق وسائل الضبط في تطورها وتنوعها وتعددها وليس بالعكس. لذلك فإن الوسائل الضبطية تكون متخلفه في نوعها وكمها لأنها مقيدة بقوانين أخذت وقتا طويلا لوضعها. بينما الجريمة لا تأخذ وقتا طويلا في تطورها بل تتطور مع التطورات التقنية التي عادة ما تسبق التطورات المعنوية (معايير وقيم وقوانين) وهذا لا يعني ضعفا في الوسائل الضبطية بل إن الوسائل الإجرامية أكثر سرعة في تطورها، وتنوعها.

في الواقع يكون نسق الضبط الاجتماعي المتألق من الضوابط العرفية والرسمية نشطا ومؤثرا إذا تم التماثل مع معاييره وهذا لا يحصل فقط من خلال التنشئة الاجتماعية (الأسرية والمدرسية والدينية والمهنية) بل من خلال العقوبات التي تصدر عن المنحرفين عنها مثل الوصم والمراقبة بعد إطلاق سراحه من السجن أو من الإصلاحية. أي وضعه تحت المراقبة الأمنية لفترة زمنية محددة بشكل يومي بحيث يدرك بأن لديه حرية أقل من الفرد العادي في تحركاته وأنه يعامل معاملة مشكوك فيها (وهذا هو الإفراج المشروط). والسجن ومستشفى الأمراض العصبية العقلية والحرمان من الحصول على بعض المهن التي تتطلب الأمانة

والاستقامة مثل وظائف في بيوت المال والبنوك والحماية الأمنية والتربوية- التعليمية، وما شابه، عندئذ يمكن القول بأن هذا النسق يمثل معدل عال من الكفاءة.
وتكون كفاءته أكثر عندما يعمل النسق الضبطي بإعادة دمج المنحرف بالمجتمع من خلال تأهيله سلوكيا ومهنيا وتوعيه المجتمع المحلي بتقبله في العمل معهم والعيش بينهم ومعاملته على أنه غير منحرف ومتماثل مع الضوابط الاجتماعية وعدم وصمه بوصمة سلبية تحاسبه على ما إقترفه في الماضي، لكي لا يشعر بأنه منعزل عن المجتمع السوي - الطبيعي أو أنه منبوذا منهم فإذا أحس بذلك وشعر به فإن ذلك سوف يسهل اندماجه بالمجتمع المحلي ويتصرف باستواء سلوكي ويفكر بأسلوب إنساني تعاوني مثمر.

هل الضوابط تحمينا دائما من الانحراف

للاجابة على هذا السؤال نقول ليس دائما، إذا استخدمت بوقتها المخصص لها وبدون المبالغة والتشديد فيها فإنها تحمينا من الوقوع في انحرافات سلوكية. واذا بولغ في استخدامها فان نتائجها تكون عكسية وسلبية. اي ان التشديد في الامتثال لها والالتزام بها لفترة طويلة من الزمن فانها تعطي عكس ما ترمي.
لا مرية من القول بانه ليس بشكل متعمد ان تكون وسائل الضبط الاجتماعي معادية أو مضادة للتغير الاجتماعي، بل ان من وظائفها الاولى (وسائل الضبط الاجتماعي) تعمل على صيانة وحماية واستقرار المجتمع بكل ما فيه من معايير وقيم وانساق بنائية. بينما يبحث الثاني (التغير) عن التعديل والتطوير والتحول من وضعية الى اخرى او عدم الاستقرار في وضعية اجتماعية ثابتة. من هنا يحصل تضاربا وتضادا بين طبيعة وجودهما. باختصار يذهب الاول (الضبط) نحو الاستقرار والصيانة والحماية ويذهب الثاني (التغير) الى الحركة والتحول لذا فان وسائل الضبط تكون بمثابة عائق أمام التغير الاجتماعي.
حالة اخرى توضح سلبية الضوابط الاجتماعية ليس مع التغير الاجتماعي بل مع الابداع الفكري والابتكار والخروج عن المألوف اذ هناك بعض المجتمعات وبالذات المحافظة والتقاليد تتضمن ضوابط عرفية جامدة وصارمة صماء لا تقبل الجدل أو الخروج عنها والذي يقوم بذلك يكون مصيره النبذ الاجتماعي والنظرة الدوينة اليه ووصمه بوصمة ابدية حتى

بعد مماته اذ يكنى بوصمته التي وصمها بها مجتمعه المحلي. مثل هذه الضوابط لا تسمح لاي فرد بالتفكير في غيرها او البديل عنها الامر الذي يجعل من هذه الفرد يتقيد بها تلقائيا وعندما تزداد الموانع والضوابط والكوابح على سلوك الفرد اليومي في المنزل والمدرسة والشارع وحتى في خياله عنده خلوته فإنه لا يتجرأ أن يجرب أنماطا سلوكية جديدة يراها في مجتمعات اخرى أو يكتسب من افلام التلفزيون أو من قراءته للكتب عن ثقافات اخرى ومثل هذه الكوابح الاجتماعية تقتل عنده روح التفكير المبدع والخروج عن المألوف وتغير القوالب النمطية في التفكير. فمثلا في مجتمعنا العربي هناك ضابط يؤكد على الحفظ في التعليم المدرسي (الابتدائي والثانوي والاعدادي والجامعي) اي حفظ المادة العلمية بشكل صم او ببغاوي - تكراري لا يسمح للطالب ان يغير او يناقش او ينقد أو يقييم لما يقرأ في الكتب المدرسية. وهذا ضبط تربوي- تعليمي بدائي يتم تقييم الطالب على اساسه واذا خرج عن هذا الضابط فان مصيره الرسوب والفشل. ان هذا الضابط المدرسي يقتل روح الابداع عند الطالب ويبعده عن طريق التفكير الحر والمبادرة الذاتية.
كذلك تنشئة الطفل العربي بالاعتماد على والديه في تهيئة اموره وحاجاته وعلاقاته مع اصدقائه واقتناء ملابسه وما شابه وخضوعه لهذا الظرب من التنشئة يعد ضابطا اسريا يمثل الامتثال لقرارات الاسرة. يستمر هذا الضابط لغاية اختيار شريك الحياة واختيار اسم الابناء وطريقة عيشهم بعد زواجهم. اقول لا يستطيعوا ان يفكروا في اختيار شريك حياتهم واختيار اسما لابنائهم. وهذا يعني حرمانه من التفكير الحر فيما يخص حياته الخاصة.
ونسترسل في عرض سلبيات الضوابط الاجتماعية لنذهب الى التنشئة الاسرية ذاتها التي تقوم بغرب النواميس الاجتماعية والمعايير والمسموحات والممنوعات من السلوكيات لكنها في حالات تحرص على أو ليدها أكثر من المعتاد والطبيعي فتبالغ في تأكيدها على الالتزام والتماثل لهذه الضوابط الامر الذي يجعله متخوفا من التصرف الحر والذاتي والتلقائي لكي يرضي والديه فيتماثل مع اوامرهم وطلباتهم، عندئذ يتقولب سلوكيا وذهنيا بقوالب جامدة تقنن سلوكه وتفكيره. وحتى في حالات كثيرة يطلب الابوين من وليدهما ان يحذو حذوة اخيه الكبير في تصرفه وتفكيره ولا يخرج عنه ولا يحفزونه على الاختلاف مع اخوانه في هواياته ومناشطه.

وازاء هذه الضوابط الجامدة والصارمة ينحرف الفرد خلسة وسرا عندما ينفرد بنفسه ويجد المتعة بذلك مثل استخدام العادة السرية أو مشاهدة افلام جنسية او ممارسة اللواط أو السحاق أو يشرد ذهنيا ليحلم احلام اليقضة أو يسرف في الخيال الرومانسي بحيث يؤثر ذلك على نظرته للحياة الاجتماعية وعلاقته بالاخرين وحتى بمستقبله فتتولد عنده سلوكيات شاذة يعاني منها ولا يستطيع التخلص منها حتى مع تقادم عمره وتغير مرحلته العمرية ودخوله في علاقات اجتماعية متطورة، تبقى هذه الانحرافات قابعة في ذاته الاجتماعية كبواقي اكتسبها في تنشئة الاسرية الصارمة والجافة. اقول ان الانحرافات السلوكية للاحداث يكون سببها صرامة تطبيق الضوابط الاجتماعية داخل الاسرة وعدم مرونة تعامل الابوين في تنشئة ابنائهم وعدم تفهم مشاكلهم النفسية التي يمروا منها ويعيشوها.

زبدة القول: ان الضوابط الصارمة والمتزمته تقيد قدرات الفرد ومهاراته الذاتية وتوقف تطورها وتدفعه للعمل الجمعي الذي يطمس الابداع الفردي والتنافس والتفوق وتلغي التباين والتنوع الفرد بل تؤكد على التصرف بسلوك واحد والتفكير باسلوب واحد والتخيل بفضاء واحد والتعبير بلغة واحدة والتغني والطرب على عزف واحد وهذا مخالف للطبيعة البشرية المتنوعة والمتباينة والمتعددة. ولئن سنة الحياة هي التغير والتطور وعدم ثباتها، فهي اذن متبدلة في متطلباتها ومتطوره في احتياجاتها ومتقدمة في مسيرتها.

يحسن بنا ان نشير ايضا الى أن الضوابط الاجتماعية المتشددة والصارمة تبلور تجنب الفرد من الاخر الغريب عليه الذي لا ينتمي الى نفس مجتمعه المحلي او جماعته العمرية ولا يتفاعل او يتعامل معه او يصادقه (وهذا ما ذكرناه في الفصل الثاني).

وما دمنا في حدود اغراضنا نذكر ما تقوم به بعض المواقف على احراف الفرد من سويته او ما تم تنشئته على ضوابط اجتماعية.

يتعاور بين الفينة والاخرى ملاحظة الناس لسلوكيات لا يرغبون فيها اولا يحبوها وغالبا ما يفسروها او يرجعوها الى الطبيعة البشرية الشريرة أو الى ضعف في شخصية المتصرف او الى دوافع خبيثة آثمة او الى اسباب فردية اخرى.

لكن علماء الاجتماع يذهبون الى التفاسير الاجتماعية في تفسير مثل هذه السلوكيات غير المحببة او غير المرغوب فيها أجتماعيا. نعم هناك اتفاق على ان الفرد الذي يغير سلوكه وتصرفه اليومي يرجع ذلك الى اسباب فردية، لكن اذا حصل تغير في سلوك مجموعة من

الافراد وباتجاه واحد فان ذلك يعني هناك سببا اجتماعيا او ثقافيا قام باحداث ذلك التغير في سلوك مجموعة من الافراد وجعلها في اتجاه واحد أو بنمط واحد.

بشيئ من التفصيل، أن معظم الناس يدركون ان سلوك الافراد عندما يكونوا في اوضاع ومواقف معينة ويخضعوا لمؤثراتها التي تكون على شكل إغراءات وحاجات وضغوط تتضمنها تلك الاوضاع والمواقف فتنتج سلوكيات استجابته (سلبا أو ايجابا) خذ مثالا على ذلك، قد لا يغش أو لا يسرق فرد عندما يشتري جريدة من بائع جرائد ضرير (اعمى) لكونه اعمى الا انه قد يسرق بعض السلع من متجر أو قد يغشى في اعطاء بيانات أو معلومات الى مديرية ضريبة الدخل تهربا من دفع ضريبة على دخله السنوي. والجندي الذي يحارب مع جيش بلاده دفاعا عن وطنه قد يقوم بنهب وسلب آثاث وحاجيات المنازل في المدينة التي استولى عليها جيشه لكونها تعود الى عدوه لكنه يفدي حياته في سبيل الدفاع عن بلده.

وتفيد ناكسي في معلوماتها عن هذا الموضوع فنقول ان معظم الازواج المدنيين يكونوا مخلصين لزوجاتهم في معظم الاوقات بيد أن الجنود المتزوجين الذين يكونوا خارج وطنهم وبعيدين عن زوجاتهم، فإنهم يميلوا في اغلب الاحيان الى الخيانة الزوجية اذا اتيحت لهم الفرصة. ليس هذا فحسب بل حتى المباراة الرياضية امست تستخدم الحيل والاحتيال من أجل الفوز وبخاصة اذا كانت المباراة ساخنة ويتوقف عليها الاولوية في الدورة الرياضية. علما بان المباراة الرياضية تتطلب المنافسة الشريفة الحرة دون اللجوء الى الغش او الحيلة ان الانحراف [Horton, 1980P.145].

نستنتج مما تقدم ان الوضعيات الاجتماعية لها ظروفها الخاصة بها وغالبا ما تكون على شكل مغريات وضغوط يخضع المتفاعلين معها فينزلق في انحراف ولا تقوم الضوابط (العرفية او الرسمية) بحمايته من ذلك. وهذا يعني ايضا ان الضوابط الاجتماعية تقوم بحماية الفرد المنضبط بها والمقتنع فيها حتى لو كان بعيدا عن محيطها وبيئته الاجتماعية بذات الوقت اذا كانت الضوابط من النوع الصارمة والجافة وخضع الفرد لمغريات تتعاكس معها فان الفرد هنا يخضع لمغرياتها وينحرف عن ضوابطه الصارمة اذن ليس دائما وفي كل

الاحوال تقوم الضوابط الاجتماعية بحماية الفرد من الزلل أو الانحراف عنها.
وهناك امثله اخرى على هذا النوع من الانحراف الناتج عن الوضعية الاجتماعية الظرفية التي يتعامل فيها الفرد، خذ مثالا على ذلك الطبيب الذي يعالج مريضته والاستمتاع بها مستغلا مهنته وخضوعه للاختلاء بها في غرفة مغلقة بعيدا عن أعين الناس والضمير المهني فيخون شرف مهنته من اجل اشباع حاجته الجنسية.
والحالة مشابهة مع الاستاذ الجامعي الذي يعمل في جامعة تأخذ بالتعليم المختلط (بين الذكور والاناث) مستغلا موقعه ومكانته بين الطلبة فيطلب من الطالبة ان يجتمع بها في مكتبة من أجل الاختلاء بها وملاطفتها ومداعبتها واستغلالها في اشباع حاجته الجنسية. هذه الخلوة بينهما تجعله يهرب من الضوابط الاجتماعية ولا يحترم شرف المهنه فينحرف في سلوكية لا أخلاقية ولا مهنية.
نفهم مما تقدم ان الوضعية الاجتماعية اذا كانت تتضمن مغريات متمثلة بالاختلاء والابتعاد عن الضوابط والرقابة الاجتماعية والمهنية فان احتمال الوقوع في انحرافات عن المعايير الضبطية يكون واردا وممكنا وقائما.
وعلى الجملة نستطيع القول بعد ذلك ان الضوابط الاجتماعية ليست دائما قادرة على حمايتنا من الزلل المعياري والانحراف القيمي. لان ليس كل فرد اكتسب الضوابط الاجتماعية بشكلها السليم والصحيح اذ قد يكون هناك خلل في المصدر الذي قام بتنشئة الفرد (والد، والده، معلم، معلمة) اي انه لم يقم بواجبه التنشيئي في تعليم الوسائل الضبطية للابناء أو للطلبة وهنا لا يحصل تحصن قيمي الامر الذي يجعل المنشا عرضه للانحراف في أول فرصة تتاح له تكون فيها الضوابط غائبة او يكون هو بعيدا عنها. وهناك مصدر أخر لسبب انحراف الفرد عن الضوابط يكون منشئه المنشا نفسه وبخاصة عندما يكون متمردا على قيم مجتمعه وهناك سبب ثالث يكمن في القواعد التنظيمية ذاتها عندما تكون عتيقة لا تساير تطور روح العصر وهناك مصدر رابع يوضح سبب الانحراف عن الضوابط الاجتماعية مكمون في النسق الاجتماعي بسبب نوعه التقاليدي والحافظ. نأتي الان لشرح وتوضيح السبب الأول في انحراف بعض الافراد بسبب ضعف حاصل في اكتسابه للضوابط الاجتماعية.
أ- مصدر الانحراف يكمن في المنشىء ذاته (الأب، الأم، المعلم، المعلمة، رئيس

العمل) عندما يقوم بتربية وتعليم المنشأ (ابنه لو ابنته او تلميذه) اذ لا تخلو التنشئة الاجتماعية في جنح انحرافات في طرائقها واسلوب تعليمها وممارستها، وسبب ذلك المعوقات التنشيئية التي يواجهها المنشأ عند خضوعه لفقرات العمود الفقري الاجتماعي (الاسرة، الجماعة، المدرسة، العمل، النادي) اي عندما يعيش في اسرة ويتصادق مع نظائره ويتمدرس في المدرسة وينتج في العمل وسواها. الامور لا تسير دائما بشكل مرض وخال من العراقيل والصدمات والنزاعات والصراعات وهي حالة طبيعية جدا في الحياة الواقعية اذ ان المنشا الناضج هو ذلك الفرد الذي خضع لاختبارات قاسية وصارمة وتعليم خاضع للعقوبات والمكافئات والى تلقين مستمر ودفع صمن اخطائه. اي تمت معاقبته اجتماعيا عند عدم خضوعه بالشكل المطلوب من قبل المنشئ والتي تتضمن الحالات الجنحية التالية:

١- سيطرة أحد الابوين (الوالدين) على التنشئة الاسرية لسيطرة احد الابوين اثرها المباشر على أنواع الدور الذي يسلكه الطفل في حياته القائمة والمقبلة، فاذا كان الاب مسيطرا فان ذلك يدفع بالذكور من الاطفال الى تقمص دور الاب وبذلك يميلون في سلوكهم الى النمط الذكري- الرجولي. واذا كانت الام هي المسيطرة فان ذلك يؤدي بالاطفال الذكور - في الاعم الآغلب - الى السلوك العصابي بل والذهاني احيانا. وعلى عكس ذلك الى احد ما بالنسبة لسلوك الاناث من الاطفال فالولد يقلد الاب لان الاب هو النموذج الصالح كما يرتضيه له المجتمع.

والبنت تقلد الأم لان الام هي النموذج الصالح كما يرتضيها لها المجتمع. وعندما تتعارض سيطرة الاب مع سيطرة الام يواجه الطفل صراعا في اختيار الدور الذي يقلده الامر الذي يدفعه الى انحراف سلوكي غير سوي. وخير نموذج للعلاقات الوالدية الصالحة للتنشئة الاجتماعية السوية هو الذي يشيع في جو الاسرة نوعا من التكامل بين سلوك الاب وسلوك الام. بحيث ينتهي الى تدعيم المناخ الديمقراطي المناسب للتنشئة أطفال الجيل المقبل. ويصطبع سلوك الطفل باكورة حياته بسلوك ابيه والاهداف التي يسعى الاب لتحقيقها وما حققه منها وما فشل في تحقيقه وغالبا ما يفرض الاب على ابنه التنشئة التي تعده لتحقيق الاهداف التي فشل فيها كأب في سعيه المتواصل طوال حياته، فالاب الذي كان يطمع ان يكون طبيبا ولم ينجح في الوصول الى هدفه يدفع ابنه بكل الوسائل لأن يكون طبيبا وكذا الحال بالنسبة للامال الأخرى. ولذلك

تتأثر التنشئة الاجتماعية للطفل بالمستوى الاقتصادي والاجتماعي للاسرة وما يتصل بتلك المستويات من أهداف تحققت واهداف لم تتحقق بعد.

وبينما تصطبغ التنشئة الاجتماعية في المستويات الاقتصادية والاجتماعية الدنيا بالطاعة التي يبالغ الاب في فرضها على ابنائه. نجد ان تلك التنشئة في المستويات الاجتماعية المتوسطة بالمحافظة على العادات والتقاليد والقيم وتعويد الاطفال على ضبط النفس.

وهناك من الاباء والامهات ممن ينتمون الى المستويات الاجتماعية والاقتصادية الدنيا يلجأون الى العقاب البدني في تنشئتهم الاجتماعية لاطفالهم وخاصة اذا ادى سلوك الاطفال الى اتلاف بعض الاشياء، اما اذا تجنب الطفل ذلك التخريب فانه غالبا ما ينجو من العقاب البدني.

والاباء الذين ينتمون الى المستويات الاقتصادية والاجتماعية المتوسطة لا يعاقبون اطفالهم بما ينتج عن سلوكهم من نتائج مختلفة بل بالدوافع التي ادت الى تلك النتائج. وهذا! قد يؤدي بالاب الى مناقشة اطفاله مناقشة عقلية ليصل منها الى معرفة دوافع سلوكهم واسبابها حتى يتخذ الاب قراراته ويصدر احكامه في ضوء تلك المناقشة ولذلك يكثر في الحوار بين آباء وابناء ذلك المستوى ويقل في المستويات الدنيا.

وان الاباء والامهات الذين ينتمون الى الطبقات المتوسطة ينشؤون أولادهم على الامانة وضبط النفس والذين ينتمون الى الطبقات الدنيا ينشئون اولادهم على الطاعة والنظافة.

إن دور الرجل في الطبقات الاجتماعية والاقتصادية العليا أهم من دور المرأة فهو الذي يتخذ القرار. أو بمعنى ادق يتخذ من القرارات اكثر مما تتخذ المرأة وان دور المرأة يتكافأ مع دور الرجل في الطبقة الاجتماعية المتوسطة وان المرأة اكثر سيطرة في الطبقات الدنيا من الرجل (السيد، ١٩٨١ص ٩٢-١٩٠).

هذا على صعيد الاسرة، الا أن هناك انحرافات تظهر في تنشئة الجماعة الاجتماعية

198

عند اعضائها مثل: الافراط في دور الجماعة والمغالات في اخضاع الفرد لضغوطها يدفعان الى التقييد بحدود هذه التنشئة اكثر من اللازم وهذا يحول بينه وبين مرونة الابتكار وخصوبته واصالته ومما يؤدي به ايضا الى اتجاه المحافظة والجمود والتراخي في دور الجماعة والمغالات في اهمية الفرد يؤديان الى اتجاد والحدود المرعية وكثرة مطالبته في الاخرى. وعدم مراعاة حقوقهم ومشاعرهم وهكذا يؤدي الافراط في التنشئة الاسرية الى ضعف في ثقة الفرد بنفسه واعتماده على الاخرين وهذا احد الاسباب التي تدفع بالفرد الى الانحراف عن الضوابط الاجتماعية وبخاصة عندما يختلي بنفسه لقد اعتبرنا هذا انحرافا في تنشئة الطفل في الاسرة اذ ان المفروض ان يتعاون الابوين على تنشئة اطفالهم وليس سيطرة احدهم على الاخر فيها الامر الذي يؤدي الى اخلال احدهما أو تسلط احدهما على الأخر والاستحواذ على عملية التنشئة في قبل قطب واحد من قطبي التنشئة هذه الحالة تولد عقبة تعيق وصول التنشئة بصيغتها السوية الى تحقيق احد اهدافها واذا حصل مثل هذا فان يعد انحرافا لا شك فيه.

٢- التخويف:

يعتبر غرس الخوف في نفوس الاطفال خلال فترة الطفولة من بين الوسائل التي يستخدمها الابوان لردع أطفالهم وجعلهم مطيعين توصل الى هذه الوسيلة التنشيئية حامد عمار في دراسته للتنشئة الاجتماعية في قرية مصرية اسمها (سلوا) الواقعة في محافظة اسوان على الحدود الجنوبية في صعيد مصر. حيث يخيف الابوان ابنائهم من أماكن معينة بانها مسكونة بالارواح الشريرة كالمنازل المهجورة أو المهدمة أو الابار المهجورة والمكان الذين ارتكبت فيه جريمة قتل وبعض المناطق المعينة حول المدافن او يكون العقاب على شكل سخط وصب لعنات وشتائم او قد يكون عقابا جسديا. فإن الان قد يلعن ابنه بالقول (يلعن ابوك ويلعن اهلك ويلعن اصلك) أو التشهير بالولد بوصفه كالبنت '(مخنث) او الطعن في احد حواسه في عبارات مثل (الا تسمع) أو (اليس لك عيون ترى) أو (انت اعمى) أو (انت لا تحس) أو العقاب الجسدي الذي هو من الامور الشائعة التي تتم عن طريق الضرب باليد أو العصا أو بالصفع على الوجه وايقاع هذا العقاب الجسدي على الطفل عادة ما يتم بعد ارتكابه لخطأ جسيم.
مثل هذه الاساليب في تنشئة الطفل عادة ما تؤدي الى محاولة الطفل الى ان يروي

الاكاذيب او يواجه الاشياء باللف والدوران حتى يتجنب العقاب فهو قد يقسم بانه لم يرتكب خطأ وأن شخصا آخر هو المسئول عن هذا الخطأ أو آن الاولاد الاكبر والاقوى منه قد اضطروه لارتكابه (عمار، ١٩٨٦ ص، ٢٦٥) لاحظ هنا أن مصدر الانحراف في تنشئة الطفل هو المنشىء (الأب) اي هو الذي سبب اعاقة تنشئة ابنه فولد انحرافا فيها داخل التنشئة الاسرية بدلا من ان تحصنه من الانزلاق في مهاوي الانحراف ولانه لم يدعمها لكي تحقق احد أهدافها في غرس المعايير والقيم الاجتماعية باسلوب ابوي بل باسلوب ضمني - عقابي وهذا غير مرغوب فيه في التنشئة الاسرية.

٣- الضرب الجسدي Child Abuse

يحصل مثل هذا الانحراف في تنشئة الابناء من قبل الابوين او أحدهما عندما: أ- يعيش الابوان تحت ضغوط اقتصادية واجتماعية قاسية تؤدي باحد الابوين الى ممارسة الايذاء الجسدي او التحريم العاطفي. ب- تكون الاسرة مفككة بسبب الطلاق او انفصال احد الابوين او وجود الاب في السجن (مسجون) حـ/ لا يكون للاسرة مصدر مالي كاف لها. د/ تكون الاسرة معزولة اجتماعيا. هـ/ تكون الاسرة كثيرة التنقل والترحال من مكان الى آخر. و/ يكون الاب عاطلا عن العمل. ز/ يكون احد الابوين قد تربى على الايذاء الجسدي. اي ان اباه كان يستخدم الضرب والايذاء او يسيئ معاملته عندما كان صغيرا. ر/ يكون لدى احد الابوين سوء فهم او لديه فهم خاطئ عن تربية الاطفال . (kodushin ،1981 ،PP.١٥-١).

وفي هذا الخصوص وضع ميرل. ج/ تصنيفا خاصا للابوين اللذين يمارسان الايذاء والحرمان على اطفالهم وهو:

١- تجذر حالة الصراع في حياة الاب أو الام الطفولية، فيكون ضربة للابناء استمرارا للعدوانية والحقد الدفيني الذي مورس عليهما من والديهما عند الصغر.

٢- التصلب وعدم المرنة أو القسرية او نقص الحنان أو فقدان المسئوولية أو عدم القدرة على تحمل المسئوولية أو ضيق الافق في التفكير. كل ذلك وعلى الجملة يؤثر على محبة الابوين (أو احدهما) للطفل وحمايته او القاء اللوم عليه. مثال على ذلك، المبالغة في تنظيف ابنهم أو في تغذيته او راحته او لعبة مثل هذين الابوين تكون

لديهم مشكلة عدم الراحة ومشكلة التعبير عن ذواتهم لفظيا والافصاح والتعبير الودي والدافئ.

٣- اتصاف الابوين بشعور قوي بالاعتماد على الغير والخنوع passivity وعدم اتخاذ المبادرة الذاتية بل الاتكالية على الاخر. كذلك يتصفون بعدم المبالاة بالتكتم في تعبيرهم عن مشاعرهم ورغائبهم لكنهم لا يكونون عدوانيين انهم اشخاص يرمون أو يهدفون الى تحقيق حاجات مهمة من خلال الاخرين في اتخاذ القرارات وغالبا ما يتنافسون مع اطفالهم للحصول على محبة الاخرين او لفت انتباههم. على الجملة يكونون مزاجيين متكئبين ولا يقدرون على تحمل المسئوولية وغير سعداء وغير ناضجين.

٤- الصفة الاخيرة وهي ان يكون الاب صغيرا في سنه وذكيا انما غير قادر على تلبية حاجات اسرته المطلوبة منه، وغالبا ما تكون الام تعمل والاب عاطلا عن العمل فيقوم بالاهتمام بالاطفال والعناية بهم. هذه الحالة المتعلقة تجعله يعبر عن ميله في استخدام العقوبات الصارمة على اطفاله وسريع الغضب ومتصلبا في تربيتهم. (Spinetta, 1980. P. 133) كل هذا يضعف ارساء وسائل اجتماعية ضابطة في دخيله الابناء الامر الذي يدفعهم الى الزلل والوقوع في انحرافات سلوكية.

أما اشكال اساءة تنشئة الابوين للابناء واستخدام الضرب الجسدي للطفل فانه يأخذ احد السلوكيات التالية: الارهاق ، الضغط ، التعذيب، التجريح، الكي ، الحجز، الحجر، الخنق التسميم، التعريض لحرارة عالية أو برد شديد. كذلك يتضمن ايذاء الطفل التعذيب النفسي مثل تحميل مهام واعباء تفوق. طاقته مثل، اختبار مقيت أو مكروه او ألم شديد أو تعريضه لرائحة نتنه وكريهة أو اكراهه على النوم او الصراخ العالي المهين أو التأنيب او التلقين أو تسليط نور عال عليه. او ممارسة الاهمال كأحد اساليب الايذاء النفسي والجسدي مثل حرمانه من الضروريات النفسية كحرمانه من لبس ملابس معينة هو يرغب بلبسها أو شرب شراب معين او الايواء أو التنظيف أو حرمانه من باقي الحاجات الضرورية النفسية التي تساهم في تحفيز الحواس مثل الاتصال الاجتماعي من خلال اشارات أو عبارات لفظية، أو تدريب او تعليم معين. وهناك تحديد اخر يشير الى الاهمال العاطفي

كأحد اوجه الايذاء فضلا عن الضرب المبرح أو كسر أو جرح اجزاء الجسم وهناك من يخضع للايذاء الجسدي والحرمان العاطفي والحاجي معا بذات الوقت هناك من الابوين ممن يخضعون ابنائهم للايذاء الجسدي لكن يلبسوهم ملابس انيقة وثمينة ويؤكلوهم اكلا فاخرا لكنهم يحرمونهم من الحب والعطف وهناك اطفال محرومين عاطفيا لكنهم لا يواجهون ايه ايذاء جسدي من والديهم. هذا على الصعيد الشخصي، انما هناك ايذاء على الصعيد الجمعي Collective abuseالذي يشير الى الاتجاه الجمعي تجاه الاطفال صادرا من طبقة اجتماعية معينة أو عن التعصب العنصري أو مؤسسي وجميعها تشير الى الحرمان الاجتماعي المؤلم يمارس على الاطفال مثل ممارسة العقوبة الجسدية عليهم. (Williams, 1980, pp.1-3) هذه صور متنوعة عن الانحراف التنشيئي الذي يكون فيه المنشىء (الآب أو الأم) مصدرا في اعاقة وصول التنشئة في تحقيق اهدافها مما يجعلها منحرفة في مسارها وبعيدة عن اهدافها التي تؤول بالتالي الى عدم رسوخ الضوابط الاجتماعية في دخيلة الفرد عندئذ يكون احتمال وقوعه في هاوية الانحراف حالة ممكنة ومتوقعة.

٤- **عدم اشتراك الابوين والابناء بنفس القيم،** أي وجود هوة أو فجوة بينهما بسبب اختلاف اجيالها. اقول كل جيل يحمل قيما تعكس المرحلة العمرية التي عاشها تكون مختلفة عن قيم الجيل الذي سبقه وهذه حالة طبيعية في حساب التطور الا ان بعض الابوين يلزمون ابنائهم بالامتثال وطاعة قيمهم ومعاييرهم التي تنشأو أو جبلوا عليها دون مراعاة ان الزمن او الوقت الذي يعيشونه الان مختلف في معاييره وقيمه عن الوقت الذي اكتسبوا فيه معايير وقيم لا تشبه ما يعيشونه الان فينتج عن ذلك تقاطع وعدم تفاهم بين الجيلين بسبب الزام او اجبار الابوين في تنشئة ابنائهم تنشئة لا تعكس روح العصر أو لا تمثل زمانها بل ترجع الى جيل مضى وساد ثم باد فلم يحصل انسجام في عملية التنشئة بل تقاطع جيلين (الابوين مع الابناء) بسبب اقحام الابوين أو احدهما اخلاقية او معايير او قيم تمثل جيلهم ولا تعكس جبل ابنائهم وهذا يمكن عدة انحرافا في عملية التنشئة الاسرية لانها خرجت عن مسارها الذي يأخذ الى تحقيق اهدافها في تربية جيل يعيش روح عصره.

٥- عدم تشابه الابوين والابناء في خضوعهم للضغوط الاجتماعية

وحصولهم على مكافئات وعقوبات من الاخرين المحيطين بهم (في المجتمع المحلي والجيره والمدرسة والاقارب) أي عيش الابناء - على سبيل المثال لا الحصر - في بحبوحه من الرفاهية الاقتصادية ومستوى عيش مرفه واستخدام وسائل تكنولوجيا (في المنزل والمطبخ والمدرسة والحياة العامة) عديدة تيسر عيشهم وتفتح لهما آفاقا رحبة ومتعددة وتقلل من معاناتهم في التعليم والعمل والعيش لم يألفها ابواهم قبل زواجهم (وذلك بسبب التطور التكنولوجي) اقول حصول الجيل الجديد على مكافآت متعددة ومتنوعة وعدم حصولهم على عقوبات قاسية وصارمة من قبل مجتمعهم كما كان يحصل علىها ابواهم بسبب جفاف حياتهم الاجتماعية وعدم وجود تطور تكنولوجي كما هو الحال في الوقت الراهن وتصلب معايير وقيم مجتمعهم الذي كان يمثل حالة من الركود.

٦ - تدخل الاخرين:

مثل تدخل الجد أو الجدة أو العم أو العمة او الخال او الخالة في تنشئة الابوين لابنائهم بدافع الصلة القرابية او بدعوى احدهم في ان يحل محل الاب او الام وهما الابوين على قيد الحياة ويعيشان معا في منزل واحد هذه انحرافات تنشيئية نجدها سائدة في مجتمعنا العربي الا ان اثارها تكون سلبية على المنشأ لانه لم يتنشئ من قبل المنشئ الطبيعي (الاب أو الام) وهذا الابعاد عن مهمة التنشئة يجعل المنشأ (الابن أو البنت) منفلتا وغير منضبط اسريا أو مرتبطا باسرته بل باقاربه وهذا خروج عن التنشئة الطبيعية مما يفتح الباب امام الابناء بالذهاب الى دروب منحرفة لان ضوابطهم الاجتماعية عبر التربية الاسرية لم تكن صادرة من المنشئين الطبيعيين.

٧- عدم تمشك الابوين بقاعدة سلوكية عبر مواقف مختلفة.

اي سكوت الابوين عن سلوك معين يصدره الطفل عندما يتواجد ضيوف في المنزل ولا يسكتا عن هذا السلوك في الظروف العادية.

٨- عدم اتساق موقف الاب مع موقف الام في سلوك معين اذ لا يمكن ارساء قاعدة سلوكية عند الطفل اذا كان دور الاب متمسكا بهذه القاعدة والام متساهلة فيها (عمر،

٢٠٠١، ص ٣٠١) لان مثل هذه الاختلافات تولد حيرة وارتباك في موقف المنشأ مصدرها المنشئ نفسه.

٩- **التنشئة الاسرية المتشددة التي تمارس من قبل الابوين او احدهما** بدافع الخوف الشديد على ابنائهم او من باب القلق الشديد عليهم وعادة ما يتضمن هذا الاسلوب ممارسة العقاب كما يتضمن التضييق الشديد عليهم بالمطالب غير الواقعية وهي مطالب مصاغة على اساس تسلطي. وفي عرف هذا النوع من الاباء ان الطاعة والخضوع فضيلتان لا تعد لهما فضيلة اخرى. كذلك فان التشدد في التنشئة تتسم بدرجة كبيرة من الجمود والتطرف في ان واحد وهذا يولد خوف الابناء المفرط في صرامة الابوين، ثم خوفهم بعد ذلك ممن مواجهة المواقف المختلفة بشعور منهم ان سلوكهم في هذا الموقف قد يعود عليهم بالعقاب بشكل أو بآخر. فضلا عن تبلر الضعف في ثقتهم بذاتهم وشعورهم بالخجل والاحراج عند مواجهة شخص غريب عنهم والتهرب من تحمل المسئوولية بل الاعتمادية الشديدة على الآخر وانبثاق ضروب الانفعال مثل الحزن أو الاستثارة او الخجل او انتظامها مع الخوف والقلق في مركب واحد.
(حسين ١٩٨٧ ص ٥٥) هذا التشدد لا يكون طبيعيا في عملية التنشئة الاسرية على الرغم من ضبطه لسلوك الابناء بيد ان المبالغة فيها تؤدي الى الانحراف عن معايير الضبط.
جميع هذه الاخطاء التنشئة مصدرها المنشئ (الاب أو الام أو المدرس او رب العمل) لا تعمل على حماية الفرد المنشأ في الزلل او الوقوع في انحرافات سلوكية بل هي التي تدفعه الى هاوية الانحراف.

ب- انحرافات مصدرها آلية التنشئة

انتهينا الآن من توضيح الانحرافات التنشيئية التي مصدرها المنشئ ذاته ننتقل بعد ذلك الى النوع الثاني من الانحرافات وهي التي يكون مصدرها آلية التنشئة ونقصد بذلك سوء استخدام وسائل تنفيذ وتطبيق اهداف التنشئة وليس المشئ وهي ما يلي:
١- **تشويه التنشئة الأولية** (الاسرية) التي تتم عن طريق او بواسطة المربيات الاجنبيات وقد وجدنا مثل هذا الانحراف في المجتمع الخليجي وأكثر سيادة في مجتمع الامارات العربية المتحدة اذ بدأ استخدام الخدم من الذكور والاناث

الاسيويين بالخدمة المنزلية من تغذية ونظافة شخصية للاطفال والعناية بهم والطهي. وهذه ظاهرة اشكالية لها جذور سابقة قبل ظهور البترول وعمت كلمة (بشكار) للخادم الذكر وبشكاره للخادمة أو المربية الانثى ولكن مع ازدياد استخدام البشاكير لاتساع المنزل وكبر حجم الاسرة وبسبب التفاخر بين الاسر وبعضها جعل الاعتماد على المربية في تربية الطفل تماما ومطلقا مما ادى الى تأثيرات مختلفة سواء في اللغة او العادات لما يمثله دور المربية في التنشئة الاسرية للطفل فهي تمثل الام البديلة Substitute Mother لتتفرغ الامهات للانجاب واداء بعض الواجبات الاجتماعية كالتزاور وابتعادهن كليا عن القيام بدورهن في تنشئة ابنائهن فاصبحت الام هامشية التأثير وتمسي الضوابط الاجتماعية ضعيفة الوجود في دخلية الوليد الخليجي الامر الذي يدفعه للانزلاق في هاوية الانحرافات السلوكية.

٢- **عسكرة التنشئة المدرسية:** ينطوي هذا النشاط المدرسي على تعليم الطلبة التدريب العسكري في الرماية واستخدام الاسلحة النارية والانضباط ورسم الصور الحربية مثل هذه المناشط تعمل على ابعاد الناشئة عن مجريات الحياة المدنية ومتطلبات التعليم المدرسية الامر الذي يؤدي بهم الى الوقوع في هاوية السلوك العنفي والارهابي بسهولة لانه تدرب على ذلك في المدرسة وتعلم بان هذا السلوك يمثل النموذج المطلوب اجتماعيا فيقتدي به .

حـ- انحراف مصدره المنشا

وذلك بسبب تمرده على قيم مجتمعه فيدخل الى عالم العنف والارهاب والقتل والسرقة والنهب. يتأتى تمرده من كونه منحدرا من أقلية عرقية (رسية) أو طائفية (دينية) او طبقية (اقتصادية) وخاضع لاضطهاد اجتماعي أو ديني او سياسي أو اقتصادي أو جميعها مدركا عدم العدالة في تعامله مع الاغلبية المتسلطة. اي ان الاغلبية تنظر اليه نظرة دونية وتتعامل معه على انه مواطن من الدرجة الثانية أو الثالثة، وازاء هذا الشعور يجد نفسه مهمشا اي يعيش على هامش الحياة الاجتماعية فيتبلور عنده موقفا سلبيا تجاه معايير وقيم المجتمع يصل الى حد الرفض وعدم الامتثال لها ويحل محلها معايير جديدة يصوغها هو

بنفسه مناقضة لمعايير مجتمعه وتعكس موقفه منها ومن مجتمعه قد تصل الى تغيير بناء مجتمعه وتترجم تحديه السافر منها. وفي ضوء هذه الحالة المتمردة يكون هذا الفرد ضعيفا جدا في اكتسابه للضوابط الاجتماعية لانه رافضها ويتحداها ومتمرد علنا عليها، كل ذلك يدفعه الى الانحراف عن معايير وقيم ضوابط مجتمعه ويتباهى بخروجه عنها لانه لا توجد ضوابط تحميه من الانحراف.

د- انحراف مصدره القواعد التنظيمية ذاتها

بسبب قدمها وعدم مسايرتها لتطورات روح العصر كأن تكون تقاليدية بالية ومتشددة في الزام الافراد بها، أو أنها صادرة من نسقا محوريا يمثل نظاما شموليا يعكس سياسة الحزب الاوحد والزعيم الطاغية الذي يؤكد (هذا النظام الشمولي) على الانصياع التام له ولخدمة اهدافه وليس اهداف ومصالح عامة الناس، الامر الذي يجعل المتنورين والواعين بوضعهم المستبد الى الخروج عن قواعده لانه ضوابطه الشمولية غير مكتسبة من قبلهم بل مرفوضة عندهم فيجنحوا عنها ولا يخضعوا لها.

هـ- انحراف ظرفي -

موقفي يصدر عن اغراءات تتضمنها وضعية خاصة وفي خلوة بعيدا عن أعين الرقيب الاجتماعية الخارجي مع ضعف في اكتساب معايير وقيم ضبطية عرفية ومهنية، جميع ذلك يولد شعورا أو دافعا داخليا (باطنيا) بالانحراف عن معايير وقيم ضبطية سائدة وبالذات الانحرافات الجنسية والمالية. وقد شرحت هذا النوع من الانحراف في متن هذا الموضوع.
على الجملة، ان معايير وقيم الضوابط الاجتماعية العرفية او الرسمية لا تحمينا دائما من الزلل والانحراف السلوكي للاسباب التي أوردتها انفا وتزداد هذه الانحرافات مع تسارع سرعة حركة التغير الاجتماعي والتكنولوجي لان التغير يضعف دائما قوة معايير وقيم الضوابط الاجتماعية العرفية والرسمية ويحل محلها ضوابط علاجية وليست قمعية وقد نشاهد هذه الحالة الان في المجتمع الغربي فيما يخص الزواج الذي بات بلا يقع او يشترط عقد زواج رسمي أو حتى عرفي، بل مجرد اتفاق شخصي بين رجل وامرأة وهذا الاتفاق

معترف به من قبل الحكومة وفي كندا قررت الحكومة عدم وضع اية غرامة مالية أو قضائية على مستخدمي عقار المرجوانا بعد ما كانت تفرض عليهم عقوبات مالية وقضائية مشددة قبل خمسة عشر عاما، وهكذا فإن الضوابط لا تبقى على ما هي وبشكل دائم بل تتبدل كلما زاد عدد المنحرفين عنها لكي تبقى محافظة على وجودها ولو اسما.

شكل بياني ويوضح وسائل الضبط الاجتماعي بكل أنواعه.

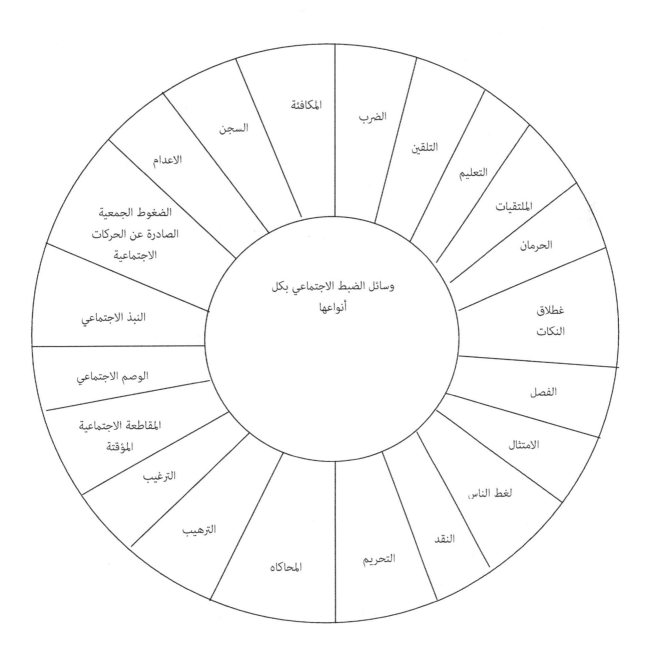

0

المراجع العربيه والاجنبيه

⇐ المراجع الاجنبيه

⇐ المراجع العربية

⇐ اصدارات المؤلف

الضبط الاجتماعي

1 -Broom , Leonard and Selznick, Philip. 1968 "Sociology " Harper and Row Pub. NewYork.

2- Horton, Poall, 1980, "Sociology" Mc Graw Hill Book Co. New York.

3- Himes, Joseph. 1967 " The Study of Sociology" Scott Fores man and Co. Gleaview 111 Prentice - Hall New JERSEY.

4- Popenoe, David 1980 "Sociology" Prentice - Hall Inc. Englewood.

5- Janowitz , Morris 1980 " The Intelectuals History of Social Control " (ed., Joseph? Roucek, Social Control for the 1980'. Greenwood Press , London.

6- Landi, Juds 1980 , "Sociology " Wadsorth Pub. Co. Belmont Calf.

7- Lindsmith, Alfred and Strauss , Anselm , 1957 " The Social Self " Obrien Schrage Martin (ed.) Reading in general Sociolgoy,H oughton Mifflin co. Bostan.

8- Kodnshin, Al-Fred and Martin , Jndith , 1981" Child Abuse" Columbia University Press, New York.

9- Stover , Norman 1980 "Focuse on Society " A disor Wesley Pub co. Calfrnia.

10- Sites, Paul. 1973 " Control the Basis of Social order " Dunellen Pub. Co. NewYork.

11- Spinetta , John and Rigler David 1980 child- Abusing Parent Tranmatic Abuse neglect of children at home (eds.) Gertade William and John Money. The John Hopkins University Press Baltimer.

12- Turner, Ralph, 1975" The Nature of Role Interaction " Modern Sociology (eds.) Peter Worsley and etal, Penguin Education , England.

13- Ryan, Bryce F. 1969 " Social and Cultural Change " The Ronald press

211

co. New York.

14- Scott, Richard , 1987 Organizations Prentice - Hall ,N ewJ ersey.

15- Roucek , Joseph 1980 " The Concept of Social control in American Sociology " 1980 (ed.) Joseph Roucek , Social control for the 1980 , Green wood Press New York.

16- Williams, Gertnde١٩٨ 0 "child Abuse and Neglect " Traamatic Abuse and neglect of Children at home (Ibids) William and John Money, The Johns Hopkins University press, Baltimor.

المراجع

المراجع العربية

١- إبراهيم ، سعد الدين وأخرون ١٩٨٨ (مستقبل المجتمع والدولة في الوطن العربي) منتدى الفكر العربي - عمان.

٢- السيد، فؤاد البهي ١٩٨١ علم النفس الاجتماعي دار الفكر القاهرة .

٣- العادلي، فاروق محمد ١٩٨٥ (دراسات في الضبط الاجتماعي) دار الكتاب الجامعي - القاهرة.

٤- الشهر ستاني، ابن الفتح بن عبد الكريم بن ابي بكر احمد ١٩٧٥ الملك والنحل تحقيق محمد سيد كيلاني، دار المعرفة - بيروت .

٥- السامرائي، عبد الله سلوم ١٩٧٢ الغلو والفرق الغالية في الحضارة الإسلامية مديرية الثقافة العامة - وزارة الثقافة العراقية .

٦- السامرائي، عبد الله سلوم ١٩٨٤ الشعوبية ، المؤسسة العراقية للدعاية والطباعة .

٧- القصيبي ، غازي ١٩٩١ (الغزو الثقافي) المؤسسة العربية للدراسات والنشر - بيروت.

٨- الحاج، عزيز ١٩٨٣ الغزو الثقافي) المؤسسة العربية للدراسات والنشر - بيروت.

٩- أحمد ، نازلي معوض ١٩٨٩ (التعريب والقومية العربية في المغرب العربي) مجلة شؤون عربية.

١٠- جابر، سامية محمد ١٩٨٢ ، القانون والضوابط الاجتماعية)دار المعرفة الجامعية - الاسكندرية.

١١- بدوي، السيد ١٩٦٩ نظريات ومذاهب اجتماعية، دار المعارف بمصر.

١٢- غيث، محمد عاطف ١٩٨٧، علم الاجتماع، دار المعرفة الجامعية- الاسكندرية.

١٣- سلامة، امين ١٩٩٧ موسوعة الامثال الغربية والشرقية ، دار الأمين - مصر .

١٤- حاتم، محمد عبد القادر، ١٩٧٢ (الرأي العام) مكتبة الانجلو المصرية، القاهرة .

١٥- ماكيفر، روبرت وبيدج شارلز ١٩٦٣ (المجتمع) الجزء الأول ترجمة علي أحمد عيسى، مكتبة النهضة المصرية - القاهرة.

١٦- سكري ، رفيق ١٩٩١ (دراسات في الرأي العام والإعلام والدعاية) جروس بريس - لبنان.

١٧- عمار، حامد ١٩٨٧ (التنشئة الاجتماعية في قرية مصرية (سلوا) دار المعرفة الجامعية - الإسكندرية.

١٨- شرف، عبد العزيز ١٩٨٤ وسائل الاعلام والغزو الفكري ، مجلة شؤون عربية العدد ٣٧ .

١٩- عمر، معن خليل ١٩٩٣ (علم الاجتماع والمعرفة) دار الأمل ، اربد.

٢٠- عمر، معن خليل ١٩٨١ (نقد الفكر الاجتماعي المعاصر) دار الآفاق الجديدة - بيروت.

٢١- عمر، معن خليل ٢٠٠١ (مجتمع الامارات والمفاعيل العملاقة) ، دار الكتاب الجامعي - العين- دولة الامارات العربية.

٢٢- فرجاني، نادرة ١٩٨٥ هجرة الكفاءات والتنمية في الوطن العربي / مجلة المستقبل عدد ٨٠ .

٢٣- مير، لوسي ١٩٨٥ (مقدمة في الانتروبولوجيا الاجتماعية) ترجمة شاكر مصطفى سليم، دار الشؤون الثقافية - العراق.

٢٤- حسين، احمد فراج ١٩٨٣ (أحكام الزواج في الشريعة الاسلامية) مؤسسة الثقافة الجامعية - الأسكندرية.

٢٥- رابح، تركي ١٩٨٣ (أضواء على سياسة التعريب والتعليم والإدارة والمحيط الاجتماعي في الجزائر) مجلة المستقبل العربي بيروت - العدد ٥٧ .

٢٦- مقدمة ابن خلدون ١٩٩٥ تحقيق درويش الجويدي (المكتبة العصرية - بيروت).

المراجع

إصدارات المؤلف :

١- المدخل إلى علم الاجتماع (مشترك) ١٩٨١ .

٢- نقد الفكر الاجتماعي المعاصر ١٩٨٢ .

٣- الموضوعية والتحليل في البحث الاجتماعي ١٩٨٣ .

٤- نحو علم اجتماع عربي ١٩٨٤ ط١ / ١٩٩٢ ط٢.

٥- تاريخ الفكر الاجتماعي ١٩٨٥ .

٦- نحو نظرية عربية في علم الاجتماع ١٩٨٩ ط١/ ١٩٩٢ ط٢.

٧- رواد علم الاجتماع في العراق ١٩٩٠ .

٨- انشطار المصطلح الاجتماعي ١٩٩٠ .

٩- علم اجتماع المعرفة ١٩٩١ ط١/ ١٩٩٣ ط٢.

١٠- البناء الاجتماعي ١٩٩٢ ط١/ ١٩٩٧ ط٢/ ١٩٩٩ ط٣.

١١- علم اجتماع الاسرة ١٩٩٤ط١/ ٢٠٠٠ط٢/ ٢٠٠٣ ط٣.

١٢- مناهج البحث في علم الاجتماع ١٩٩٥ ط١ / ١٩٩٧ ط٢.

١٣- نظريات معاصرة في علم الاجتماع ١٩٩٧ .

١٤- علم المشكلات الاجتماعية ١٩٩٨ ط١/ ٢٠٠٥ ط٢.

١٥- علم اجتماع الفن ٢٠٠٠ .

١٦- معجم علم الاجتماع المعاصر ٢٠٠٠ .

١٧- مجتمع الامارات ٢٠٠١ .

١٨- قضايا اجتماعية معاصرة ٢٠٠١ .

١٩- ثنائيات علم الاجتماع ٢٠٠١ .

٢٠- التنشئة الاجتماعية ٢٠٠٣ .

٢١- التغير الاجتماعي ٢٠٠٤ .

٢٢- جرائم الاحتيال ٢٠٠٤ .

٢٣- الرعاية اللاحقة ٢٠٠٥ .

٢٤- علم الاجتماع التطبيقي ٢٠٠٥ .

٢٥- التفكك الاجتماعي ٢٠٠٥ .

المراجع